中根光敏

珈琲飲み

「コーヒー文化」私論

洛北出版

喫茶店遍歴

序文

第1章

第2章 モンクでの珈琲修行

第3章 日本における珈琲通《マニア》の誕生

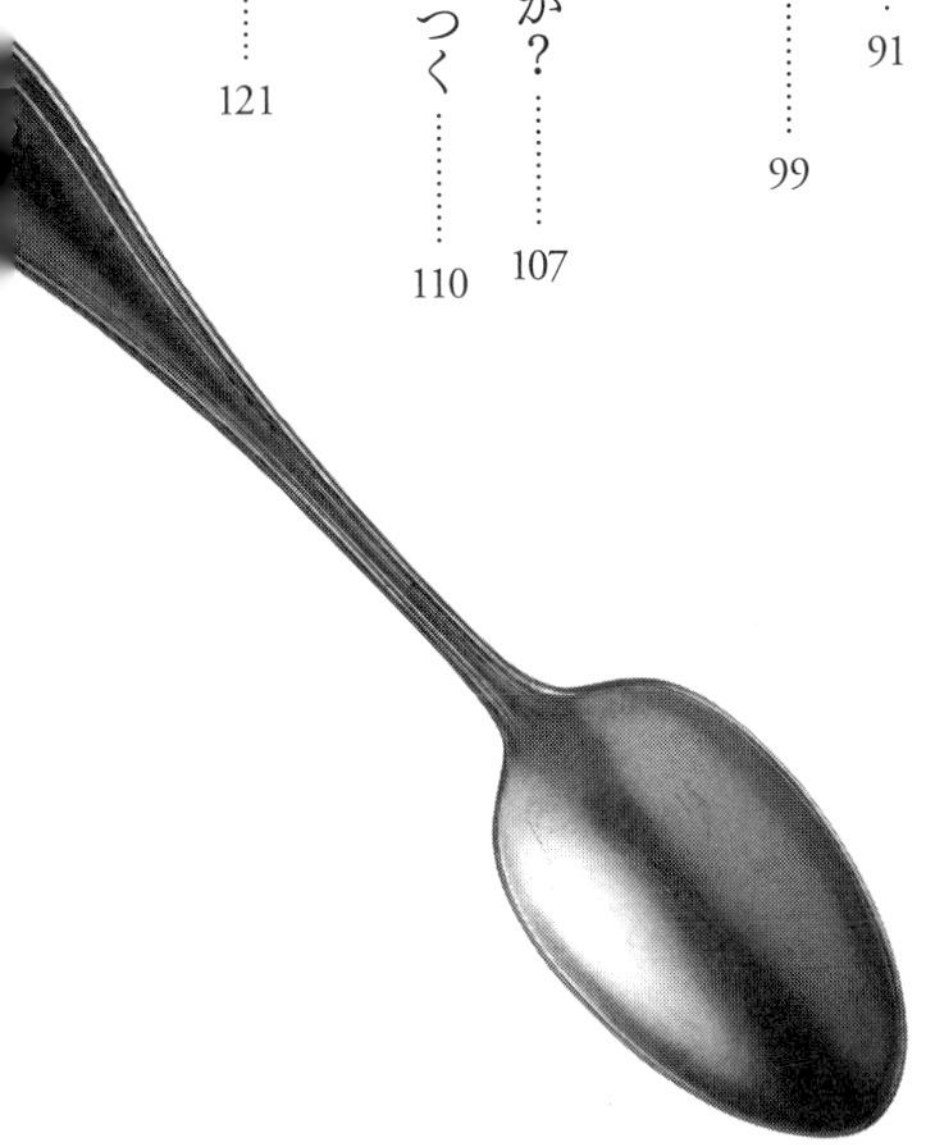

第4章……美味しい珈琲とは?

第7章 夢の途中で

引用または参照文献は、著者名・発行年・頁数を〔　〕で括って示し（例〔中根、二〇一四、一二三頁〕）、巻末の「文献一覧」のページに、その詳しい書誌情報を記した。文献一覧は、著者（発表者）名を五十音順に、日本語以外の文献はアルファベット順に並べてまとめてある。

引用文中の〔　〕内は、中根による捕捉・補註の挿入である。語の意味や文の前後関係がわかりにくい場合に〔　〕内に適宜説明を入れた。また、〔…〕は、引用文中の語や段落を略した箇所を示している。

註は、註番号近くのページに傍註として示した。

〔⇩99頁〕は、「本書『珈琲飲み』の99ページを参照」を意味する。そのページに、用語や人物についての詳しい説明が書かれていることを示している。

引用文中の読みにくい漢字や旧漢字には、よみがなルビを付している。

序………

コーヒー飲用の歴史の中には格別に興味深いことがある。どこであろうと、コーヒーが伝わると革命が起こっている。コーヒーは世界で最も過激な飲み物なのである。つまりコーヒーは、常に人間に思考することを教えたのである。そして、人々が思考することを始めると、それは独裁者や思想と活動の自由の敵には危険な存在になる。

［W・ユーカーズ『オール・アバウト・コーヒー』、三六頁］

「珈琲が好きです」とは言えなくなった

珈琲を飲まない日は、ほとんどない。私が珈琲豆を使用する量は、平均すると一日約一〇〇〜一五〇g［グラム］に達する。グラム数が増えてしまうのは、一杯（五〇cc［立方センチメートル］）当たり一八gの珈琲豆を使用するからである。と言っても、水分量に換算《かんさん》すれば僅《わず》か三〇〇〜四〇〇ccで、

一杯当たり五〇ccを二杯ずつ、三～四回に分けて飲むだけである。だから私の珈琲消費量は、飲料としてみれば、取り立てて多くない。けれども、珈琲豆の量を考えると、日本人一人当たりの年間消費量（約三kg〔キログラム〕）を、私は一ヶ月余《あま》りで消費してしまっていることになる。ちなみに、全日本コーヒー協会編『コーヒー関係統計』によれば、国民一人当たりの年間消費量が多い国は、第一位がルクセンブルク（約二六kg）、第二位がフィンランド（約一二kg）である。なぜルクセンブルクの一人当たりの年間消費量がこんなに多いのか、それは分からないけれども、私が一人で飲んでいる珈琲豆の量と比較すれば、随分《ずいぶん》と少ない。

「無類《むるい》の珈琲好き」、「珈琲マニア」、「珈琲オタク」、「珈琲教（狂）」と思われているし、私自身もそうだと自負している。しかし最近、そのことを他人には知られたくない、と考えるようになった。「珈琲好き」と思われると不都合が生じるからである。滅多《めった》なところで、「珈琲が好きです」とは言えなくなってしまった。

実際、外出先で珈琲を出されても、よほどのことがない限り、口をつけるマネをするだけで、飲むことはない。どうしても飲まなければ失礼と思われる状況に追い込まれれば、仕方なくミルクと砂糖を大量に入れて、一気に飲み干《ほ》し、後《あと》でガバガバと胃の中に水を流し込む（そうしないと本当に体調を崩《くず》すことがあるからだ）。

御邪魔《おじゃま》した先で、「コーヒーにしますか、それとも紅茶か日本茶にしますか?」と訊《たず》ねられれば、即座に「紅茶か日本茶を御願いします」と言った後で、「珈琲は駄目《だめ》なんです」と付け加える。

こんな嘘を頻繁《ひんぱん》に吐くようになって、十年余りが経過した。

珈琲の研究を始めて間もない頃、珈琲に関して、とにかくできる限り沢山の情報を集めたいと思っていた私は、多くの人たちに「珈琲が好きで、珈琲の研究まで始めてしまいました」と吹聴《ふいちょう》してまわった。やがて、とんでもないことになった。

大学の研究室や自宅に、手土産として珈琲豆を持ってきてくれる人が増えた。何かのお礼にと、大量の珈琲豆を宅配便で贈ってくださる人たちまで現れた。そうした人たちの心遣《こころづか》いには本当に感謝しなければならないのであるが、持参いただいたり贈っていただいた珈琲豆のほとんどは、酸化《さんか》した(腐った)モノだった。何かに利用できないかと、あれこれ試してはみたけれども、結局捨てる以外にない、という結論に至った。

別に、これらの人たちに非《ひ》があるわけではない。なぜなら、現在、日本の市場で売られている珈琲豆の多くが、酸化した状態で売られているからだ。残念なことに、焙煎《ばいせん》後の珈琲豆が「生鮮《せいせん》食料品である」ことは、一般の消費者にほとんど知られていないのである。

ごく稀《まれ》に酸化していない珈琲豆をいただくこともあるが、それらの珈琲豆もたいてい飲めた代物《しろもの》ではない。焙煎が適切でないからである。「好みの問題じゃないの？」と思われるかもしれないが、好みで片付くなら、何もこんなに苦労することはなかったのである。

映画『カモメ食堂』〔荻上直子監督、二〇〇六年〕で、ミドリ（片桐はいり）の「何でおにぎりなんですか？」という質問に、サチエ（小林聡美）は次のように答える。

「おにぎりは自分で作るより、誰かに作ってもらうほうが美味《おい》しいんですって」

確かに、おにぎりだけでなく、日本茶も紅茶も誰かに淹《い》れてもらったほうが美味しいし、お酒だって、誰かに注《つ》いでもらったほうが美味しいのかもしれない。でも不思議と、珈琲だけは、自分で淹れたほうが美味しい、とずっと思ってきた。やがてそれは確信となった。ここまでなら、まだよかったのである。

常軌を逸《いっ》するのはここからである。

美味しい珈琲を求めて、全国の珈琲専門店を渡り歩く。

名人と呼ばれる珈琲職人が淹れる、作品のような珈琲を、いつか自分の手で淹れてみたい、と思い巡《めぐ》らすようになる。

市販の焙煎《ばいせん》された珈琲豆では気に入らず、コーヒーの生豆《なままめ》＝green beansを卸《おろし》業者から仕入れて、自分で焙煎しなければ気が済まなくなる。

次第に、業者が取り扱っているgreen beansでは飽《あ》き足らなくなり、自ら生産地を訪れ、コーヒー農園まで出掛けていくことになる。

いつかは、自分で飲む珈琲の大半を、農園まで出向いて、生産者から直接分けて貰《もら》いたい、などと途方もないことを夢見るようになる。

本書は、たまたま珈琲に魅了《みりょう》されたことによって、決して尋常とは思われないような羽目《はめ》に陥った、極私的経験をもとに書かれたのである。

珈琲の効能

さて、冒頭の文章は、一九二二年にウィリアム・H・ユーカーズによって著され、一九三五年に改定された『オール・アバウト・コーヒー』から引いたものである。『オール・アバウト・コーヒー』は、全世界でコーヒーに関わる人々の間でバイブルとして位置づけられ、現在までもその輝きを失うことがない稀代《きたい》の名著である。その名著の中でユーカーズは、コーヒーの魅力に関して、「口当たりのよさと安らぎを与えてくれるという点では、コーヒーを超えるものは他にない」、「類《たぐ》いまれな味と香りの中には心理的な効果も含まれている」、「コーヒーに代わるものはあり得ないのである」〔二五頁〕とまで言い切っている。

比類《ひるい》なき魅力を備えていた由縁《ゆえん》だろうか？

珈琲は、中世の中東で社交飲料として始まり、西欧で嗜好《しこう》品飲料として近代に広まってから現在に至るまで、その効能をめぐっての議論が繰り返されている飲料である。[1] ニーナ・ラティンジャーとグレゴリー・ディカムは、珈琲の効能をめぐる議論を、以下のように紹介している。

1970年代と80年代初めに公表された多くの論文によれば、膀胱《ぼうこう》・すい臓・肺のガン、良性の乳腺繊維囊胞《のうほう》症、心臓発作のリスクを高める高コレステロール、早産・未熟児のすべてに、コーヒーが影響を与えているようだという。〔…〕逆に近年の研究によれば、肝臓ガン、2型の糖尿病、胆石、腎石、肝硬変に対して、そしておそらくアルツハイマー病やパーキンソン病に対しても、コーヒーが予防効果を持つという。

〔ラティンジャー&ディカム『コーヒー学のすすめ』、二〇〇八年、一七七頁〕

私がスクラップブックに切り貼りした新聞記事（例として『日本経済新聞』）だけをザッと見ても、「アルツハイマー病　コーヒーに治療効果」〔二〇〇八年二月四日〕、「脳神経の情報伝達カフェインが高める」〔二〇〇八年九月二九日〕、「優雅に朝食しっかり健康　エスプレッソマシン自宅でカプチーノ」〔二〇〇八年一月五日〕、「認知症予防にコーヒー有効？」〔二〇〇九年七月二六日〕、「コーヒーに脳卒中予防効果」〔二〇一一年一一月二七日〕などの見出しが掲《かか》げられ、健康飲料としての珈琲のイメージが流布《るふ》されている。

他方で別の記事には、カフェインのないコーヒーの代替《だいたい》飲料が「健康志向で代替コーヒー・

タンポポやチコリ原料」〔二〇〇八年九月一七日〕という見出しで紹介されていたり、「紅茶飲料、男性が消費けん引？「喫煙＋コーヒー」党減少影響」〔二〇〇八年一〇月九日〕という見出しで、珈琲の飲用が喫煙を連想されることから、医師によって「コーヒーをやめて紅茶に切り替えるよう指導される」記事が掲載されていたりなど、珈琲に関する否定的な効能も紹介されている。

これらの記事の真偽を判断する科学的な知識や能力を、私は持たない。珈琲を愛飲《あいいん》する者としては、ちっと珈琲に肩入れしてみたい気がしないわけでもない。けれども、あるテレビ番組で、「コーヒーを飲むと肝斑《シミ》が消える」という類《たぐ》いの話を、日本のコーヒー業界を代表する某氏が、シミだらけの顔で力説している姿を見て、やっぱり見苦しいからやめようと思った。

ただ言えるのは、昨今の珈琲の効能をめぐる議論は、健康イデオロギーの下で激化している嗜好品飲料業界のシェア争いにとって、大きな影響を持っているという、味気ない現実である。

珈琲の効能をめぐる私の結論は、差し当たりオノレ・ド・バルザック（一七九九〜一八五〇年）が『近代興奮剤考』で至った地点にほかならないと考えている。

1——中世のイスラム世界においてコーヒーが社交飲料として広まる際に起こった所謂「コーヒー大論争」に関しては、『オール・アバウト・コーヒー』の他に、ラルフ・S・ハトックス『コーヒーとコーヒーハウス——中世中東における社会飲料の起源』（一九九三年）などを参照。

生きるとは自分をすり減らすことである

文豪バルザックは、無類《むるい》の珈琲好きとしても知られており、「お気に入りのブレンドを作るために珈琲豆を求めてパリの街を歩き回った」とか「一日六〇杯もの珈琲を牛飲《ぎゅういん》し、夜を徹して原稿を執筆してからそのまま社交界へ出掛けて馬食《ばしょく》を繰り返していた」などの逸話《いつわ》がある。

さて、バルザックが『近代興奮剤考』（一八三九年発表）で言及したのは、「蒸留水（オ・ド・ヴィ）、または酒精飲料（アルコール）」、「砂糖」、「紅茶」、「コーヒー」、「タバコ」の五品目の嗜好品《しこうひん》であるが、その中でも「コーヒー」に関する記述が他の四品目をはるかに凌《しの》ぐ描写であることは、仏文学研究でも定説となっている。[2]

『近代興奮剤考』におけるバルザックの結論は、以下のようにすぐれて凡庸《ぼんよう》である。

> 以上に見てきた五種の興奮剤はいずれも摂《と》りすぎればそっくり似たような結果をもたらす。すなわち渇《かわ》きと発汗と「粘液」の消失、そしてその結果としての生殖能力の喪失。〔…〕すべて不摂生《ふせっせい》は粘膜《ねんまく》を損《そこ》ない、命を縮める。
>
> 〔バルザック『近代興奮剤考』、一九九二年、一八四頁〕

粘膜を損なうかどうかは定かではないけれども、摂《と》りすぎれば命を縮めるのは、彼が言及した五品目にとどまらない。したがって、バルザックのこの結論は、ただの洒落《しゃれ》だと解釈されるべきだろう。『近代興奮剤考』におけるコーヒーに関する記述をもとに検証してみよう。

バルザックは、興奮剤としてのコーヒーの効能を特徴づける際、アルコールとの対比を用いている。アルコールに関して、バルザックは以下のように効能を描いている。

それからというものは、酔うということの楽しさがよくわかったものだ。酒の酔いは現実にヴェールをかけ、辛《つら》い思い悲しい思いを忘れさせ、思考という重荷を取り除いてくれる。天才が酒に手を出し、民衆が酒に溺《おぼ》れるのもまことに無理からぬこと。酒は頭脳を活発にするのではなく、頭脳を麻痺《まひ》させるのである。胃を刺激して知的能力をかきたてるどころではない。一壜《ひとびん》も飲むと、味蕾《みらい》は鈍るし、導管《どうかん》は飽和状態、味覚も怪しくなってくる。勧《すす》められた杯《さかずき》の微妙な味わいももうわからない。アルコールは体内に吸収され、一部は血液に混ざってゆく。〔…〕酔いは一時的な中毒症状である。〔同書、一六五～一六六頁〕

2——文献［山田、一九九三］、［東、二〇〇四］を参照。

精神の弛緩《しかん》という効能は、アルコールを特徴づける際に一般的であるが、ここでの記述に注意したいのは、「頭脳を麻痺《まひ》させる」という箇所である。

そして、コーヒーに関しては、頭抜けた記述が展開される。

コーヒーは横隔膜《おうかくまく》と胃の神経網に働きかけ、そこから伝播《でんぱ》していって脳髄《のうずい》に達する。伝播といってもごく微細な現象でとても分析不可能だが、次のようにまとめることができるだろう。つまりコーヒーは体内で電気を放つかまたは電気を起こすのであって、神経流体がこの電気の導管《どうかん》の役割を果たすのである。こうしたコーヒーの力はもとより一定でもなければ絶対的なものでもない。

〔同書、一六七頁〕

バルザックは「脳髄に達する」、「体内で電気を放つ」とまで言いながら、「こうしたコーヒーの力はもとより一定でもなければ絶対的なものでもない」と付け加え、バルザック流のコーヒー飲用スタイルを披瀝《ひれき》する。

コーヒーは、つき砕くと奇妙な形をした細かい粒子になり、タンニンはそのまま、芳《ほう》香《こう》分だけが抽出される。だからイタリア人やヴェネチア人、ギリシャ人、トルコ人たちは安心して四六時中コーヒーを飲んでおれるのだ。フランス人はこんなコーヒーを馬鹿にしてコーヒーもどきと呼んでいるけれど。〔…〕コーヒーを挽《ひ》き器で挽くと香味もタンニンも抽出される。これが味覚に訴え、神経網を刺激し、さらにこの刺激が脳細胞の隅々《すみずみ》にまで伝わってゆく。〔同書、一六八〜一六九頁〕

つまり、バルザックはここで、コーヒーは挽き方で効能が変化すると言っているのである。さらに彼は、自らが至った究極のコーヒースタイルを確信をもって披瀝せんと突き進む。この究極のコーヒースタイルに関する記述の中にこそ、『近代興奮剤考』でバルザックが至った結論が秘められているのである。

その飲み方は以下のように示されている。

実はもう一つ、ひどく身体にこたえる恐ろしい飲み方を見つけたのだが、これはもうよほど頑強な方々にしかお奨《すす》めできない。髪は黒く強《こわ》く、皮膚は赤褐色、手はごつく、脚は脚であのルイ一五世広場の列柱のよう、といった向きならよろしかろう。さてその飲み方だが、挽《ひ》いてよく圧搾《あっさく》したコーヒーを無水〔科学用語でごく少量の水ないし全くの水無し〕でいれ、冷たいまま、すきっ腹に飲むのである。〔同書、一七〇頁〕

推理すれば、ここでバルザックが披瀝しているコーヒーは、「コーヒーのエキス」と呼ばれる部分だけを低温で抽出した、飛びっきり濃厚なものだろう。「ひどく身体にこたえる」から「よほど頑強な方にしかお奨《すす》めできない」と言っているのは、おそらくバルザック自身に向けられた言葉である。この恐ろしいコーヒーの効能に関する以下の記述は、何とも圧巻である。

神経網に火がつき、たちまち炎と燃えさかり、飛び散る火花が脳髄《のうずい》にまでとどく。と、せきをきったように、一切が動き出す。戦場のナポレオン大軍団の大隊さながらに、観念が行動を起こし、戦闘開始だ。記憶が軍旗を振りかざしていっせいに駆けつける。比較の軽騎兵が見事なギャロップで戦場に散っていく。論理の砲兵が薬籠《やくろう》と弾薬をもってはせ参じる。次から次へ警句《けいく》が狙撃兵のようにやって来て、登場人物が立上《たちあ》がる。またたく間に原稿用紙はインクで覆《おお》われていく。戦闘に黒い火薬がなくてはならぬのと同様に、徹夜仕事もまた黒い液体の奔流《ほんりゅう》に始まりそして終わるのだ。

〔同書、一七一頁〕

さらに、バルザックは、蛇足《だそく》的に次のように付け加えている。

虚弱な体質の人のなかにはコーヒーを飲むと軽い脳充血を起こす者もいる。こういう人たちは潑剌《はつらつ》としてくるどころか気《け》だるくなり、コーヒーを飲むと眠くなると言う。この手の輩《やから》は鹿の脚や駝鳥《だちょう》の胃袋を授《さず》かっているかもしれないが、およそ頭を使う仕事をするようには出来ていないのである。

〔同書、一七三頁〕

ここでバルザックが言っている「虚弱な体質」、「およそ頭を使う仕事をするようには出来ていない」輩とは、不老長寿を夢見て嗜好品を控《ひか》えるなど、節制に励《はげ》むような人々を指して茶化《ちゃか》しているのだと解釈できないだろうか。仮にそうであれば、健康イデオロギーに呪縛《じゅばく》されて、珈琲の効能をめぐってあれこれ議論を繰り広げる人々は、バルザックが茶化している、珈琲の飲用に向いていない輩と同類になる。尤《もっと》も、バルザックの言う「コーヒーを飲むと眠くなる」、「気だるくなる」、「虚弱な体質」の輩とは、原稿書きに邁進《まいしん》できない時の不甲斐ない自分自身の姿を重ねて表現しているのかもしれない。なぜなら、原稿を書くのに気が乗らない時、気分転換に濃厚な珈琲を飲んでみても、なぜか却《かえ》って怠《だる》くなったり、眠くなったりすることがあるからである。

そもそも『近代興奮剤考』の第一節でバルザックは、以下のように断言しているのである。

社会に生きる人間にとって、生きるとは遅かれ早かれ自分をすり減らすことである。

〔同書、一五五頁〕

確かに、自分をすり減らすことなく社会を生きられる人間などいないし、事故や戦争で死ぬ人間はいても、病気にならずに健康のまま死ぬ人間などいるはずもないのだ。

最近、百歳を超えて元気で長生きしている人たちにインタビューしたテレビのドキュメントを観ていたら、彼／彼女らに興味深い共通点があることに気づいた。ほとんどの長寿者たちが、長生きの秘訣《ひけつ》として、「あまり食べない」と語っていたのである。なるほど、およそ人間が口に入れるあらゆる飲食物には、健康に良いものも含まれていれば、健康を害すものも含まれているだろう。だとすれば、長生きのために健康を害すリスクをできるだけ避けたいと思えば、飲食物をできるだけ減らすことが、何とも理に適っている。

とどのつまり、嗜好品と健康とを結びつけて論じること自体がナンセンスなのである。もし、珈琲に何かの薬能があったとしても、飲み過ぎれば毒になるだろう。また仮に、珈琲の飲用が健康を損ねるから止めたとしても、健康を損ねることをせずにすませようと、全く何も口に入れずに人間は、人生を生きられない。だから、健康を損ねるからと好きな珈琲を控《ひか》える必要などないし、逆に健康のためにと、無理して好きでもない珈琲を駝鳥《だちょう》のような胃袋に流し込む必要も全くないのだ。

嗜好品とは、好きで摂取《せっしゅ》するものであって、それ以上でも以下でもないのである。

とことん手間暇かけて、面倒な人生を生きてみたい

本書における珈琲に対する基本的な考え方は、とにかく美味しい珈琲を嗜好《しこう》することである。社会に生きるということが、バルザックの言うように「遅かれ早かれ自分をすり減らすこと」であるなら、「どうせ一度きりの人生、とことん手間暇《ひま》かけて、面倒な人生を生きてみたい」というのが私の信条である。

本書を手にとって下さった方々には、「たかが珈琲に、大袈裟《おおげさ》な」と笑っていただければ、面倒を厭《いと》わずにとことん手間暇かけたい「珈琲という出来事」に出逢うことが叶《かな》った筆者としては祝着至極《しゅうちゃくしごく》。

本書は、珈琲好きな人々、何らかの形で珈琲に関わっている人たち、珈琲をこよなく愛する通《マニア》たち、とりわけても「珈琲に関して専門的な知識がなくても、珈琲のことを知りたい」と思っている人たちに、是非読んで欲しいという願いを込めて書かれている。

もし、さほど珈琲に興味がない方々であっても、本書を通して、常軌を逸《いっ》して何かに嵌《はま》ることの面白さを味わっていただければ、それはきっと、「珈琲の危険な魅力」が放った香りの所為《せい》にほかならない。

附記

ここに、本書を読み進めていただく上で、若干注意してほしい言葉の使い分けに関して記しておきたい。

まず、本文中で多用されている「珈琲」と「コーヒー」という語句の使い分けについてであるが、「カップに注《そそ》がれた飲料としての珈琲」と「農作物としてのコーヒー」とをイメージして使い分けている。例えば、「珈琲豆」という言葉は焙煎《ばいせん》された豆（roast beans）を、「コーヒー豆」という言葉は、木に実るチェリーから精製された焙煎前の生豆（green beans）までを含めたcoffee beansを意味している。つまり、「コーヒー」のほうが「珈琲」よりも広いカテゴリーだと理解してほしい。

次に、「カフェ」、「喫茶店」、「珈琲店」という言葉それぞれのニュアンスに関しては、「カフェ」という言葉を、「喫茶店」を含む一番広いカテゴリーとして、そして「喫茶店」という言葉を、「珈琲店」を含むカテゴリーとして使用している。厳密な意味では、西欧に誕生した「カフェ」は、公共空間としての社会的意味を強く持っていた。一方、日本で明治期に誕生した「カフェ」は、後に「喫茶店」と呼ばれるようになるけれども、それらは公共空間としての社会的意味はほとんどなかった。

けれども、そうしたこととは全く関係なく、一九九〇年代後半に日本でカフェブームが起こった。当初は一般に、お洒落《しゃれ》な喫茶店やシアトル系珈琲店がカフェと呼ばれ、カフェは喫茶店のサブカテゴリーであった。けれども、二〇〇〇年代へ入る頃には、喫茶店のカフェ化（お洒落空間化）、新規カフェの増加、喫茶店の減少によって、従来からの喫茶店は「古典喫茶」などと呼ばれる稀少《きしょう》な存在となり、喫茶店がカフェのサブカテゴリー化していくことになる（尤《もっと》も、現在に至っては、「リビングや自宅のカフェ化」とか「ジョブカフェ」とか、「カフェ」は珈琲とは全く無縁な場面でもやたらと使用されるようになっている）。

　したがって、特に注意書きがなければ、本書で「カフェ」と言う場合は喫茶店も珈琲店も含み、「喫茶店」と言う場合は珈琲も飲ませるけれども珈琲が主でない店も含めてイメージしており、「珈琲店」と言う場合はあくまでも珈琲が主たるメニューの店を意味している。

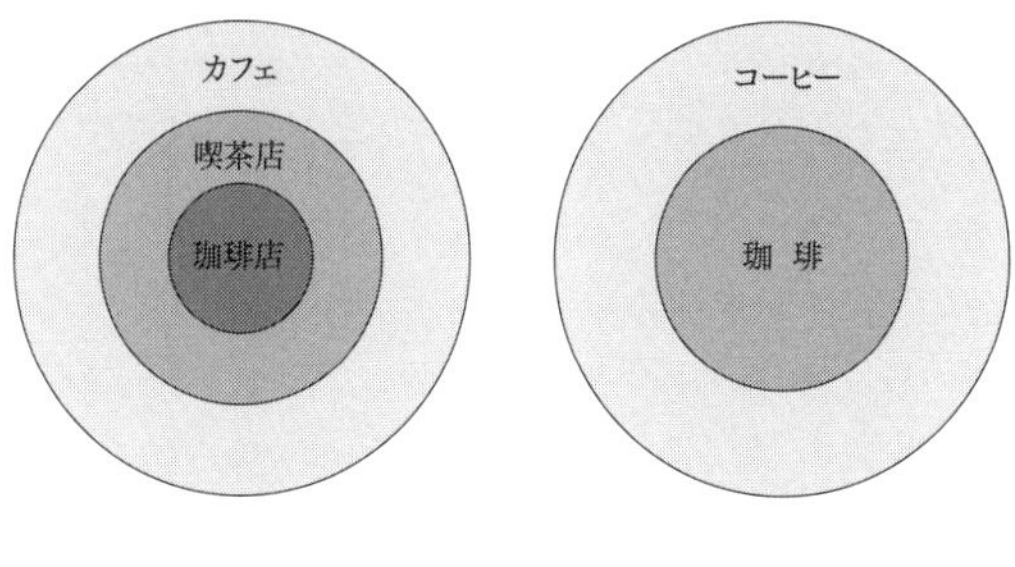

第1章…………

喫茶店遍歴

なべて大切なものは、いつも失ってから その価値に気づく

まさか珈琲を研究する羽目《はめ》になるなんて思いもよらなかったのだから、仕方ない。それにしても悔《く》やまれるのは、かつて蒐集《しゅうしゅう》してきた喫茶店のマッチ箱を引っ越しの際に捨ててしまったことである。二〇〇四年に出版された『大正・昭和のマッチラベル』〔ピエ・ブックス〕には、喫茶店だけでなく、バーやキャバレーから食堂やホテルに至るまで、モダンなデザインの

マッチラベル（マッチ本票とも言う）が掲載されているが、私の保有していたマッチ箱の数は、喫茶店だけで、このくらいの本が優に数冊できるくらいあった。尤《もっと》も、仮に手元にあったところで、自分が入った喫茶店のマッチを闇雲《やみくも》に蒐集していただけだから、それほど価値があろうはずもない。そう思って、ここ数年、何度も諦《あきら》めている。

マッチ箱のことを持ち出したのは、珈琲について何から書き始めればいいのか、思い悩んでいるうちに、そもそも私自身が、一体どうして珈琲へと関心を注ぐ羽目《はめ》になったのか、というところまで行き着いたからだ。回想してみれば、とどのつまりは、喫茶店のマッチ蒐集癖だと気づいたわけである。

私が中学生の頃だから一九七〇年代中頃、誰なのかは思い出せないが、同級生の一人から円筒形のマッチ箱を見せられた。それが何とも格好良かったのである。しかも当時、喫茶店は、中学校の生徒規則によって、保護者同伴でないと出入りが禁止されていた。ちなみに、悪名高い「管理教育」で有名だった愛知県でのことだから、高校生でさえ、喫茶店への出入りは御法《ごはっ》度《と》であった。喫茶店への出入りが不良っぽいなんて、何とも素朴《そぼく》な時代だったのだ。だから級友から自慢げに見せられたマッチは、なおさらのこと、格好良く見えたに違いない。欲しいと思ったら我慢できない性格で、すぐさま休みの日に、その喫茶店を探しに田舎町の繁華街へと出掛け、所望したマッチを手に入れた。それからというもの、マッチ蒐集癖に取り憑《つ》かれ、喫茶店通いが始まったのだ。

不思議なのは、丸刈り坊主頭の中学生が喫茶店で「マッチ下さい」と言っても、「未成年だから駄目だ」とは、一度も言われなかったことだ。まだ百円ライターなどない時代、来店の記念ともなるマッチ箱は、どの喫茶店にも常備されていた。レジカウンター横に「ご自由に」と、置かれていることも多かった。喫煙者に対する弾圧が日々激しくなっている最近では、マッチ箱を名刺《ネームカード》に切り替え、禁煙席まで設けている喫茶店さえある。「そんな店はいっそ喫を外してしまえ」と毒突きたくもなるが、喫茶店自体が今や絶滅しかかっていることを考えると、同類の斜陽相哀《あいあわ》れむかなと、思いとどまるしかない。冗談めかして「喫茶店でもやるか」なんて、軽口をたたく時代があったことを思うと、隔世《かくせい》の感を禁じ得ない。


マッチ蒐集を目的とした喫茶店巡りは、日曜日の図書館通いと連動していった。当時、日曜日の図書館では、読書室の七割くらいが中高生で占有されていた。今の予備校や塾の自習室状態だったのだ。午前中の早い時間に行かないと読書室を確保できなかったが、それもマッチ蒐集にとっては好都合で、親からちゃっかり昼御飯代をせしめることができた。親にすれば、「うちの息子もやっと勉強する気になった」と勘違いしたのだろう。

図書館の立地もよかった。丁度、自転車で二〇分くらいで、自宅と繁華街との中間地点だったのだ。図書館の周辺にも喫茶店が相当あったが、数ヶ月もすればさすがに通いつくしてしまう。そうなると繁華街へと自転車をこいだ。それにしてもあの頃は、小さな田舎町に沢山の喫茶店があったものだ。不思議に、新しい店を探し出すのに苦労した記憶が全くない。そしてどの店にも、たいてい昼にはランチメニューがあった。尤《もっと》も、一九七〇年代中頃には、既に多くの喫茶店は、喫茶メニューだけではやっていけなかったのかもしれない。珈琲一杯の平均単価が二五〇円くらいで、ランチは飲み物込みで五〇〇円程度だったと記憶している。

図書館通いに託《かこつ》けた私の喫茶店巡りは、大学進学で大阪に行くまで続いたが、しだいに珈琲の味で、自然と店を選別するようになっていた。

喫茶店の看板には、珈琲豆を卸《おろ》しているコーヒー会社の名前が、喫茶店名の下あたりに小さく入っている。有名会社の名前が入った看板が多いのだが、その中で「あるコーヒー会社の名前が入っている看板を出している喫茶店は総じて珈琲が不味《まず》い」という結論に達し、避けるようになったのである。勿論《もちろん》、コーヒー会社名が入っていない看板を出している喫茶店もあった。こっちの方へは逆に期待を抱くようになった。コーヒーの味だけでなく、店舗全体の雰囲気が良い場合が多かったのである。今考えてみれば当たり前のことで、コーヒー会社名の入った看板は、喫茶店がその会社からコーヒーを仕入れるのと引き換えに「無償」で手に入れるのだから、流行っている店が経費をケチってまで不細工な看板を出す必要などない。つまり、看板はコーヒー会社の極めて一般的な営業手法で、当時、私がそれを知らなかっただけなのだ。

大学時代、大阪で週の半分くらい通いつめるようになったジャズ喫茶のマスターは、酔っぱらいに立て続けに二度も店の看板を壊されてしまい、やむなくコーヒー会社の営業に陥落《かんらく》した直後、私にこう言った。

俺も珈琲の味が確実に堕《お》ちんのは分かってんねんけど、うちはJAZZ聴《き》かせるのが商売やろ。だからしゃあないねん。せやから俺も○○なんて、家じゃあ絶対飲まへんもん。分かってねんで……

奇しくも「○○」は、私が避けるようになっていた看板に記されているコーヒー会社名だった。

珈琲に関する最初の記憶

幼少の頃の記憶を遡《さかのぼ》ると、アパートで隣に引っ越してきた新婚さんの部屋に、実験器具のような奇っ怪なガラス調理具（真空式サイフォンコーヒー）が茶簞笥《ちゃだんす》に置かれていたのを見たのが、私にとって、珈琲に関する最初の記憶であるような気がする。それを見た私が「昔のコーヒー道具？」と訊《き》いたら、「新しい器具だよ」と教えてくれたことをよく覚えている。とすると既に、私はどこかで同じような器具を見たことがあったのだろうか。どうしても思い出せない。

いずれにしても、一九六〇年代後半には、自宅にインスタントコーヒーが常備されていたに違いない。近所の駄菓子屋でも、インスタントコーヒーで作った珈琲が一杯一〇円で売っていて、よく飲んでいた。「子どもはあんまり珈琲を飲んではいけない」と、おとなたちから言われたことも覚えているからだ。

ここまで書いて思い出したのは、「違いが分かる」というテレビCMの宣伝文句に煽《あお》られて、母親に強請《ねだ》って若干高級なインスタントコーヒー粉を手に入れ、それを上手く作るためにあれこれと工夫していたことだ。おそらく、マッチ蒐集癖にかかって喫茶店巡りを始めた頃だろう。自分で作る珈琲が喫茶店のようにならないのに、納得がいかなかったのだ。コーヒー粉と砂糖と粉ミルクの分量を自分好みに配合し、カップの中で少量の湯をかけてスプーンでよく掻《か》き回した後、適量の湯を入れるところまでは辿《たど》り着けた。高校生の頃、悪友から「インスタントでも少量の塩を入れると喫茶店のようなコクが出る」とかつがれたことがあり、試してみたら真っ赤なウソで、とても飲めた代物ではなかった。つまり、当時の私は、レギュラーとインスタントの違いさえ分かっていなかったのだ。ただ、なぜか喫茶店で珈琲を飲むときは、いつからか砂糖やミルクを使わなくなっていた。おそらく、喫茶店では、おとなを気取ってブラックで珈琲を飲むのが格好良いと思って無理してやっているうちに、自然とそうなったのだろう。

インスタントもブラックで飲もうと何度も試みたが、とても駄目だったので、たとえ低いレベルではあっても珈琲の味が分かりかけてきたのだろう。

初めてレギュラーコーヒーを意識したのは一九七九年だった。明確な年を覚えているのは、中沢《なかざわ》けい『海を感じる時』〔講談社〕という小説を読んでいたら、「ブルーマウンテン」という何とも魅惑《みわく》的な珈琲名がでてきて、どうしても飲んでみたくなり、予備校の模擬試験を受けに名古屋まで行ったついでに飲んでみたからだ。むろん味など分かるはずもなかった。高校生にとっては目が飛び出るくらい高い珈琲だったことを、鮮明に覚えている。

初めてブルーマウンテンを飲んだ前の年、当時はまだ珍しかったウォーター・ドリップ珈琲に出会っている。「進学したい大学の下見をする」と親に称して、二泊三日の京都旅行へ出かけた時だ。一泊目を京都駅付近の宿に泊まって、二泊目を大原《おおはら》の民宿で泊まった後、宿の近くの珈琲店に入ると、それまで見たこともなかったガラス製の、美しく巨大なウォーター・ドリップ（水出し）珈琲の器具が、店の壁際に整然と並べられていた。その珈琲屋は「ダッチ・コーヒー専門」を売りにしていて、初めて飲んだ水出しのアイス珈琲の味に感動した。

自分でも情けないのは、中学生の頃から喫茶店巡りをして、相当数の喫茶店で珈琲を飲み、ウォーター・ドリップの器具まで見ているのに、自分で珈琲を抽出《ちゅうしゅつ》する方法については、全く考えてもみなかったことだ。喫茶店で店員が珈琲を淹《い》れているところを何度も見ていたはずなのに……。いま思い返すと、喫茶店のような珈琲は、自宅では淹れられないと、当時、自分で勝手に決めつけていた節《ふし》がある。

尤《もっと》も、レギュラーコーヒーが一般家庭へと普及し始めるのは、日本では一九八〇年代に入ってからのことなので、田舎の地方都市で暮らしていた私の周りでは、自宅でレギュラーコーヒーを使っているおとなたちに出会ったこともなかったのだから、仕方ない。

それは文化的衝撃《カルチャー・ショック》だった

大学へ進学し、大阪で一人暮らしを始めて間もない頃だった。サークルで知り合った友人の下宿で、ペーパードリップで珈琲を淹《い》れているのを見て衝撃が走った。こんなモノがあったということに気づかなかった自分にである。その友人の出身地が自分よりもっと田舎だったことは、さらにショックだった。

ところで、「田舎者《いなかもの》」とは、地方出身者のことではなく、出自《しゅつじ》の文化的後進性に自縄自縛《じじょうじばく》されてしまう者のことである。当時の私は、「自分が文化的に遅れている」という劣等感に苛《さいな》まれていた。その意味で、田舎者丸出しだった。結果的にこの劣等感によって、一九八〇年代初頭に大学生だった同世代の多くが辿ったであろう一般ルートから、大きく外れていくことになった。

子どもの頃は、よく映画館へ通って、ゴジラやガメラ、大魔神や怪談ものこそ数多く観《み》ていた。ただ、大学に入るまで映画館で観た洋画は、『オリエント急行殺人事件』、『卒業試験』、『サタデー・ナイト・フィーバー』と、僅《わず》か三本だった。大学で映画研究会に入っていた友人から「俺は年間四〇〇本くらい観る」と言われ、その後何年か焦《あせ》って映画を観まくった。それでも年間二〇〇本がせいぜいであったが、レンタルビデオなどない時代だからよく観たほうだろう。その多くは、当時週末になると深夜のポルノ映画館を貸切にしてオールナイトで行なわれていた自主上映会である。一、〇〇〇円で五〜一〇本立てくらいが多かったので、今のビデオのレンタル料と値段的に大差ない。ヨーロッパの映画が多かったが、ATGなどのマイナー系邦画や実験映画も相当あった。

いま思うと、面白いから観に行ったというのではなく、とにかく観に行かねばならないという強迫観念から半分自棄《じき》になっていたような気もする。ゴダールやフェリーニやパゾリーニなど、最初は観ても珍糞漢《ちんぷんかん》で全く分からなかったのだが、とにかく我慢して数をこなしていくうちに、自然とこの種の映画を自分なりに愉《たの》しめるようになってやみつきになり、「第七病棟」や「状況劇場」など、アングラのテント芝居から舞踏《ぶとう》まで観に行くようになっていた。

他人に遅れをとるまいという劣等感ゆえか、私の趣味趣向は、同時代文化——ディスコや合コンや海外旅行など——の流れへと向かわずに、六〇～七〇年代のアングラ的な対抗文化《カウンター・カルチャー》へと時代を逆行していくことになる。気儘《きまま》な一人暮らしに慣れた頃には、昼日中からＪＡＺＺ喫茶に入り浸って独り黙々と本を読んでいるような、「遅れてきた」大学生になっていた。

さて、少々脱線してしまったのは、自分にとって珈琲が文化的経験だったからである。まず、珈琲には「進んだ」イメージがあった。それは、エキゾチックな香りを放つ「おとなの飲み物」で、都会的な空間にこそ求めるものだった。

次に、珈琲を飲むことは、苦いモノを美味しいモノとして味わう——すなわち「理解する／愉《たの》しむ」という二つの要素から成る——文化的スタイルを確立することだった。私にとっては、難しい映画や演劇と同じで、少しずつ理解できるようになるにつれて、次第に愉しむことができるようになっていく、そのような蓄積だった。

さらに、この時点での文化的経験は、あくまでも客（＝受容）的な経験であって、その意味で自ずと一側面に限定されていた。つまり、映画や演劇を観たり、ＪＡＺＺを聴いたりすることと同じで、自分以外の他者によって提供されるものを受容する文化だということである。勿《もち》論《ろん》、そうした視点が悪いとか拙《つたな》いとか言うわけでない。ほとんどの文化的経験は、その受容経験から始まるであろうし、そうした視点からこそ創造的な発見や有効な批評がなされることも多い。けれども、客（＝受容）的経験は、映画や演劇の制作に携わったりＪＡＺＺの演奏をしたりするような実践的経験とは、やはり質的に異なる（このことは第2章、第5章で述べる）。

友人がレギュラーコーヒーを淹《い》れているのをみて、ショックを受けた場面へと戻ろう。直ぐさま、ペーパードリップ用の器具一式——ドリッパー、サーバーポット、フィルターペーパー——を近所のスーパーで取り揃《そろ》えた。何のことはない。いつも利用しているスーパーで売られていたのだ。勿論《もちろん》、器具一式と一緒に珈琲も買ったが、店頭に並んでいたものの中から、ほとんど何も考えずに粉に挽《ひ》かれた袋入りのものを選んだ。つまり、この時点では、素材である珈琲には全く関心がなかったのである。一方、器具に関しては、二種類売られていて、最初どちらを選ぼうか迷った。

日本で最も普及している珈琲の抽出法はペーパードリップであるが、その中でも当時、圧倒的なシェアを占めていたのは、メリタ式とカリタ式だった。

メリタ式とは、ドイツのドレスデンでメリタ・ベンツ——一般に「メリタ婦人」と呼ばれることが多い——が発明（一九〇八年）した方式で、珈琲抽出に濾紙《ろし》を使用するアイデアから始まるとされている。ただ、メリタ・ベンツが開発したのは、現在のような、台形に一つ穴のドリッパーではなく、真鍮《しんちゅう》製カップの底に多数の穴を空けて濾紙を敷《し》き、その上に珈琲粉を置いて湯をかけるという方式だった。現在のような円錐《えんすい》形に近い台形のドリッパーを開発したのはメリタの息子ホルスト・ベンツで、一九三七年にドイツで特許を取得したが、当初それは底に八つ穴が空いていた。メリタ・ジャパンのホームページ（http://www.melitta.co.jp）によれば、現在のような一つ穴になったのは一九六〇年代のことであるが、一般に日本で「メリタ式」と言えば、メリタ社製「一つ穴のドリッパー」を意味する。

一方、カリタ式とは、日本のカリタ社によるもので、底に「三つ穴のドリッパー」を意味する。最初に私が選んだのはメリタ式だったが、その理由は「ドイツで開発された」というパッケージの宣伝文句に惹《ひ》かれたためである。一九八〇年に大学生になった世代にとって、外国とはまず第一に欧米のことであり、欧米製のモノは大抵何でも日本製のそれより文句なしに格好良かったのだ。

自分で珈琲を淹れ始めた頃

さて、買い揃えた器具で、初めてレギュラーコーヒーを淹《い》れた時は、器具の中に入っていた「おいしいコーヒーのいれ方」という説明書を見ながらだった。おおよそ説明書には以下のようなことが図入りで記されていた。

1 ドリッパーをサーバーポットの上に置き、フィルターペーパーに入っている折り目に従い底辺と片側サイドの一片を交互に折りドリッパーにセットする。

2 メジャースプーンで珈琲粉を計りカップ数分ドリッパーへ入れる。

3 湯が沸騰したら火を止め、少し待つ。

4 湯を珈琲粉全体が湿るように少量ずつ注ぎ、三〇秒ほど待って蒸らす。

5 均等に湯をカップ数分になるまで一気に注ぎ、ドリッパーをサーバーポットから降ろす。

こうしたペーパードリップ（図1）の珈琲抽出法は、現在でも多く用いられている普及形である。このやり方が間違っていたことに気づいたのは数年前で、比較的最近のことだが、それについては後の章（⇩第4章217頁〜）でふれることにしよう。

随分《ずいぶん》長いこと、ペーパードリップで珈琲を淹《い》れてきたが、少しずつ細部に工夫を凝《こ》らすようになっていった。

まず、ドリッパーにフィルターペーパーをセットする前に、一旦《いったん》湯を注いだほうが、ペーパーがドリッパーにフィットすることを知った。また、少量の湯が注げるようになったコーヒー専用ポットを使用するほうが、淹れやすいことに気づいた。そして、普通のヤカンをコンロにかけて沸騰させた後、沸騰した湯をコーヒー専用ポットに移せば、湯温が丁度よくなることを知った。
ペーパードリップだけでなく、真空式サイフォン（図2）やコーヒーメーカーも使うようになった。サイフォンコーヒーの器具は、見た目が良かったが、下宿の流し台が狭く、洗う際に割ってしまい、何度も部品を取り替えた。コーヒーメーカーは、基本的にペーパードリップをオートマティックにしたもので、蒸らしができず、また、保温しておくと煮詰まってしまうので、結局あまりメリットがなかった。現在では、コーヒーメーカーも蒸らしができ、煮詰まらないようにサーバーが保温ポットになる機械が開発されているが、当時はまだなかった。試行錯誤の挙句《あげく》、ペーパードリップに落ち着いたのは、自分好みの味に仕上がるのと、その簡便《かんべん》性ゆえだったのだろう。

ペーパードリップの器具に関しても、あれこれ試してみた。カリタ、ボンマック[1]、UCCなどを使っ

図1

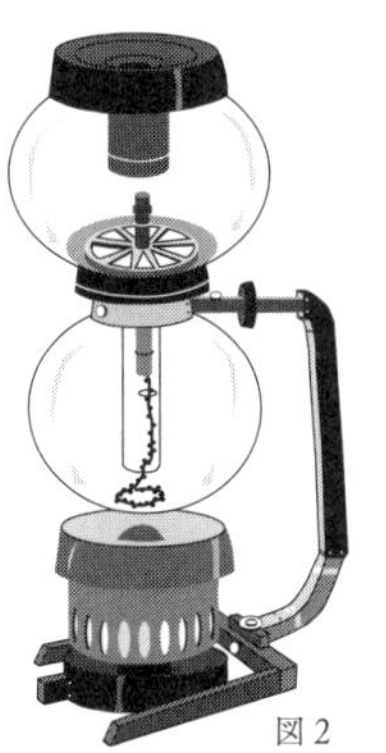

図2

てみたが、あまり味は変わらなかった。メリタを含め、これらはすべて、円錐形に近いドリッパーで穴数が違っていたり、ドリッパーの形状が少しずつ異なっているので、それぞれ専用のフィルターペーパーでないとドリッパーにフィットしなかった。そのため、消耗品のフィルターペーパーは、最も手に入れやすい、メリタとカリタを使用するようになった。ほぼ完全な円錐形（穴が空いているのではなく、底の部分がカットされたような形状）のドリッパーであるコーノ式（珈琲サイフォン株式会社）の存在を知ったのは随分経《た》ってからである。ただ、ペーパードリップ式というのは、ネルドリップ（布を用いた抽出法）を簡便にするために開発された抽出法であり、それゆえにドリッパーの形状は、ネルフィルター（布製）の機能に近づけるために技術改良がなされてきたのである。

器具をあれこれ試すのと並行して、ようやく肝心の素材である珈琲自体に関心を向けるようになっていった。

まず、粉の状態で売られているものではなく、豆の状態で売られている珈琲豆を買い、回転式手動コーヒーミルで挽《ひ》くようになった。「挽かれてしまった珈琲（粉）は風味が損なわれている」と思って、当時はそうしていた。間違いではなかったが、この時点では、風味以前の問題に気づいていなかったのだ。ただ、手動ミルは力任せに廻《まわ》してしまったためか、ある程度使い込むと必ず取っ手が壊れた。五台以上を潰《つぶ》した後、値段も安いので、電動のプロペラ式ミルを使うようになり、今でも出張時の携行品として必須アイテムとなっている（図3）。

学生街の喫茶店

私が大学へ入学したのは一九八〇年で、喫茶店の数（次頁の**グラフ1**）がピークに達するのは翌年の八一年である。当時、大学の周辺にも夥《おびただ》しい数の喫茶店があった。一人暮らしを始めて、喫茶店巡りに一層の拍車がかかったのは自然の成り行きだった。

朝食を食べる時はたいてい喫茶店で、モーニングですませた。当時、「トースト＋茹《ゆ》で卵＋珈琲 or 紅茶」

1—— 当時、ボンマックのドリッパーは台形型の一つ穴だったが、現在、ほぼ円錐形に近い「V型コーヒードリッパー」に変わっている。

図3　プロペラ式電動コーヒーミル

が標準的なスタイルで、平均二五〇円だった。喫茶店ごとに、モーニングはサラダやスープがついていたり、茹《ゆ》で卵がオムレツに替わっていたりと、若干の工夫がされていたので、色々と比較して食べ歩いていた。

昼はランチ。コーヒーor紅茶付きで五〇〇円くらいだった。ピラフやカレー、鉄板で焼いたスパゲッティなどにサラダ付きが定番だった。また、結構ボリュームのある定食などを出して、喫茶店というよりは食堂として利用されている店も多かった。

大学街には珈琲専門店も数店あった。ペーパードリップがほとんどだったが、サイフォン珈琲を専門にしているところも一軒だけあった。大学街の珈琲専門店は、たいていクラシックかJAZZが会話を邪魔しない音量で店内に流れ、落ち着いた空間を売りにしていた。そう言えば、「美人三姉妹が切り盛りしている」という評判で繁盛していた珈琲店があ

グラフ1　喫茶店の事業所数の推移　　全日本コーヒー協会資料より作成（財務省）

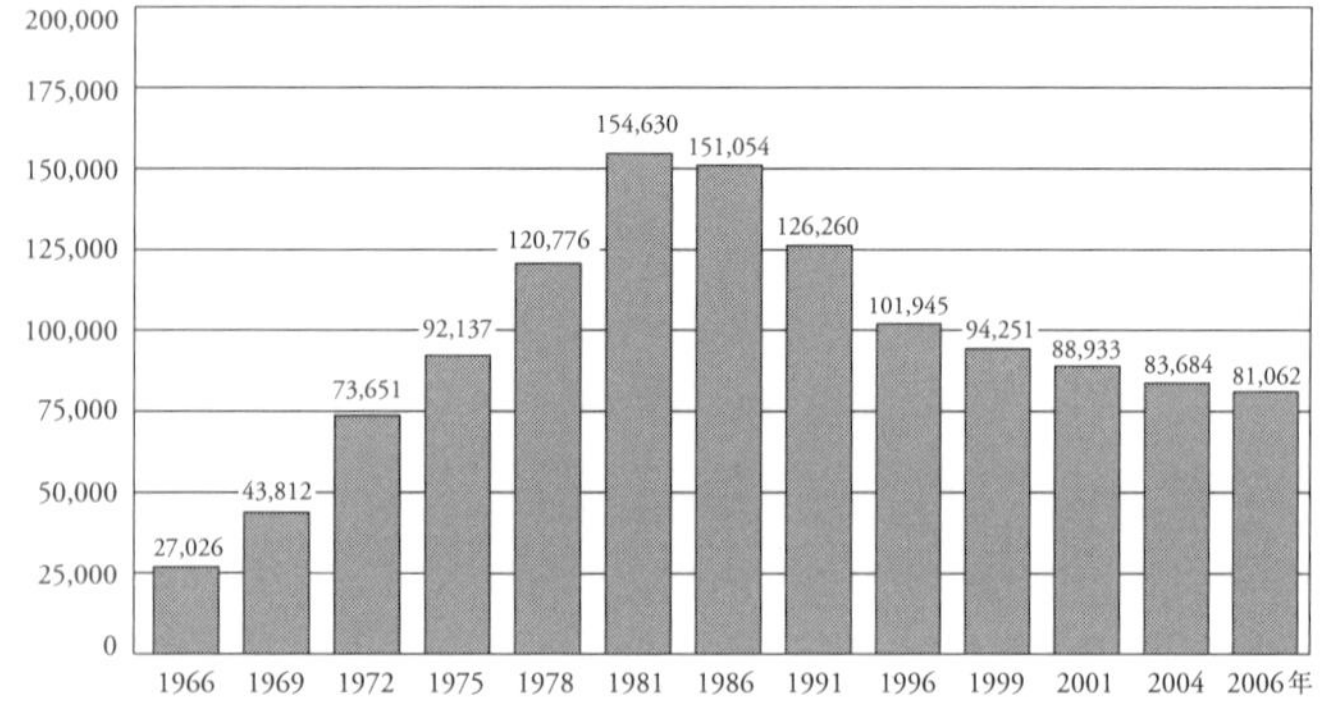

り、長女のファンだった先輩に一時期頻繁《ひんぱん》に連れて行かれた。ところがある日、次女が不慮の交通事故で亡くなるという不幸な出来事が起こって、次第に足が遠のいていくうちに、いつの間にか閉店してしまった。

そして数年前、学会でたまたま母校を訪れてみれば、珈琲専門店は一軒残らず大学街から姿を消してしまっていた。

大学街にあった喫茶店の中で付け加えておかなければならない店は、ゲーム喫茶だろう。㈱タイトーによって発売されたスペースインベーダー（Space Invaders）が爆発的にヒットしたのは一九七八年である。一般に「インベーダーゲーム」[2]と呼ばれたTVゲーム機は、ゲームセンターだけでなく、喫茶店にもテーブル式のものが置かれていた。私も高校時代に、アイス珈琲を飲みながらテーブルに百円玉を積み上げて、小遣いの大半を注《つ》ぎ込むくらい熱中したことを記憶している。その後、ゲームの種類が多様になって、全てのテーブルにTVゲーム機を設置したゲーム喫茶が現れた。当時、大学街にも数店舗あって、ほとんどが深夜営業だった。大学街に住んでいた頃によく通ったが、客の大半は暇《ひま》をもてあまして独りゲームに興じる寂しい男子学生だった。

2——　正確には、インベーダーゲームとは、㈱タイトーによるSpace Invadersの後継製品や他社製の類似商品・模倣品を総称した呼称である。

一九八四年の風営法改正によって、喫茶店にはゲーム機を設置できないことになり、さらにゲームセンターの営業も深夜一二時までに規制された。一九八三年には、任天堂よりファミリーコンピューター（家庭用ゲーム機）が発売されており、風営法改正による打撃が加わることで、一時期、ゲームセンターは学生街でも急速に減少していった。

盛り場の喫茶店

学生時代を振り返ってみると、私は、自分の生活時間の大半を大学かバイト先か盛り場《さかば》で過ごしていた。アルコールの飲めない私が盛り場で時間を潰《つぶ》したのは、もっぱら街を歩きまわることと、喫茶店だった。

盛り場へ行く目的は何だったのか。その時々で勿論《もちろん》、異なっていただろうけれど、たいてい街歩き－映画－本（古本）－喫茶店を目的として出かけることが多かった。映画を観た後、喫茶店でパンフレットなどを眺めながら、観賞の余韻《よいん》に浸《ひた》る。古本屋を何軒もめぐって、その日の収穫物を携《たずさ》えて喫茶店で読み耽《ふけ》る。

当時、浸ったり、耽ったりした盛り場の喫茶店を思い起こしてみよう。

美人喫茶

私の学生時代には、「美人喫茶」という店が辛《かろ》うじて残っていた時代だった。別に怪しい店ではなく、ウェイトレスが店の制服を着ているだけで——若干スカートは短かったような気がする——、特に普通の喫茶店と違っていたわけではない。友人たちと「どこの店のウェイトレスが好みか」という、たわいない話をした記憶がある。まだ求人情報誌があふれる時代ではなかったので、時々、店先で「ウェイトレス求む!!——容姿端麗《たんれい》のかた」などと書かれた張り紙を見かけることもあり、「明るく朗《ほが》らかなかた」というコピーのほうが適切じゃないかと、真面目に馬鹿馬鹿しい議論をしたこともあった。

実のところ、私もアルバイトで喫茶店のウェイターをやってみたいと思い、何軒か面接に行ったが、どこも不採用だった。どうも「しかるべき喫茶店でウェイターに採用されるのは、外見が格好良いと評価されること」だったようで、後に友人からその事実を知らされて愕然《がくぜん》とした。全く無駄なことをしていたわけだ。

ただ、私の学生時代には「美人喫茶」というのは、友人たちがそう呼んでいた喫茶店が大阪のキタやミナミに数店あっただけで、それらの店は看板や宣伝で特に「美人喫茶」などと称してはいなかった。

調べてみると、美人喫茶の出現は一九五〇年代である。

昭和二八年（一九五三年）に伊藤絹子《いとうきぬこ》がミス・ユニバース世界第三位になったことで八

頭身ブームが起こり、美人喫茶が出現した。ウエイトレスは身長百六十センチ以上。ファッション・モデルの良いアルバイトだった。銀座の「田園」「コンパル」などが有名で、五分おきに立ち位置を変え、客とは言葉を交わさないのが普通だったが、「コンパル」ではずらりと並んだウエイトレスが深々と頭を下げて「いらっしゃいませ」と客を迎えた。

〔林哲夫『喫茶店の時代』、二〇〇二年、二五九頁〕

また一九五九年に出版された『日本珈琲史』には、「お色気もある喫茶店」として、おそらく美人喫茶に関するものだと思われる以下のような記述がある。

渋谷に「ビューティ喫茶」と称するのがある。特色は未完成なファッション・モデル嬢が数十名。暗い照明のなかを人魚のように泳ぎ廻る、これはなかなか豪華なお色気である。

〔珈琲会館文化部編『日本珈琲史』、一九五九年、二四四頁〕

やはり、こうした記述をみると、私が友人たちから教えられて行った店は、飲み物の値段も普通の喫茶店と大差なかったし、ウェイトレスも制服を着ていただけだったから、本物の美人喫茶ではなかったのだろう。おそらく、容姿自慢の女性を選抜して、制服を着用させ、ウェイトレスとして配置することで、他の喫茶店との差別化をはかっていたのではなかろうか。

かねばならない。

エロということでは、ノーパン喫茶の凄《すさ》まじい流行にふれてお

ノーパン喫茶

一九八〇年に京都で誕生したとされる（小倉説もある）ノーパン喫茶は、疾風怒濤《しっぷうどとう》の勢いで全国の繁華街《はんかがい》で増殖した後、四年足らずで燃え尽きてしまったブームだった。飲み物が最低「一杯一、五〇〇円～」と高額で、ショーなどで割増料金を取る店もあり、特殊な喫茶店であるとともに、性風俗の一種としてもカテゴライズできる。ただ、初めて秋葉原《あきはばら》のメイド喫茶へ行った際、不思議とノーパン喫茶を思い出した。何かが似ている。ただ席に座ってウェイトレスをジッと眺めているという客の振る舞いがそっくりなのである。ジトっとした湿っぽく暗い客たちの視線は、両店に共通するものだ。

ノーパン喫茶の一過性《いっかせい》は驚くべきものだった。大阪の梅田《うめだ》で朝九時に「モーニングあります」という看板を見て入った店がノーパン喫茶だったことさえあったほど、大阪や京都の繁華街では一時期至《いた》る処《ところ》にあったのだが、短いブームが去ると一気に街から消えた。ノーパン喫茶の流行が一過性であった原因は、店舗数が増えすぎて過当競争になり、個室を設けて性サービスを行う店が出現・増加したことに対して、法的規制の対象とされたことにある。一九八四年に改正された風営法では、「フロア＋個室」という店舗形態が認められなくなったため、多くの店はファッションヘルスへと転業を余儀《よぎ》なくされたのである。

ゲーム喫茶

新大阪《しんおおさか》駅近くの、食事もできる深夜喫茶に競馬ゲームが置かれていて、やってみたら賭博《とばく》ゲーム機だった。パチンコ感覚でちょくちょくするようになって、不思議と良く儲《もう》かった。ある日突然、数台あったゲーム機が全てその店から消えていた。

その数日後（一九八二年一一月一日）、大阪府警曾根崎《そねざき》署などの警察官グループが、賭博ゲーム機やピンクサロンの摘発《てきはつ》情報を業者に流し、賄賂《わいろ》を受け取っていたことが発覚した。所謂《いわゆる》「大阪府警のゲーム機汚職事件」である。現職警官三名、警察OB二名が逮捕され、疑惑を受けた警官一名が身の潔白を訴えて自殺し、前大阪府警本部長の警察大学校長までもが「監督責任を痛感」と遺書を残して自殺するという大事件となった。後の報道によれば、摘発のきっかけは、汚職警官たちの派手な行動だったとされている。ピンサロで豪遊《ごうゆう》している警官たちを指して、客の暴力団組員が店員に「あの景気の良いのは一体どこの組のもんや?」と訊《たず》ねたほど、ハチャメチャな遊びぶりだったと言う。

さて、私が競馬ゲームに興じた深夜喫茶は、このとき摘発を逃れ、今も営業を続けている。その店の経営者が引き際を良いタイミングで心得ていたと思うには、あまりにも出来過ぎた話である。事件に関する報道が終息《しゅうそく》していた後で、当時大物の代議士や財界などともつながる「闇の紳士」と呼ばれる裏組織の事件への関与が今も噂《うわさ》されている。けれども、「闇の紳士」は多くの未解決事件との関連が取り沙汰されていて、いつも謎解きの推理に登場するジョーカーのような切り札であり、その名前が登場すれば、結局、真相は闇の中ということになる。

さて、ゲーム機汚職事件の影響もあったのだろうか。既に書いたように、一九八四年の風営法改正によって、喫茶店ではゲーム機設置ができなくなり、ゲームセンターの営業も深夜一二時までに規制された。[3]

深夜喫茶

深夜喫茶を利用するようになったのは、大学のサークルの先輩に連れられて、大阪から鈍行《どんこう》列車に乗って東京へ行ったことがきっかけである。目的は、映画『カタリーナブルームの失われた名誉』[フォルカー・シュレンドルフ監督、一九七五年、西ドイツ]を大学での上映会用に借り出すための交渉だった。

当時、大垣《おおがき》を夜に発車し東京に早朝着くという国鉄の鈍行《どんこう》列車があった。[4] 鈍行で深夜に走っ

3——一九八四年の風営法改正に大きな影響を与えたのは、新宿歌舞伎町で起こった殺人事件にあると言われている。一九八一年にラブホテルで女性が連続して殺害された所謂「ラブホテル殺人事件」と、一九八二年にゲームセンターで男にナンパされた一四歳の少女が殺害された所謂「ディスコ殺人事件」——いずれの事件も未解決——の後、新宿歌舞伎町浄化運動が盛り上がり、ディスコやゲームセンターが営業を深夜一二時までに自主規制した[本橋信宏「1982夏、歌舞伎町ディスコ殺人事件」、本橋信宏ほか『新宿歌舞伎町未解決事件』、二〇〇三年]。

て東京まで向かうこの列車を、「人民」とか「泥棒列車」と呼んでいた。実際、物騒な列車で、静岡近辺で、車内放送もなくなり車掌もほとんど車内を巡回しなくなる。乗客のほとんどは、四人掛けの向かい合った座席を、一人か二人で占領して寝ていた。時々、不穏《ふおん》な気配に目を開けて周囲を見やると、寝入っている客の懐《ふところ》を探ってうろつきまわる男を目撃することも珍しくなかった。この人民列車、東京駅へ着くのが早朝四時過ぎ、すぐに山手線などに乗り換えて有楽町《ゆうらくちょう》駅で改札を出た。信じられないことだが、当時、早朝の有楽町駅の改札には駅員がいなかったのだ。

有楽町で新宿《しんじゅく》まで切符を買って移動したら、まずは空腹を満たすために「しょんべん横町◀5」へ。最初は、早朝だというのに、カウンターでビールや酒を飲んだり、トンカツ定食を食べている男たちの数に圧倒された。

早い朝食を済ませて、世間一般が目覚めて動き出すまで、深夜喫茶で時間を潰《つぶ》そうと歌舞伎《かぶき》町方面へと移動している途中、ようやく空が明るくなってきたと思った途端、急にまた暗くなった。鴉《カラス》の大群が繁華街のゴミ目当てに舞い降りてきたのだ。

さて、一九八〇年時の新宿には、お目当ての深夜喫茶は沢山あった。ほとんどの深夜喫茶には、「居眠り禁止」、「二時間で追加オーダー」という制約があった。尤《もっと》も、「居眠り禁止」のほうは、大っぴらにソファーに寝転がるなどしなければ、寝ていても注意されることはなかった。

かつてG・ジンメル（一八五八〜一九一八年、ドイツの哲学者・社会学者）は、大都市のイメージを

「無感覚と冷笑」、「流動と多面的帰属」、「混濁《こんだく》と孤立」と表したが、深夜喫茶は、まさにそのイメージにぴったりで、草臥《くたび》れた背広姿のサラリーマンから、若い男女や得体のしれない怪しげな輩《やから》まで、客の誰もがただ朝が来るのをじっと待っているような、どこか頽廃《たいはい》的な空間だった。その頽廃的な雰囲気が堪《たま》らなく好きで、私は、大学時代に先輩や後輩を誘って、わざわざ深夜にクルマで梅田《うめだ》まで出掛けて、よく深夜喫茶の前に路上駐車してたむろしたものだ。そういえば当時、女性の深夜労働が禁止されていて、深夜になると女性店員が髪を短く束ねて、バーテンのように男装していた店もあった。

ところで、深夜喫茶なるものがいつごろから出来たのだろう？　調べていたら、以下のような記述に行きあたった。

コーヒー代六、七〇円で一晩ゆっくり楽しめる場所、いいかえれば安直な享楽の普及

4——調べてみると、今はもう所謂「人民＝泥棒列車」はなくなっており、「ムーンライトながら」という臨時夜行快速列車が主として春・夏・冬のホリデーシーズンに運行されている（二〇一二年九月末日時点）。

5——もともと第二次世界大戦後に闇市のバラックから新宿に形成された商店街。当初、公衆便所が設置されなかったため、「しょんべん横町」、「小便横町」と呼ばれた。現在も新宿西口「思い出横町」として残っているが、最近では、小綺麗な喫茶店や小洒落た居酒屋なども出来て、当時の面影は次第に薄れつつある。

版として登場した深夜喫茶は若い男女の心にピッタリとしたわけだ。とともに悪の巣ともなり、犯罪の温床《おんしょう》とも騒がれた。ところがこの深夜喫茶も風俗営業取締法改正が施行され、三四〔一九五九〕年五月一日から全国いっせいにその取締りが実施された。そのため転廃業するか、風俗営業に切りかえなければならなくなつた。

〔珈琲会館文化部編『日本珈琲史』、一九五九年、二四六頁〕

私が生まれる前からあったとは驚きだが、この記述を読む限り、深夜喫茶は少なくとも一九八〇年代初頭まで栄枯盛衰《えいこせいすい》を繰り返したようである。ただ、二四時間営業のファーストフード店やファミリーレストラン、フードコーナーを備えたコンビニが当たり前になった今日、深夜喫茶はめっきり少なくなった。むろん、深夜営業している小洒落《こじゃれ》たカフェは多くなったが、深夜喫茶のような猥雑《わいざつ》な雰囲気は微塵《みじん》もない。ネットカフェやカラオケボックスなどは、かつての深夜喫茶の客層と重なるのであろうが、個室ごとに仕切られた空間では、深夜喫茶のような雰囲気は味わえない。尤《もっと》も、日本の都市そのものから、そうした雰囲気が失われつつあるのだろう。深夜喫茶がめっきり減った二一世紀の日本の都市空間には、ジンメルが表した大都市のイメージは、もうない。

ジャズ喫茶

大学に入学して間もない頃、深夜にサークルの先輩に連れていかれた漫画喫茶の向かいに、「JAZZ SPOT COFFEE」とペイントされたドラム缶を見つけて、一緒にビルの地下へと足を踏み入れたのが、初めてのジャズ喫茶体験だった。阪急《はんきゅう》京都線・上新庄《かみしんじょう》駅からすぐの場所にあったジャス喫茶「BLUE CITY」である。その後、BLUE CITYは、私にとって単なるジャズ喫茶の一つではなく、掛け替えのない居場所になっていく。一人きりになれるアジトのような場所だった。

と言っても、BLUE CITYを訪れて、すぐに常連となったわけではないし、ジャズ喫茶やジャズに嵌《は》まったわけでもない。きっかけは、「大阪の夏の暑さ」だった。大阪の夏がすさまじく暑いことに辟易《へきえき》したのは、大学二年の夏だった。この頃にはもう、すっかり時代に取り残されたアングラ大学生となっていて、『プレイガイドジャーナル』[6]を携え、自主上映の映画やテント芝居・舞踏《ぶとう》を観たり、古本屋をまわって本を漁《あさ》っては、手当たり次第

6――大阪で一九七一～一九八七年刊行されていた関西圏の情報誌。「日本で最初の情報誌」とも言われている。

に読みまくっていた。しかし、現在からは考えられないことだが、この当時、私が通っていた大学の図書館にはクーラーがなかったのである。勿論《もちろん》、安下宿にクーラーなどあろうはずもない。自然と本を読む場所は喫茶店となった。ただ、普通の喫茶店で、何時間も居座って読書するわけにもいかない。そこで、ジャズ喫茶をまわることにしたのである。

『ジャズ日本列島』［ジャズ批評社］を携え、時間に余裕があれば京都や神戸へ、たいていは大阪市内のジャズ喫茶を手当たり次第に巡《めぐ》り、ジャズを聴きながら本を読んだ。尤《もっと》も、「ジャズを聴きながら」と言っても、当時の私は、マイルス・デイビスやジョン・コルトレーンの名前さえ知らないでジャズ喫茶に居たのだから、なんとも恐ろしい。けれども、大音量でジャズを聴きながらだと、不思議と本に集中できた。よく通った京都の「ZABO」という、フリージャズが中心だったジャズ喫茶の近くに、「日本一音量が大きい」という触れ込みだった「治外法権」というロック喫茶へ一度だけ行ったことがあったが、なぜかロックを聴きながらでは本に集中できなかった。クラシックを専門に聴かせる名曲喫茶へも行くことはあったが、こちらは音よりも、どうも客層が肌に合わなかった。きっと音だけでなく、ジャズ喫茶という空間そのものが私に合っていたのだろう。想い出せば、ZABOではよく、頭をまるめた若い坊さんが袈裟《けさ》姿のままで瞑想《めいそう》するようにフリージャズに聴き浸っていたし、同じく京都にあった「鳥類図鑑」は、店内の至る所に蝶の標本が飾られ、テーブルの硝子《ガラス》天板の下まで蝶の標本という奇奇妙妙怪怪な空間だった。

真夏に珈琲一杯で優に二時間以上は涼しく過ごせるジャズ喫茶の魅力にすっかり取り憑《つ》かれ、夏が終わる頃には、ジャズ喫茶巡りはライフスタイルとして定着してしまった。

嗜好《しこう》とは実に希代《ケッタイ》なもので、ジャズに関して全く知識もないのに、地域ごとに行く店が固定していくのである。神戸・三宮《さんのみや》だと「Jazz Innとんぼ」、「木馬」、大阪・ミナミでは「トップシンバル」、「バード56」、キタなら「バンビ」、「いんたあぷれい8」、茨木《いばらき》市の「コル」にもよく通った。フリーが中心だったZABOを除くと、一九五〇〜六〇年代のモダンジャズを中心に流していた店ばかりだ。

そのうち、住んでいた下宿の近くにあったBLUE CITYへは、頻繁《ひんぱん》に通うようになっていた。学部を卒業して大学院生になると、二日に一度は店に入《い》り浸《びた》るようになり、店が開店する正午近くから夕方にかけて、BLUE CITYは私のための読書室みたいになっていた。当時、昼の間は、客が少なかったのだ。いつの頃からか、向かって右側のスピーカーを正面にして、カウンターを背に一番近いところが定席となり、稀《まれ》に他の人が座っていても、マスターが気を遣《つか》って移動させてくれるようになった。

BLUE CITYのマスター・山下家繁《やましたいえしげ》氏と話をするようになったのは、通い始めてから数年経ってからで、「店で何があっても、いつも一人でずうっと本読んでるから、なかなか声かけずらかってん」と言われたことを今でも覚えている。「何があっても」っていうのは、当時、夜の

BLUE CITYでは、酒を飲む常連客も多く、時に酔った勢いで少々ハードな人間模様が繰り広げられたこともあったからだろう。確かに、突然に椅子が転がり、取っ組み合いが始まっても、私は我関《われかん》せずと素知《そし》らぬふりで本を読んでいた。親しく話をするようになると、本を読むだけでなく、マスターからジャズとオーディオに関して、色々と教えてもらえるようになり、私も遅蒔《おそま》きながらジャズに目覚め、LPを蒐集《しゅうしゅう》するようになった。時代はバブル期、割の良いバイトがいくらでもあって、コレクションは数年で六〇〇枚を超えるようになった。尤《もっと》も、ジャズマニアの世界では、一、〇〇〇枚を超えないとマニアとは言えない。広島に移り住んで、レコード蒐集もしなくなり、私はマニアになり損ねた。

ジャズは、生《なま》演奏がいちばんだというのはまちがいないが、生演奏はときどき、演奏するやつが邪魔《じゃま》だ。部屋で聴くと、自分が邪魔だ。ジャズは、ジャズ喫茶で聴くものだ。

〔平岡正明『昭和ジャズ喫茶伝説』、二〇〇五年、二一一頁〕

そう、平岡正明《ひらおかまさあき》（一九四一―二〇〇九年）が言うように、「ジャズは、ジャズ喫茶で聴くもの」なのだ。せっせとコレクションに励《はげ》めたのは、通えるジャズ喫茶BLUE CITYがあったからこそだったのである。

さて、調べてみるとジャズ喫茶というのは、昭和初期に誕生したようで、『横浜ジャズ物語——「ちぐさの」の50年』（吉田衛著）によれば、一九二九（昭和四）年に本郷赤門《ほんごうあかもん》前で開店した「ブラックバード」という店が、東京で最も古いジャズ喫茶のようである。ジャズ喫茶は、太平洋戦争で一旦消滅したが、一九五〇年代に再開され、六〇年代に全盛期を迎え、七〇年代に入ると徐々に下火になっていった。

BLUE CITYのオープンは、一九七七年だから、ジャズ喫茶が既に文化としては衰退した後だということになる。オリジナルに調整されたBLUE CITYのオーディオ装置からは、ハード・バップ[7]を中心に、ホットな音が流れていた。

二〇〇四年一二月に「BLUE CITYが閉店した」という情報を、私は偶然webで知った。

「ブルーシティ」ラスト・ライブは入りきれない程の常連客で溢《あふ》れ、七〇年代が甦《よみがえ》ったような興奮に包まれていた。

〔高瀬進『ぼくの昭和ジャズ喫茶』、二〇〇六年、一三二頁〕

7——ハード・バップ（Hard Bop）とは、一九五〇年代に西海岸を中心に現れたくつろいだ感じのクール・ジャズ（West Coast Jazzとも言う）に対抗して、一九五〇年代後半に東海岸で起こったアグレッシブで激しいモダンジャズの一スタイルを指す。

私が最後にBLUE CITYを訪れたのは、ラスト・ライブの一年ほど前だろうか。その時、山下マスターは、「中根君、もう今の若いもんはジャズなんか聴かへんでぇ」と残念そうに言っていた。

私が広島へ居《きょ》を移す際、マスターは、BLUE CITYのテーマ曲として、いつも閉店前の最後に流していたオスカー・ピーターソンのアルバム『NIGHT TRAIN』に収録されている「自由への讃歌 HYMN TO FREEDOM」をかけて、送り出してくれた。

久しぶりに、ターンテーブルに針を落とし、「自由への讃歌」を聴くと、ただジャズを聴きながら我武者羅《がむしゃら》に本を読んでいたあの頃が無性に懐《なつ》かしく、遠く感じる。今でも、東京や関西への出張の際、時々、ジャズ喫茶へ行くことはあるが、BLUE CITYのようなジャズ喫茶らしいジャズ喫茶には、とんと出逢えないでいる。

珈琲専門店

店舗内で焙煎《ばいせん》した珈琲を提供する珈琲屋を「自家《じか》焙煎珈琲店」と言う。「自家焙煎」という言葉がいつ頃から使われるようになったのかは、分からない。調べてはみたが、どうもはっきりしないのである。一九五五（昭和三〇）年に出版された本には、「自家焙煎」という言葉が目次にも使用されているから、それ以前にはあったということになる。

日本の一般消費者も今では鑵詰《かんづめ》製品よりも、自分で炒《い》るなり、市中の販売店で炒りたてのものの方を遙かに多く買つている。事実鑵詰の方が市中の焙煎品より値段が安くても、珈琲愛好家の魅力とはもうならなくなつた。

［井上誠『珈琲』、一九五五年、一九六頁］

ここで井上の言う「一般消費者」とは、当時、レギュラーコーヒーを愛飲するような極限《ごく》られた珈琲通《マニア》のことだろう。ただ、興味深いのは、コーヒー豆の輸入量がまだ少ない時代に、自分で生豆《なままめ》を焙煎する人たちが存在したということだ。井上の記述から推測すると、缶詰コーヒーを使用している店に対抗する形で、自家焙煎という言葉が使われるようになったのかもしれないと思うけれども、今のところ推測の域を出ない。

さて、本書でOWN ROASTERという言葉を敢《あ》えて使うのは、どうも「自家」の「家」という表現がしっくりこないからである。尤《もっと》も、店舗もないのに、自宅で焙煎しているわけだから、私のほうが「自家」に近いのかもしれない。それでもやっぱりしっくりこないのは、家という場所で焙煎しなくても、コイン精米機のように、コイン焙煎機みたいなものが置かれているような場所があったなら、自分のお好みで焙煎できて、そのほうが便利だと考えるからだ。昔の農家みたいな家屋ならまだしも、今時のプレハブ住宅やマンションに焙煎機を置けるスペースを確保するのは難しい（OWN ROASTERについては第5章であらためて述べる）。

ところで、自家焙煎珈琲店は珈琲専門店の中の一カテゴリーであるけれども、実は、本章で綴《つづ》ってきた私の喫茶店遍歴《へんれき》で「自家焙煎珈琲店」を意識したことはなかった。おそらく、美味しい珈琲を飲もうと、あちこち廻《まわ》った珈琲専門店の中には、自家焙煎店もあったはずだが、ぴんと来なかったのだろう。多くの珈琲専門店を廻る時、気になったのは、焙煎よりも抽出法だった。あくまでも全体的な傾向だが、サイフォンよりもペーパードリップのほうが、ペーパードリップよりもネルドリップのほうが、美味しく感じられたのである。

やがて、行く所々で気に入った味の珈琲店を見つけると、珈琲豆を買って、自宅でネルドリップで淹《い》れるようになった。広島で職を得てからは、神戸や大阪、博多《はかた》からも珈琲豆を取り寄せ、抽出の仕方も、美味しいと感じた珈琲店のやり方を観察して、自分なりに工夫するようになった。ちなみに当時、取り寄せていた珈琲豆のほとんどは、直営の珈琲専門店も営んでいる比較的小規模のロースター（焙煎加工卸売企業）[8]が焙煎したものだった。

さて、ここらで満足していれば、ただの珈琲好きのままで、良かったのかもしれない。しかし、これから先の物語は、珈琲をより愉《たの》しもうと、越えてはならない境界を踏み越えてしまったがために、「大好きな珈琲と格闘せざるえなくなる」という、何とも馬鹿馬鹿しい羽目《はめ》に陥った者による滑稽《こっけい》な記録である。

8――ロースターとは、一般に焙煎した珈琲豆を喫茶店や珈琲専門店に卸し売りすることを営んでいる業者を指す。かつては「焙煎屋」と呼ばれることもあった。ロースターは中小企業が多いが、大手になると百貨店やスーパーなどへも、焙煎豆や粉珈琲からインスタントや缶コーヒーなどの加工コーヒーまでを卸売りしている。

第2章…………

モンクでの珈琲修行

最初はローランド・カークみたいな店だった?!

珈琲修行なんぞをすることになったきっかけはジャズ喫茶だった。大阪で通いつめていたBlue Cityのマスター・山下家繁《やましたいえしげ》［⇩57頁〜］氏に「仕事で広島に行くことになった」旨《むね》を伝えると、広島市内にあるジャズ喫茶を数店リストアップしてくれた。山下氏は、ジャズ喫茶を開店する前、広島で自動車関連の仕事をしていたので、当時の記憶を呼び起こしてくれたのである。

一九九〇年三月中旬、広島に居《きょ》を移した私は、山下氏にもらったリストや『ジャズ日本列島61年版』[1]などをたよりにジャズ喫茶を探して、広島の小さな繁華街・流川《ながれかわ》を彷徨《さまよ》った。ただ当時、ジャズ喫茶は、関西でもめっきり減っていたから、広島でジャズ喫茶らしい店を探すことなど到底できなかった。リストにあったジャズ喫茶は、店自体は残っていても、ライブハウスや小洒落《こじゃれ》たカフェバーに営業形態を変えていたのである。

後に私が珈琲修行することになった「モンク」も、そのリストにあった店だが、やはり既にジャズ喫茶ではなかった。


モンクは広島市最大の歓楽街・流川近くにある。地理的な位置としては、オフィス街である大手町《おおてまち》、そして紙屋町《かみやちょう》・本通り・並木《なみき》通り・八丁堀《はっちょうぼり》といったショッピング街から歓楽街・流川へと向かう入り口にあたる場所にある。モンクは、吉田晃之《よしだてるゆき》マスターが一人で営んでおり、店内は一五人くらいしか集客できないほどの、小規模な店舗である

1――ジャズ批評社から一九八六年に発行された。この本によれば、全国ジャズ喫茶とライブハウス総数は七三四店となっている。また、掲載されている広島市内の店舗数は僅か五軒である。

店内に入った途端、正直なところ落胆した。店内にジャズこそ流れてはいたものの、音量が小さく、オーディオも一般家庭で使われているような機器だったのである。ただ、店内に珈琲の香りが充満していて、出てきた珈琲がジャズ喫茶だったとは思えないほど美味しかった。というのは、ジャズ喫茶を営業している人たちには失礼だが、ジャズ喫茶マニアの間では「ジャズ喫茶の珈琲は不味《まず》い」という定説が、なぜか信奉《しんぽう》されていたからだ。だから意外にも、ジャズ目当てで入った店で、美味しい珈琲に出会ったわけである。

それからモンクへは、しばしば珈琲を飲みに通うようになり、時々、珈琲豆も買うようになった。ただ、当初の数年間は、決して常連と言えるような客ではなく、マスターと話を交わすこともなかった。モンクは既にジャズ喫茶ではなかったが、吉田晃之氏は、ジャズ喫茶のマスターらしい近づき難い雰囲気を醸《かも》し出していた。マイルスに喧嘩をふっかけるようなピアニストの名前を店名にしているのだから、こちらから話しかけるような気にはならなかったのだろう。ジャズファンの間では、「セロニアス・モンクがマイルス・デイビスにケンカをふっかけた」というエピソードは有名ではあるが、「ボクシングをやっていたモンクの機嫌を損ねないように気を遣《つか》っていたのは、マイルスのほうで、モンクが悪のりして挑発しただけだった」という異説もある。[2] いずれが真相だったにせよ、ピアニスト＝モンクは演奏だけでなく、飛び抜けてユニークな人物だったに違いない。モンクで常連になるまでに数年を要したのは、BLUE CITYの山下マスターと話をするようになるのに数年かかったのと同じだ。おそらく、社交性に著しく乏しい私の性格によるものだろう。

実は調べてみると、BLUE CITYとモンクには意外な共通点があることが分かった。BLUE CITYの開店が一九七七年で、モンクの開店が一九七九年。どちらもジャズ喫茶としては、開店が非常に遅かったのである（モンクのほうが二年ほど遅く開店したのだから、BLUE CITYの山下氏からいただいたリストは、ご自身の記憶だけでなく、文献などでわざわざ調べて作成してくれたものだったのだ）。


さて、モンクに通いはじめて何年か経ったある日、珈琲を飲んでいると突然、吉田氏がテーブルにやってきて「そろそろ御名刺の交換をさせて下さい」と声をかけてくれ、その後あれこれと話をする常連客の一人となった。

モンクが、ジャズ喫茶から出発した後、「珈琲一筋」の自家焙煎珈琲店として営業形態を変えた店であることを聞いたのは、私がモンクで珈琲修行をした後のことである。開店当初には、数百万円を投入して、オーディオ機器を揃《そろ》えていたそうだ。吉田氏は「オーディオは追求しはじめたらキリがない」と言っていたが、自家焙煎してネルドリップで一杯ずつ珈琲を抽出する

2―― セロニアス・モンク（Thelonious Monk 一九一七～一九八二年）アメリカのジャズ・ピアニスト奏者。
マイルス・デイヴィス（Miles Davis 一九二六～一九九一年）アメリカのジャズ・トランペット奏者。

合間に、アナログレコードを選抜してターンテーブルに載せるなどという芸当は、客が混み合ってきたらとてもできるものではない。珈琲の焙煎も抽出も途中で止めるわけにいかないし、ＬＰレコードも終わればターンテーブルからすみやかに降ろさなければならない。針の消耗《しょうもう》が激しくなってしまうからだ。演奏が終わればターンテーブルから自動的にアームが上がるセミオートのレコードプレーヤーを使用すればいいと思う方もいるかもしれないが、クオリティの高い音を限りなく追求する高級オーディオの世界では、セミオートなど御法度《ごはっと》、あくまでも手動が原則なのだ。マニアの世界では、オーディオは単なる再生する機器ではなく、音楽を演奏する装置なのだ[3]。

そう言えば、ネルドリップで珈琲を抽出する作業も、楽器を奏《かな》でる演奏のようなものである。珈琲の抽出は、楽器と同じく、途中で止めてしまえば、音が途切れるように液体の流れも止まり、その味をちぐはぐなものにしてしまうのだから……。いずれにしても、自家焙煎珈琲店とジャズ喫茶との両方を追求しようとすれば、一人で複数の楽器を同時に演奏しなければならなくなる。複数の楽器を同時に演奏するローランド・カークのようなジャズ喫茶だった頃のモンクに、一度でいいから行ってみたかった。

モンクの珈琲

はじめて飲んだモンクの珈琲の印象を思い起こすと、深入りの珈琲で、強烈なインパクトを感じる濃厚な味なのに、口当たりはソフトだった。美味しい珈琲をブラックで飲むと、苦みと酸味に混じって、かすかな珈琲の甘みを感じとることができる。モンクの珈琲にはしっかりとした甘みが抽出されており、後口《あとくち》の切れ味が良いのが特徴的だった。

不思議に感じたのは、モンクの珈琲豆を買って帰って、自宅で淹《い》れてみた時だ。湯を注いでもネルの中で珈琲粉が膨《ふく》らんでこなかったのである。正確に言えば、膨らんでこなかったのではなく、膨らんだように見えなかったということだ。

当時、私は、「新しく良質な珈琲豆は湯を注ぐと膨らんでくる」という嘘情報を鵜呑《うの》みにしていたので、なおさら不思議に感じたのである。ただ、それまで美味しいと思った珈琲店で購入した豆を自宅で抽出してみて、膨らんでこなかったことはなかった。実際のところ、当時

3――菅原昭二『ジャズ喫茶「ベイシー」の選択――ぼくとジムランの酒とバラの日々』（一九九三年）を参照されたい。著者の菅原は、ジャズ喫茶の世界で「日本一音が良い」と評価されているベイシーのマスターである。

のモンクの珈琲豆も膨らんでいないはずはなく——粉が水分を吸収して膨張しないわけはない——、湯を注いだ珈琲粉の上にアクのような泡《あわ》が全く浮かび上がってこなかったから、膨らんでいないように見えたのである。

この膨らまないのに美味しい珈琲豆をきっかけに、「新しく良質な珈琲豆は湯を注ぐと膨らんでくる」という定説を疑ってみるようになった。そして、抽出時における珈琲粉の膨らみ具合は、「焙煎後の珈琲豆が、新鮮であるか／否か、良質であるか／否か」とは別に、粉砕《グラインド》の粗細や焙煎の度合いによっても変化するのだということが分かった。

一般に、焙煎が「浅い」ほうが大きく膨らんでくるように見える。とすれば、モンクの豆が膨らまないように見えたのは、焙煎が「深い」からということになるのだが、ここでは、注意深く「焙煎の際、何かが行き過ぎていたからだ」と言っておきたい。

焙煎は、一般に「深い／浅い」と表現され、珈琲業界で使われている細かいロースト基準も「深い／浅い」という軸である。けれども、「深い／浅い」という一つの軸で焙煎を捉えることが不適切であることを、後の章で何度も言及するので、ここでは、当時のモンクの焙煎は「何かが行き過ぎていたから」と表したわけである。

さて、何が行き過ぎていたのか？

差し当たり、焙煎の「時間」、「火力」、「余熱」という三つの要因が複雑にからまった結果として「何かが行き過ぎていた」のではないかと、推測しておくにとどめたい。

実際、この後で述べる「ある事」をきっかけとして、モンクの珈琲豆は膨らむように変わっていく。勿論《もちろん》、味も変化していった。強烈なインパクトを残しながらも、より飲みやすい口当たりのソフトな味へと、さらに珈琲の種類ごとに味の違いがより明確な輪郭《りんかく》を描く珈琲へと、変わっていったのである。


そんな味の変化に気づいた頃、私の珈琲に対する関心も変わりつつあった。「本格的に珈琲の淹《い》れ方を修得したい」、そしてそのために「実際に店で修業してみたい」と思うようになったのだ。

その修業先にモンクを選んだのは、自家焙煎珈琲店であるからだけではない。広島市内に限っても、自家焙煎珈琲店はいくつか存在するし、珈琲専門店まで含めるとかなりの数に上る。そして、ほとんどの珈琲専門店では、店舗内で珈琲を提供するだけでなく、焙煎した珈琲豆の販売を行っている。[4] 店で飲んでみて、気に入れば珈琲豆を買って、自宅やオフィスで自分で淹

4――珈琲専門店での珈琲豆の売上は、営業利益の相当分を占めると思われる。最近では、インターネットを通じた通信販売によって、店舗内で提供される珈琲の売上よりも、珈琲豆の売上のほうが多いという店も少なくない。また、珈琲専門店から、焙煎した豆だけを売る店に営業形態を変える店もある。

コーヒー豆の保存

まず、いつも使う分量に分けましょう。
1人前15g、2人前25g 〜 etc

ナイロン袋等に入れて、口を密にしましょう。

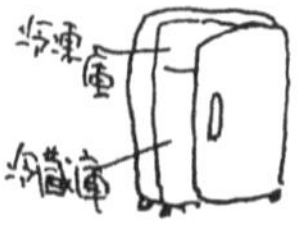

冷凍庫で保存しましょう。

使う時は、豆の場合は、その前に、ミルでひいて使いましょう。
粉の場合は、固まりを少しほぐして、使いましょう。

保存日数は、買ってきてから、豆は10日間、粉は7日間を目安に使い切ってしまいましょう。

味の特長と値段

ブレンドコーヒー　あっさりした苦味 ホンジュラスをベースにした3種類ブレンドです。
ブレンドコーヒー豆

スプレモ コーヒー　コロンビア産の丸い酸味を持つコーヒーです。スプレモコーヒー

ホンジュラス コーヒー　中南米産のあっさりとした苦味を持ちます。ホンジュラス

タンザニア コーヒー　アフリカ産の先に軽く苦味がきます。後からゆっくりと酸味が入ってきます。タンザニア

グァテマラ コーヒー　中南米産のコーヒーで、ホンジュラスの隣に位置しますが、コーヒーの味は大分違っているようです。ほんの少しの酸味がきてから、酸味の混ざった苦味に変わってゆきます。グァテマラ

ジャバ・ロブスター　インドネシア産のロブスター種です。あつみのあるやわらかな苦味と甘さが突出しています。ジャバ・ロブスターコーヒー豆

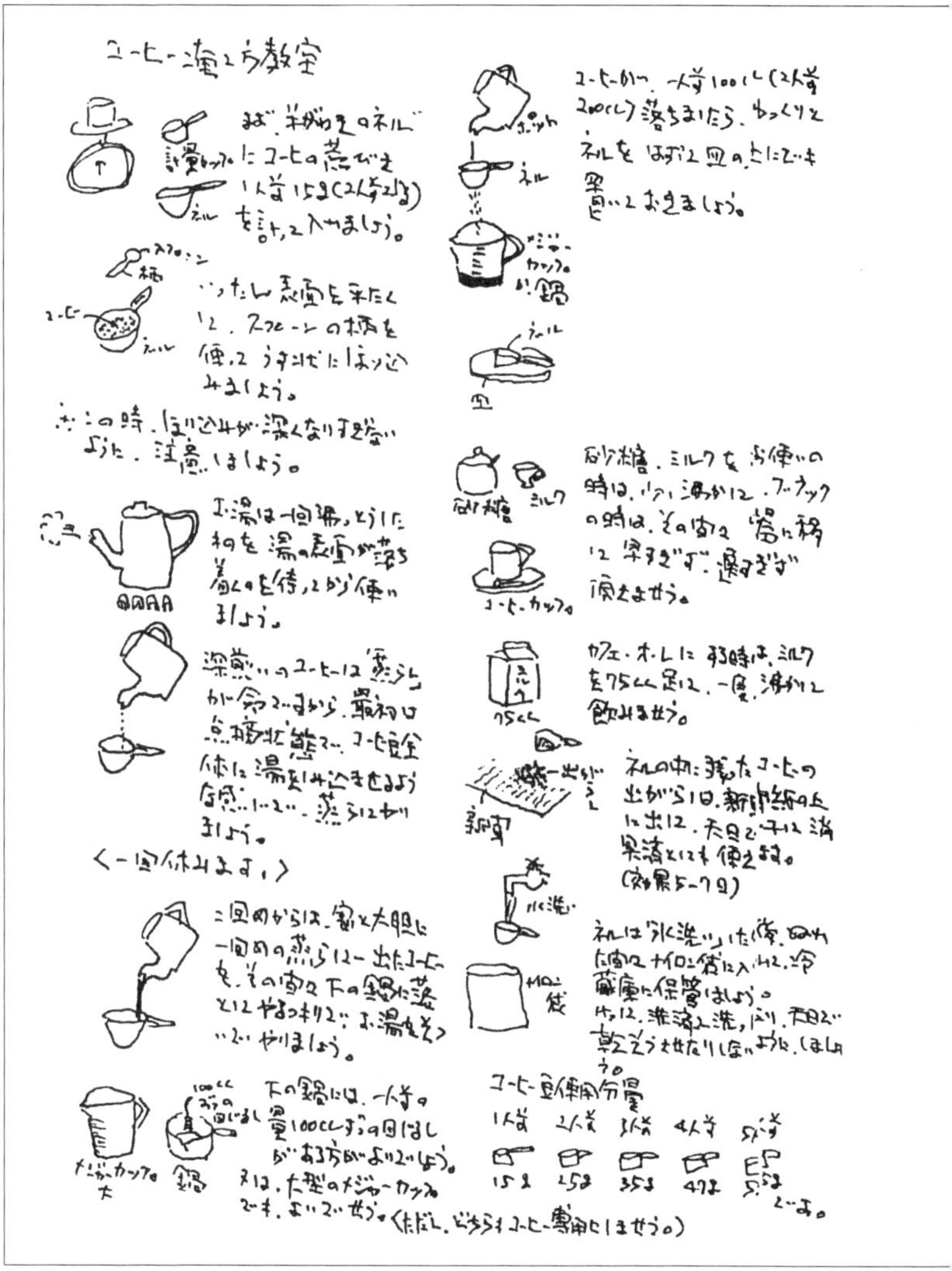

図4　パンフレット「コーヒー淹れ方教室」

れて飲むというのは、珈琲の一般的な消費形態であると言えるだろう。珈琲店で焙煎された珈琲豆を買ってきて、自分で抽出した場合には、以下のいずれかの結果となる。

①店舗で飲んだ珈琲と自分で淹れた珈琲がほとんど同じ味
②店舗で飲んだ珈琲より自分で淹れた珈琲のほうが美味しい
③店舗で飲んだ珈琲のほうが自分で淹れた珈琲よりも美味しい

モンクを修業先に選んだ第一の理由は、私が経験した数少ない③のケースの店だったからである。しかも、珈琲豆を購入した時にもらったパンフレット「コーヒー淹れ方教室」（前頁の図4）にしたがって工夫を重ねても、店で飲むような味にはならない。とすれば、何かコツのような、店独自の工夫があるはずだ。

そして、モンクを修業先として選択するのに、決定的な理由となったのは、ある種類の珈琲を飲んだ時の経験である。それはグアテマラという種類の珈琲で、一般に強い酸味をもつ珈琲として知られている。その時たまたま、いつも飲んでいる種類の珈琲が品切れで、マスターに「一番近い味の？」と訊《たず》ねると意外にも、「グアテマラどうですか」と勧《すす》められ、滅多に飲まないグアテマラを飲むことにした。それまでは、どこの珈琲専門店で飲んでも、刺すような酸味を感じるグアテマラという珈琲が私は苦手で、十年近く飲まなかった。ただ、その時飲んだグアテマラは、一口飲んだ途端、「これホントにグアテマラ？」と思わずマスターに確認してしまうほど、それまで飲んだことのあるグアテマラとは味が違い、刺すような酸味は全くなかった。この味の違いは、コーヒー豆（生豆《なままめ》）の違いではなく、焙煎の違いによるものである。今から思えば、通常のグアテマラSHBという豆は、ある程度深く煎らないと適切な味が出ないのだから、グアテマラが苦手だったのではなく、適切に焙煎されたグアテマラを飲んだことがなかっただけだったのだ。

恥ずかしいことに、その時まで、焙煎が珈琲の味をここまで左右するとは、考えてもみなかったのである。

焙煎技術とネルドリップによる抽出技術をあわせて修得できるということが、モンクを修業先として選ぶ決定的な理由となった。尤《もっと》も、私が勝手に決めこんでいただけで、修業できるはずもない。吉田マスターに何度か頼み込んで了解を取り付けてから、私の仕事がバタバタしていて、実際に修業を開始するのに、それから二年余りかかってしまった。

「白紙の状態」

二〇〇三年一〇月から半年間、勤務している大学で「国内留学」を取得することができたので、その期間を利用して、いよいよモンクでの珈琲修行が実現することとなった。尤《もっと》も、大学の制度はあくまでも研究目的のために設けられているのだから、何とかそれらしく格好をつけなくてはならない。当初、私は甘く考えていて、まさか毎日、モンクに通う羽目《はめ》になるなんて露《つゆ》ほども考えていなかったので、「ポップ・カルチャーの社会学的研究」というテーマを大学へ提出し、ポップ・カルチャーの事例（の一つ）として「コーヒー文化」を取り扱う、という計画を軽はずみに掲げてしまった。具体的には、「自家焙煎珈琲店に於《お》ける参与《さんよ》観察調査によって珈琲という嗜好品《しこうひん》飲料が商品として成立するまでのプロセスを明らかにすることを通じてコーヒー文化の現代的有り様を明らかにする」などという、仰々《ぎょうぎょう》しい研究課題である。

私が専攻している社会学という学問は——以下、読みとばしてほしい——、およそ人間が関わるあらゆる社会現象を研究の守備範囲としているので、珈琲をそれらしい研究テーマへと「設定」するのは造作のないことだった。ただ、テーマを「設定」するのは簡単でも、実際にその研究をやりとげるのは容易ではない。特に、現場《フィールド》へ入り、そこで調査者自身が何らかのポジションに立って調査研究を進めていく参与観察調査という手法は、何処を現場としても、何を研究テーマとしても、実際にやってみないことにはどんな結果が出るのか分からない。だからこそ、この種の調査を行う場合は、通常、事前に調査のフィールドに関する情報を可能な限り収集し、研究テーマに関連する先行研究を念入りに検討した上で現場へ入るのが、学術的な定石《じょうせき》である。けれども、モンクでの調査は、最初から定石を逸《いっ》することになる……どうすればいいのか?!（普通こんなことで悩まないだろう）。

モンクで修行を始める半年ほど前、吉田マスターに「事前に読んでおいたほうが良い本や、事前に準備しておくことはないですか」と訊《たず》ねると、「事前に準備することはないし、珈琲に関する本は何も読まないで下さい」、「できるだけ余計な知識を持たずに、白紙に近い状態で来て頂《いただ》きたい」と言われてしまった。珈琲に関して可能な限り理論武装してから修行に臨《のぞ》もうとした私の目論見《もくろみ》は、最初から外れた。勿論《もちろん》、言われたことを鵜呑《うの》みにせずに、マスターには内緒にして、文献などを漁《あさ》って読んでしまってもよかったのだが、「白紙に近い状態」という言葉が気になって、素直にしたがうことにした。

おそらく、修行に入る前の私には、珈琲（に関する技術や知識）に対して、不安と甘さが混在していたのだろう。不安とは「生来の不器用な私が果たして職人技のような技術など身につけられるのだろうか」という漠然《ばくぜん》としたものであり、甘さとは「大げさな技術や知識など珈琲に存在するのだろうか」というものである。つまり、この時点の私には、珈琲やその文化に関する知識がほとんどなかったわけだ。無知という意味では、まさに「白紙の状態」と言えるわけだが、それが真っ新な白紙の状態ではないということに、直ぐに気づくことになる。

人間が、無知ゆえの思い込みや誤った知識にもとづく偏見から逃れることは、仮に正しい知識を知ったとしても、なかなか難しい。長い年月を経て染みついてしまった味覚という感覚を「白紙の状態」へと戻すのは、四苦八苦の連続だった。

濃度による珈琲の差別化

モンクにおける「修行」は、まず、ネルドリップの抽出《ちゅうしゅつ》技術を習得することから始まった。

当時のメニューは、ほとんどが珈琲であり、珈琲以外には、チーズケーキ二種類、コーヒーゼリー、ジュース、紅茶、軽食、ココア、ワインがそれぞれ一種類あるだけだった。揃《そろ》えている珈琲豆の種類はストレート七種類、ブレンドの二種類を含めても九種類で、一般に珈琲専門店としては、珈琲豆の種類は少ないほうであると言えるだろう。

ただ、九種類の珈琲は、六種類の濃度▼[5]に分けて客に提供されている。つまり同じ分量の珈琲豆を用いて、珈琲の抽出量を変えることによって、六種類の商品が差別化されているのである。

標準は「レギュラー」と呼んでおり、一五g（グラム）の珈琲豆で一〇〇cc（立方センチメートル）の分量の珈琲を抽出する。つまり、珈琲一杯に使用する珈琲豆は一五gに決まっており、これは秤《はかり》を用いて正確に計量し、計量カップを用いて抽出する珈琲の分量を一五cc（カフェ・ティエール）、二五cc（エスプレッソ）、五〇cc（デミタス）、七五cc（ノアール）、一〇〇cc（レギュラー）、一五〇cc（ライト）で[6]区別するのである。

実際、珈琲の味は、使用する珈琲豆と抽出する珈琲液との分量の比率によって大きく変化する。抽出量を変えることによって、一つの種類の珈琲豆から六種類の珈琲を差別化するモンクでは、計量は品質を維持するために厳密に行われている。

余談であるが、大の珈琲好きだったと言われているベートーヴェンには、以下のような逸話《いつわ》がある。

> 彼［ベートーヴェン］にとってコーヒーは欠かすことのできない食品で、来客があったりすると、自分で豆を挽《ひ》き湯を沸かして、好みのコーヒーを作ったという。豆六十粒をもっ

5——一般には、ネルドリップを用いた珈琲専門店の中では、二種類の濃度に分けて、提供している店が多い。つまり、標準（レギュラー）、濃厚（デミタス）である。

6——ただし、一五〇ccを抽出した後、一〇〇ccだけをカップに入れて客に提供する形をとっていた。

てコーヒー一杯分とするのが常だったと伝えられるが、楽聖のこの処方で美味しいコーヒーが得られるか否か、各人お試しになってはいかがであろうか。

［平田達治『ウィーンのカフェ』、一九九六年、一五九頁］

ちなみに、自分で焙煎した珈琲豆・六〇粒を計量したところ、ぴったり一〇gだった。この一〇gというのは、ドリップ抽出法で一杯分（一二〇cc程度）として、最もポピュラーな分量である。ただ、珈琲豆一粒は、種類ごとに大きさが異なるので、重量が違うだけでなく、焙煎の度合によっても異なるので、やはり秤《はかり》で計量すべきである。計量スプーンを使って珈琲の分量を量っている店が多いけれども、計量がアバウトな店は総じて味も疎《おろそ》かになりがちである。

特筆しておかねばならないのは、シアトル系カフェなどに代表されるセルフサービス型珈琲専門店では、珈琲の液体量と価格とが正比例していくのに対して、モンクでは逆に反比例していくことである。つまり、モンクで、一杯あたりの単価が最も高い珈琲は、最も分量の少ない一五ccの珈琲である。分かりやすく表現すれば、抽出される珈琲の濃度によって、価格が設定されているのである。[7]

一般に、ほとんどの喫茶店や大手のチェーン珈琲店では、珈琲一杯の分量は一定である。例えば、近年、多くの大手チェーン珈琲専門店の間では、珈琲一ccあたりの売価が一円代に収まるかどうかをめぐって、凌《しの》ぎを削る価格競争が行われている［永嶋万州彦「スターバックス現象をどう見る

——現代カフェ事情を分析する」、二〇〇三年」。また、「一日珈琲を何杯飲みますか?」と質問されれば、ほとんどの人たちは「だいたい〜杯くらい」と答えることに、さほど違和感を感じないだろう。でも、答えた人がカップ一杯をどのくらいの分量で考えているのかで——五〇ccか一〇〇ccか二〇〇ccかで——実際にどれくらい飲んでいるのかは大きく異なる。同様に、店舗の場合、一杯当たり何グラムの珈琲豆を使用しているかによって、珈琲の濃度は異なる。だから客は、あの店は「薄い」とか「濃い」とか言うわけである。客の側は、自分の好みに合った濃さの店を贔屓《ひいき》にすることになる。ただ、この種の店は、たいてい「薄い」と感じることが多い。なぜなら、薄いほうが珈琲豆(原料)が少なくてすむし、濃い珈琲を抽出するには一定の技術が必要となるからである。

モンクでは、それぞれの分量の珈琲は、抽出量だけでなく、淹《い》れ方自体が異なる。ネルドリップでの珈琲抽出は、グラインドした珈琲豆をネルに入れ、その上からポットでお湯を落としていくという単純な作業である。けれども、その落としていくお湯の加減などに

7—— モンクのように、抽出する珈琲の濃度によって価格を設定している珈琲専門店は珍しいわけではない。それらの専門店の多くは、標準的な濃度の珈琲=「レギュラー」よりも濃度の高い珈琲を「デミタス」と呼んで、レギュラーよりもデミタスを高い価格の商品として設定している。

よって、抽出された珈琲の味には大きな違いがでる。

モンクの場合、抽出量によって区別された六種類の珈琲を四種類の抽出の仕方で淹れていた。一杯分が一五ccと二五ccの珈琲は、ネルの中の珈琲粉にポットから湯を一滴ずつ均等に落として、分量になるまで抽出していく。それ以外の珈琲は、一般にネルドリップ珈琲を淹れる仕方と同じで、まず点滴《てんてき》状の湯（一湯目）を落として蒸らしを行った後、再び湯（二湯目）を落として二段階で抽出していく仕方で、一湯目の蒸らしまでは同じだが、濃度に応じて二湯目が異なる。五〇ccの珈琲は、一湯目と同じ点滴状で二湯目も湯を落としていく。七五ccの珈琲は、二湯目の湯を点滴状よりもやや太い湯で落としていく。それよりもさらに太いお湯で二湯目を落としていくのが、一〇〇ccと一五〇ccの珈琲の淹れ方である。と書いたけれども、実際、マスターの抽出法を見ていると、上述の様に一湯目⇩二湯目となっておらず、どう見ても綺麗に二段階には見えないことに、私は戸惑うこととなった。つまり、ビギナーに対して抽出法を教える際、一湯目で蒸らしの後、二湯目で分量まで抽出するという言い回しになるのである。吉田マスターは二湯目をよく「落とす」、「のばす」という言葉で表現していたが、「落とす」、「のばす」という言葉の持つニュアンスが理解できるようになったのは、随分たってからである。

抽出法は「ランブル流」

ここで銀座にあるカフェ・ド・ランブル（以下、ランブルと略記）に少々ふれておかねばならない。なぜなら、モンクでの珈琲修行の間、吉田店主の口からランブルに関する話が頻繁《ひんぱん》に登場したからである。

ランブルは、関口一郎《せきぐちいちろう》氏が一九四八年に東京・銀座《ぎんざ》でオープンした、日本で最初の自家焙煎珈琲店である。▼8 珈琲業者を含めて、珈琲通《マニア》の間では、関口氏とランブルを知らない者はいない。現在でもランブルは、一九一四年生まれの関口氏を店主として銀座にある。

珈琲職人たちの間では、「ランブル詣《もう》で」、「ランブル系」という言葉も使われるほど、カフェ・ド・ランブルに影響を受けた珈琲店は数多い。私はランブルへ行くとカウンター一番奥の席へ陣取《じんど》ることにしているが、それは「ランブルの厨房《ちゅうぼう》全体を見渡せる席」だと、ある自家焙煎珈琲店［⇩後述の101頁～］の店主に勧《すす》められたからだ。その店主によれば、かつてランブル詣で

8―― 「カフェ・ド・ランブル」に関しては、［関口一郎、二〇〇八年、二〇〇九年］、［森尻純夫、一九九〇年］、［嶋中労、二〇〇五年］を参照。

が盛んな頃には、他店の珈琲店主たちがオペラグラスを持参してカウンター席に陣取り、ランブルのノウハウを盗もうと躍起《やっき》になっていたそうだ。

モンクの吉田マスターは、ランブルで修行したわけではなく、客として通い詰める間に、関口氏の妹さん（通称「ランブルのママ」）から抽出法を教わったそうだ。そして、それを私が教わることになった。

湯加減を自在に調節するために、モンクでは、注《そそ》ぎ口が独特に加工されたカフェ・ド・ランブルのオリジナルポット（初代）を使用していた。また、ネルドリップに使用するネルフィルターには、布の厚さ、大きさ、深さ、縫《ぬ》い方など多々あり、一口にネルドリップといっても、どのようなものを使うかで、抽出する珈琲に味の違いがでる。モンクでは、ネルもランブルと同じ片面起毛《きもう》の食品用濾過布《ろかふ》（綿ネル）を使い、形状も同じになるように型紙を使って裁断した綿ネルを手縫《てぬ》いして使用している。吉田氏によれば、「ランブルからネルドリップを買ってきて分解して縫い方を調べた」と言う。ネルドリップは、起毛している側を外側にして使う。

珈琲豆は、珈琲を抽出する直前にミルで粉砕《グラインド》する。グラインドは珈琲の味に大きく影響するけれども、それは基本的に使用する珈琲ミル（機械）の性能に左右される。理想的には、摩擦《まさつ》熱が少なく、微粉《びふん》が少なく、グラインドした珈琲粉の粒が揃《そろ》っているほどいい。当時、モンクが使用していたのは、国産の業務用ミルで、珈琲豆の挽《ひ》き具合は、粒が三㎜程度になるくらいに調節されていた。

モンクでの抽出技術の修得は、六種類の分量の珈琲を四通りの淹れ方で抽出し、それぞれ一定の味になるように珈琲を抽出することである。まず、調査開始から一週間は、一〇〇ccの珈琲を抽出する仕方を身につけた。その後、五〇ccと七五ccの抽出法を覚えて、それぞれ分量の違う三種類の珈琲を一定の味で抽出できる技術の修得を目指した。抽出に用いた珈琲豆の種類は、グアテマラSHBを基本として毎日抽出し、日替わりで、当時モンクで扱っていたマンデリンG－1、タンザニアAA、コロンビア・スプレモ、ホンジュラスHG、ジャワ・ロブスタWIB－1、そして二種類のブレンドが加わった。また、一五ccと二五ccの抽出も教えてもらったが、これらは湯を一滴ずつ落としていく方法で、ポットの使い方に慣れればさほど苦労しなかった。

ただ、五〇cc、七五cc、一〇〇ccの抽出は、それぞれマスターから合格が出るまで、何度も繰り返し抽出させられたので、調子の悪い日は一日二〇杯以上の珈琲を飲むことになった。私の胃はかなり頑丈で、生まれてから現在まで胃を壊して胃薬を飲んだのは五回しかないけれども、そのうち二回はモンクでの修行中が原因となった。現在では、珈琲は胃に良い効能をもたらすことが知られるようになってきているが、たとえ薬のような効能があっても、飲み過ぎれば身体へ負担をもたらすのは当たり前である。

モンクのネルドリップ抽出方法は、「ランブル流」と呼ばれる特殊な仕方で、湯を落とす際にポットは動かさずに、ネルを一定方向に回転させながら珈琲を抽出するという手法である。内側から外側へ、そして外側から内側へ、外側へ早く、内側へゆっくり、とネルを回転させる。修行を開始するまで、私はネルを固定してポットを動かすという逆の方法で珈琲を抽出していたために、[9] その仕方に慣《な》れるまでかなりの時間がかかった。

　頭で理解していても、思うように身体《からだ》が言うことをきかない。湯加減に神経を集中するとネルが上手く回転しないし、ネルの回転に集中すると湯加減がバラバラになってしまう。湯加減とネルの回転に集中すると、いつの間にか抽出する予定の分量を超えてしまっている。こうした経験は、スポーツの鍛錬《たんれん》が上手くいかない時の感覚に近いものだった。つまり、適度に力を抜かなければ、身体の動きがスムーズにいかないということが理屈では分かっていても、力が勝手に入ってしまう。力をいれることは簡単でも、力を抜くことが難しいのは、スポーツの鍛錬と同じ感覚だった。

　バットやラケットの素振りのように、固定したポットから一定量の湯を、ネルを回転しながら落とす練習を——勿論《もちろん》、毎日のモンクでの修行前と修行後は、自宅や研究室でも——重ねた。そして、身体が自然な動きを覚え、頭で考えずにネルを回転しながら湯を落とせるようになって、最大の難関にぶつかることになった。

　一体、何のために、注ぐ湯の量を加減し、ネルを回転させるのか？　その意味が分からなければ、いくら練習を重ねても、抽出技術を身につけたことにはならない。勿論、美味しい珈琲を淹れるためには違いないが、一体「美味しい珈琲」とはどんな味なのか？　それを舌に覚えさせることが重要なのは言うまでもない。けれども、それはこれまで舌で覚えていた味覚を、自分の中で別の味覚として「改めて覚えさせる」ことに他ならなかった。

味覚の基準をつくる

私が抽出技術を習得する際にぶつかった最大の難関は、自分自身の中に味覚の基準をつくるということだった。抽出を習い始めた頃、吉田マスターから以下のように言われた。

勘《かん》ではないんです。人それぞれ感じ方が違うけど、それは勘とは違うんです。その感じ

9――　ハンドドリップでは、ネルを固定してポットを動かす仕方が一般的である。市販されているペーパードリッパーはサーバーの上に固定されるようになっているし、ネルドリップ専用のサーバーやネルドリップを固定して使用するための櫓《やぐら》も珈琲器具専門店へ行けば売られている。

方を覚えるのが重要なんです。

［二〇〇三年一〇月二二日］

「感じ方を覚える」というのは、味覚の基準となる幅《はば》＝許容範囲を自分自身の中につくることである。では、その味覚の基準は、具体的にどのようなものとして描き出せるだろうか（この問いをめぐっては、第4章「**美味しい珈琲とは？**」でも、別の角度から取り上げる）。

まず、抽出された珈琲には、透明感がなければならない。濁《にご》った珈琲には、必ず雑味《ざつみ》やエグミが出ていて、飲まなくても見ただけで不味《まず》いことが分かる。この透明感は、抽出を重ねていけば見分けられるようになるし、抽出した珈琲液の中にスプーンなどを入れて濁っていないかどうかを確かめることができる。◀[10]

抽出で珈琲が濁ってしまう大半の原因は、湯加減が適切でなかったり、ネルの回転がスムーズにできていないことにある。ただ、グラインドの性能が低いミルを使用していると、濁りやすい。いくら透明感があっても「お湯っぽい」珈琲はダメである。つまり、珈琲に含まれている成分のうち、抽出したい成分だけを抽出し、余計な成分を出さないということが基本となる。

私の場合、抽出技術を習い始めて一週間くらいで、自分で抽出した珈琲が濁っていることを見分けられるようになった。ただ、見た目で濁っていなくても、雑味やエグミは出る。

一番苦労したのは、その雑味とエグミを自分の味覚で判断することだった。なぜなら、抽出技術を習うまで、私は、雑味とエグミも珈琲の味だと思っていたからである。抽出の際、湯加減やネルの回転がバラツクだけでなく、珈琲の味を目一杯出そうと慎重になりすぎると、抽出された珈琲に余分な雑味やエグミが出てしまう。何度も、マスターに抽出してもらった珈琲と自分のそれとを飲み比べ、何とか雑味とエグミを自分の味覚で判断できるようになるまで、二ヶ月以上かかってしまった。

ちなみに、湯の温度に関しては、「沸騰したポットを火からおろし、湯が落ち着いたら、抽出を始める」と教わった。修行前に読んだり聞いたりしたネルドリップ抽出法では、「湯の温度を八〇℃に冷ましてから抽出を始める」とされていたので、当初、湯の温度が高いと雑味やエグミが出やすいのではと思ったりしたが、全くの思い違いだった。勿論《もちろん》、ネルドリップ抽出法には、湯温を八〇℃や六〇℃くらいまで冷ましてから始めるという仕方もある。けれども、湯温は、雑味やエグミと一切関係ない。

さて、言葉で表現すると、雑味とエグミを除去することによって、珈琲は、「口当たりがソフトになり」、「喉《のど》越しがスッキリして」、「後味にキレがある」ものとなる。

10――　ただし、珈琲をブラックで飲む場合、スプーンなど異物をカップに入れると、味に微妙な変化を来すので、通常はするべきでない。

ただ、雑味とエグミを取り除くだけで、味覚の基準が出来上がるわけではない。

珈琲には、様々な種類があり、その種類ごとに珈琲の味にそれぞれの特徴がある。その特徴を上手く引き出せるように抽出できるようになって、味覚の基準が自分の中に構成されると言えるだろう。

珈琲の味覚は、一般に言葉で表現される場合、酸味、苦み、甘味という三種類の味覚が使用される。例えば、修行の際、私が主として抽出したグアテマラＳＨＢという珈琲は、最初に酸味がきて、その酸味が混じり合った苦みに変わっていく。それがタンザニアＡＡ（キリマンジャロ）の場合には、最初に苦みがきてから、遅れて酸味が沁《し》み込んでくる。甘味が舌先に残るような珈琲もあれば、甘味や酸味が歯茎《はぐき》に残るような珈琲もある。

「味覚の基準をつくる」というのは、珈琲の種類ごとに、それぞれの特徴をつかまえ、それらをきちんと抽出できるようになることである。と、文章にしてしまえば簡単なことだが、私がモンクでの約三ヶ月間の修行中に、そこまで辿り着くことは到底かなわなかった。

ネルドリップ抽出法を身につけようとする場合、多くの人たちは「味が出ない」ことに悩むそうだ。けれども私の場合は、味が出すぎることに、つまり抽出してはならない雑味もエグミも出してしまうことに悩んだ。吉田マスターが評するに「いつもガソリンを満タンに積んで走るクルマ」のような珈琲とのことで、おそらく、生来の意地汚《ぎたな》さから、目一杯味を出そうと躍《やっ》起《き》になって抽出してきた、長年積み重なった自己流の結果なのだろう。

結局、モンクでの修行中に到達できたのは、雑味とエグミを舌の感覚に覚えさせ、それを何とか除去することだった。その後、ポットとネルの動きを意識せずに自在に加減できるようになってから、ようやく抽出の際に、ネルから落ちる液体の色へと注意を向けなければならないことに気づいた。重要なのは、濃い色の粒が徐々に薄くなり、それが自然に流れる糸のごとく滴《したた》るように抽出することと、さらに、最終的な珈琲の味をイメージして抽出することである。マスターが「落とす」、「のばす」と表現していたのは、おそらくこのことだったのである、

ある日、珈琲の種類ごとに、特に意識せずに抽出の加減を変えている自分に気づいた。修行中、マスターの抽出がどう見ても二段階に見えなかったのは、それぞれの珈琲ごとに抽出加減を微妙に変化させていたからかもしれない。

焙煎を体験する

味覚の基準をつくるのが重要なのは、それに従って焙煎の加減も最終判断するほか、手だてがないからである。適切な抽出技術なしに、適切な焙煎技術は身につかない。少し考えれば当たり前のことだが、このことに気づいたのも修行を始めた後のことである。だから、焙煎技術

を修得してから抽出技術を身につけるのではなく——またその逆でもなく——、焙煎と抽出は関連づけながら覚えていくしかないのである。

　修行を始める前、焙煎技術を教えてもらえることは非常に愉《たの》しみであったけれども、それはあくまでも、体験してみたい、と思っただけで、まさか自宅に焙煎機を持ち込んで自分で焙煎してみようなど夢にも思わなかった。

　モンクでは、直火型焙煎機[11]を深煎《ふかい》りできるように改良したガス式「一キロ釜」が使われている。現在、ショップロースター[12]（図5）として市販されている焙煎機の多くは、火力を温度計で計測して調節できるようになっている。さらに最新式のハイテク焙煎機では、パソコン画面で焙煎の進行状況をグラフで確認して、データを保存できたり、シリンダーの回転数や排気ファンの回転数を自在に変えられたり、見極めをオートマチックで行なう色差計[13]が装備された焙煎機も市販されている。けれども、モンクで使用している焙煎機は、抽出した珈琲豆を風式で冷却する装置が備わっているだけで、ガス火の大きさ

図5　ショップロースター

を目測して火力の調節を行うという極めてシンプルな機械である。

生豆を焙煎する際には、まず焙煎前に、ハンドピックという、「欠点豆」を取り除く手作業を行う。取り除くものは、欠点豆だけでなく、生豆《なままめ》に混入している紐《ひも》や釘や石などの異物である。欠点豆の混入は珈琲の味覚を大きく損なう要因であり、異物の混入は味を損なうだけなく焙煎機などの機械を傷める原因にもなる。欠点豆を除去する作業自体は簡単である。ただ、欠点豆だと判断する基準については、生豆の粒の大きさまで揃えようとするか、ピーベリー／フラットビーンズ[14]（次々頁の**図6**）まで選り分けるのか、拘《こだわ》ればキリがない。モンクで習ったのは、痛んでいる豆と形が歪《いびつ》な豆とを取り除くことだったが、私がハンドピックで除去した欠点豆を見た吉田マスターからは、「そんなに丁寧にやってると、豆によってはほとんどなくなっちゃいますよ」と笑われた。

さて、どんなに上手く珈琲を抽出する技術をもっていたとしても、適切に焙煎されていない

11――直火型焙煎機は、網目状のドラムを備えた焙煎機のことで、生豆に火が直接あたるようになっている。モンクで使われているのは、ガス火とドラムとの間に鉄板がかませてあり、「半直火」と呼ばれる。ドラムに穴が開いていないものは「半熱風」と呼ばれる。ちなみに、「熱風型」は、大型焙煎機に多く、コントロールされた熱風をドラムへと送り込む構造になっている。

12――自家焙煎珈琲店用に市販されている比較的小型の焙煎機のこと。

13――焙煎の度合を色で計測する機械のこと。黒が0、白が100で、焙煎豆の色を明度で計測し、L値で示される。

珈琲豆で淹れた珈琲は、適切に焙煎された珈琲豆を安価な家庭用コーヒーメーカーで淹れた珈琲にとてもかなわない。

　カフェ・ド・ランブルやモンクでは、自らの焙煎の度合いをフレンチローストと位置づけているけれども、一般にフレンチローストとして市販されている焙煎豆で、モンクほど深く焙煎されているものは非常に少ない。ただ、フレンチローストと呼ばれる焙煎の深さは、生豆を焙煎していく過程でロースターの中で二回のハゼ音[15]（一回目は「**バチバチ**」／二回目は「**ピチピチ**」という音）が起こった後、見極《みきわ》めをするという共通の理解はなされているようである。それは、珈琲焙煎に関する本には、大抵、そのように書かれているからである。つまり、珈琲業界で、それは共通の理解であっても、販売する際に決められた表示基準などないのである。

　おそらく、こうした事情は、珈琲豆が一般の市場で重さによって量り売りされていることに関係していると言っていいだろう。

　焙煎後の珈琲豆は、当然、焙煎によって生豆の重量よりも軽くなる。だから、焙煎が深ければ深いほど、珈琲豆の重量は軽くなる。また、焙煎の煎りが深いほど、珈琲豆の色は黒っぽく変色していく。つまり、焙煎後の珈琲豆は、見た目と違って黒っぽいほど軽くなる。しかも、焙煎が深いほど、珈琲豆は、生豆よりも大きくなっていく。コストを考えれば、販売する側は、浅い焙煎の珈琲豆を売るほうが利益になる。また、一般にフレンチローストまで深く焙煎していくと、見極めを誤って珈琲豆がオーバーロースト[16]と呼ばれる焦げた状態になってしまうリス

14――　平豆をフラットビーンズ、丸豆をピーベリーと言う。コーヒーの果実は球状で、果肉の中には二つに分離された半円球が重なっているフラットビーンズがほとんどであるが、僅かに（全体の数％）未分離な状態のピーベリーが存在する。ピーベリーは形が可愛いことなどから、選り分けられて「ピーベリー」として販売されることもある。香味に関しては、ピーベリーとフラットビーンズとの間に大きな違いがある豆もあれば、ほとんど差がないものもある。ただ、全体的な傾向として、ピーベリーだけを集めた場合は、フラットビーンズと比較して、良く言えば「マイルド」、「ソフト」であり、悪く言えば「弱い」。

15――　珈琲豆を焙煎する際、焙煎機の中で生豆の温度が上昇し、炭酸ガスが生じて発せられる音を「ハゼ」と言う。

16――　ここでは、焙煎時間が長くなりすぎて、豆の芯にまで火が入って焦げた状態になってしまうことを意味している。ただ、一般にはオーバーローストは、予測した焙煎度合より煎りが深くなってしまう状態を言う。けれども、フレンチローストやイタリアンローストのように深く焙煎しなければ、予測した焙煎度合より深くなることはあっても、焦げた状態にはならない。

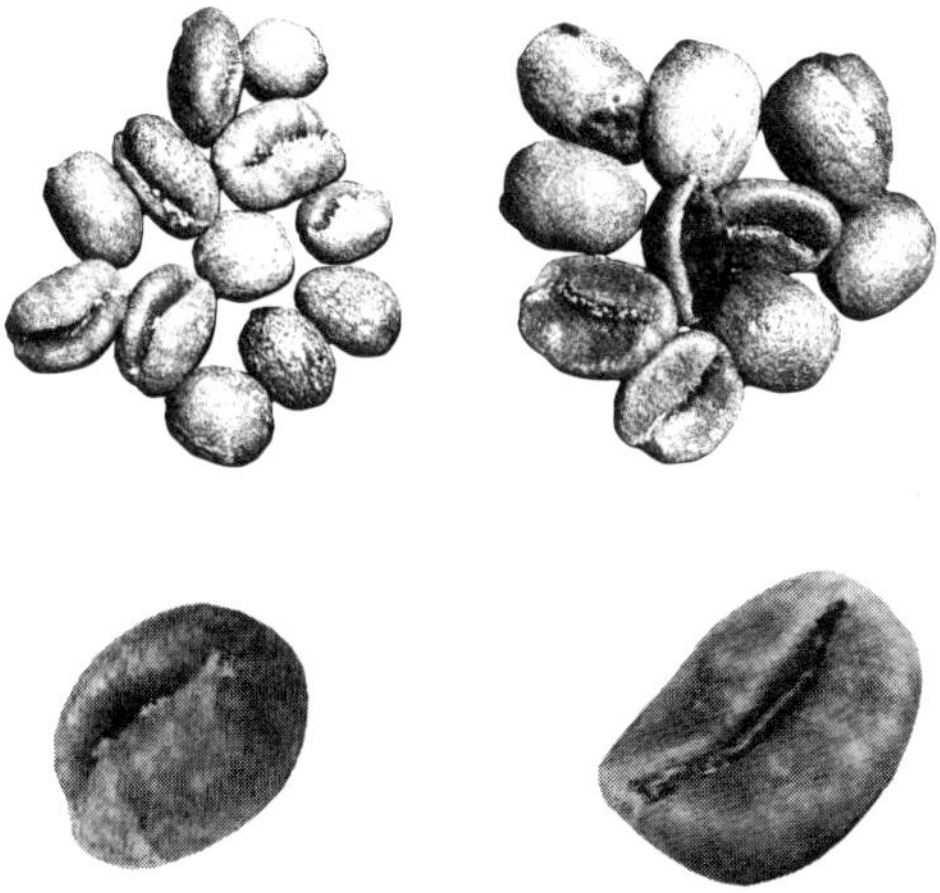

図6　ピーベリー　　フラットビーンズ

クを背負うことになる。

　モンクにおける焙煎の見極め（焙煎を終え、釜から珈琲豆を出す）は、二回目のハゼ音の後、焙煎機の火力を調節しつつ、スプーンを使って珈琲豆の色を見て、その変化の速度を推定して判断する。ただ、一回目のハゼは、火力が弱いと起こらないこともあるし、生豆の状態でも異なる。焙煎するコーヒー豆の状態によって異なるけれども、一般的には、一回目のハゼ音がしない場合は、火力が弱すぎることを意味しており、焙煎された珈琲豆が「抜《ぬ》けた味になってしまう」と言われている。逆に、火力が強すぎた場合は、焙煎した珈琲豆の表面が剝離《はくり》してしまったり（「ハゲができる」と言われる）、珈琲豆の焙煎の度合いがバラバラになってしまい、色にバラツキが出てしまう。

　焙煎機の釜《かま》から珈琲豆を出した後、風式の冷却装置で冷却する。けれども、この冷却の間にも珈琲豆自体の余熱で焙煎が進むことから、見極めでは、珈琲豆の変色速度を判断することが重要になる。適切な見極めの幅は、焙煎機の釜の中にあるローターが「五回転する間」くらいで、時間に換算すると五秒くらいである。ただ、私がモンクで焙煎を習った回数は、僅《わず》か十数回程度で、その短い期間では、とても「五回転する間」を見極められなかった。しかも、焙煎した珈琲豆は、グアテマラSHBの一種類だけである。だから、焙煎に関しては、技術とかコツとか言えるようなレベルではなく、手順を教えてもらった程度で、焙煎を体験してみたに過ぎなかった。

修行中、見極めを失敗するともう一度焙煎し直し、自分で焙煎した珈琲豆は持ち帰ることになっていた。とても私だけでは消費できる量でなかったため、オーバーローストした豆を大学の同僚に進呈したところ、この焦げた豆は意外にも評判が良くて、その同僚から「失敗した豆はないのか」としばしばからかわれた。確かに、自分で飲んでみても、珈琲の味としては悪くないように感じた。特にミルクや砂糖を入れてアイス珈琲にしたり、珈琲ゼリーなどを作ったりする場合には、少々オーバーロースト気味の珈琲豆でも、さほど問題はないように思われた。勿論《もちろん》、問題ないはずはなく、後に気づいたことであるが、少々でも焦げの状態まで焙煎してしまうと、珈琲の種類ごとに違うはずの味の輪郭《りんかく》がぼやけてしまい、どの種類の珈琲豆も似たような平板な味になってしまうのである。

つまり、この時点で私は、焙煎の方向性というものを全く理解していなかったわけである。

焙煎を終えた豆は、豆自体の余熱を冷ました後、焙煎後のハンドピックを行って、煎りムラの出た珈琲豆を再び手作業で取り除く。それから、一五g（グラム）の豆を使って一五cc（立方センチメートル）の珈琲を抽出・試飲して確認した後、一旦は保存する（最低一二時間）。なぜなら、焙煎直後の珈琲豆は、抽出しても十分な味が出ないためである（「味が落ち着かない」と表現される）。とびきり濃い濃度の珈琲を抽出して試飲すると、焙煎直後の珈琲豆であっても、味の輪郭をある程度つかむことができる。

また当時のモンクでは、焙煎後の豆は一週間以内で使い切っていた。さらに焙煎後の珈琲豆の保存方法は、ガラス製の密封瓶に入れて、常温で保存する形をとっていた。また、店で珈琲豆を購入するお客さんに対しては、パンフレット（⇩72頁の図4）を配付し、「ナイロン袋などに入れて、口を閉じ」、「冷凍庫で保存」し、「十日間を目安」に使い切るように指示していた。焙煎後の珈琲豆の多くは、一ヶ月を過ぎると酸化してしまう。珈琲職人の世界では、酸化した珈琲は一般に、「腐った珈琲」と言う場合が多い。大量生産された珈琲豆が一般に量販されている市場・売り場では、焙煎後の珈琲豆が店舗に並ぶまでに、流通の過程で一ヶ月以上かかるために、ほとんどの珈琲豆は、酸化した＝腐った状態で売られている。どの種類の珈琲を飲んでも、同じように「酸っぱい」と感じたとすれば、それは珈琲自体が持っている酸味ではなく、酸化した＝腐った「酸っぱさ」だと考えて、まず間違いない。実際、珈琲の酸味は、珈琲の種類ごとに様々に異なっていて、ブラックで飲んでこそ味わうことができるほど、繊細な味だからである。

モンクでの焙煎体験は、とても焙煎技術の修得には及ばなかったけれども、珈琲の味覚を覚えるという点では、大きな収穫があった。それまで、珈琲好きだった私は、たとえ不味いと感じても大抵どんな珈琲でも飲むことができた。しかし、修行を開始してから二ヶ月経過しないうちに、酸化した珈琲を全く飲めなくなってしまったのである。しかも、飲んでみる前に、その珈琲が酸化しているかどうかは、ニオイで見分けられるようになってしまった。これは、焙煎中に煙りのニオイを嗅いでいるうちに、自然に身についてしまったようである。そして、酸化した珈琲を無理して飲んでみると、なぜか体調が悪くなってしまうようになった。最初は、気の所為《せい》で――つまり「酸化した＝腐った」珈琲を飲んでいると意識するから――体調が悪くなると思っていたけれども、後にカリスマ的な珈琲職人が「人気の某有名チェーン珈琲店で試しに一口珈琲を飲んだ途端、気分が悪くなって数時間ぶっ倒れた」体験を話していたのを聞いてからは、案外ただの気の所為でもないのかもしれないと考えている。おそらく、味というのは、舌だけでなく、身体《からだ》全体で感じているのである。

進化するモンクの珈琲

モンクでの珈琲修行をきっかけとして、私は、珈琲だけでなく、飲食物の味全般を意識するようになった。老舗《しにせ》の飲食店を評して「伝統を守り続ける変わらぬ味」などという表現がよく使われるが、こうした表現も疑ってみるようになった。日々素材が変化していく状況の中で、飲食物の味は、伝統を守って同じことを繰り返すだけで維持できるのか？という素朴な疑問である。

特に珈琲の場合、生豆《なままめ》は同じ生産地・等級であっても、収穫された時期が異なれば状態も異なる。厳密に言えば、一袋（約六〇〜七〇kg）ごとに生豆は違うのである。さらに、生豆は、湿度に注意すれば何年も保存することができるが、時間の経過によって、その状態が変化していく。湿度が抜けていくのである。勿論《もちろん》、味も変化していく（この変化に関しては、エイジングの節〔⇩173頁〜〕でふれる）。さらに、焙煎する際の天候にも、生豆の状態は大きく左右される。気温と湿度である。だから大げさではなく、焙煎は、その時々で異なった状態の生豆を扱うという点で、二度と同じにはならないのである。

モンクにおける珈琲修行で、吉田マスターから何度か言われたのは、「常に前回よりも美味しい珈琲になるように心掛けて工夫していかないと、珈琲の味は必ず劣化していく」という言葉である。だから、モンクの珈琲は変化していく。こうした変化には、同レベルの味を維持していくためになされる一進一退の攻防もあれば、劣化してしまうこともあるが、飛躍的に味が進化する場合もある。

修行に入る二、三年前のことだから、おそらく二〇〇〇年前後だったと思われる。モンクで珈琲を飲んでいて、その味が大きく変化したのである。言葉で表現すれば、それまでの珈琲よりも口当たりがマイルドというかソフトになったのである。珈琲豆を買って、自分で淹れてみたら、その変化は明らかで、それまで湯を落としてもあまり膨らんで見えなかった珈琲粉が、格段に膨らんで見えるようになったのだ。

この変化に関して、吉田氏より話を聞いたのは、修行を始めて一ヶ月くらい経過したころだった。それは、オーバーローストの基準と焦げの味について話していた時のことである。


深煎りの苦みとオーバーロースト＝焦げた苦みとは違う。　［二〇〇三年一一月三日］

吉田氏によれば、そのことに気づいたのは「東京にあるL（仮名）という店のマスターとのケンカがきっかけとなった」とのことだった。このケンカの内容については、吉田氏からは全く聞いていない。その時には訊《き》けるような雰囲気ではなかったし、また、当時の私自身が焙煎についいて、あまり深く関心を持っていなかったからでもあった。

Lは、東京にあった自家焙煎店である。仮名にしているのは、現在は閉店してしまっていることもあるが、これから記述する内容から察していただければと思う。

モンクでの修行中、吉田氏から何軒かの珈琲専門店の名前を教えてもらった。修行後、私は、それらを含めて、全国の珈琲店を巡る「珈琲行脚《あんぎゃ》」に出た。自分の珈琲に関する知識を深め、技術を磨《みが》くためである。Lもその「珈琲行脚」で来訪した珈琲店の中の一店である。

Lを初めて訪れたのは、二〇〇四年八月上旬だった。明確な日付を記せないのは、その店内でフィールドノートを出してメモをとろうとした途端、Lのマスターから「人が話しているときに、メモをとるなんて失礼だ」と凄《すご》い剣幕で窘《たしな》められ、やむなく帰りの新幹線の中で記憶を辿ってノートに殴り書きしたメモこそ残っているものの、肝腎の日付を書き忘れていたからである。

初めてのLは、不思議な体験だった。外階段を上り入口のドアを開け、店内に入ると焙煎機に続いて、「ここは喫茶店ではありません」と「三〇分以上お断り」という張り紙がまず目についた。次に目に入ったのは、大きめのテーブルで、その上に焙煎された珈琲豆が入ったガラス瓶がいくつか並べられていた。四人掛け程度のテーブル席が二つ、数人程度が座れるカウンター席は禁煙となっていた。また、店内は、ある程度余裕を持たせてもまだ座席数を相当増やせるほど広かったので、空間的にバランスが悪く、妙な居心地となった。おそらく、既にこの時点でLは、珈琲を飲ませる珈琲店を主たる営みにしているのでなく、焙煎した珈琲豆を販売することが主たる営業の店舗だったのである。

私が灰皿の置かれているテーブル席につくと、マスターがメニューと水を持ってきた。メニューには、数種類の珈琲があったけれども、珈琲の濃さに関して何も表示がなかったので、私はマスターに「デミタスできますか?」と訊《たず》ねた。すると、マスターから「そっち座るから違うお客さんだと思って、デミタスならこっち〔カウンター〕に来なさい」と言われたので、カウンター席へ移動すると、二〇種類を超える珈琲が載《の》った全く別のメニューを渡されたのである。テーブル席とカウンター席では、「メニューが違う」とのことだった。

マンデリンのオールドを注文した後、私はLのマスターに「広島のモンクで珈琲を習ってから、現在、自分で焙煎している」といったような簡単な自己紹介をすると、こちらから訊いてもいないのに、マスターはその「ケンカ」について話してくれた。その内容は、大凡《おおよそ》以下のような話だった。

モンクから焙煎した珈琲豆が送られてきたので、見てみると芯《しん》に焦《こ》げが入ってるから、「こんな芯が焦げたようなもの、お客さんに出したら駄目ですよ」って言った、ということだった。

「芯」とは、珈琲豆の真ん中にあるセンターカットの部分を指していると解釈して、まず間違いない（次頁の図7）。そして「芯に焦げが入ってる」というのは、おそらく、焙煎後の珈琲豆をセンターカットの部分から二つに割って見た際、センターカットの中に残っていなければならないシルバースキン（銀皮）[17]が無くなってしまっていたか、或《あ》るいはシルバースキンの部分に火が通り過ぎていた、ということを意味しているのだろう。なぜならば、私がモンクで焙煎を習った際、オーバーローストを確認する目安の一つ[18]として、「シルバースキンがしっかり残っていること」と、吉田氏より指示されていたからである。

推測の域を出ないけれども、このことをきっかけとして、二〇〇〇年前後にモンクの珈琲は改良され、飛躍的な進化を遂げたのだと思われる。ただ、モンクの珈琲の変化は、この進化だ

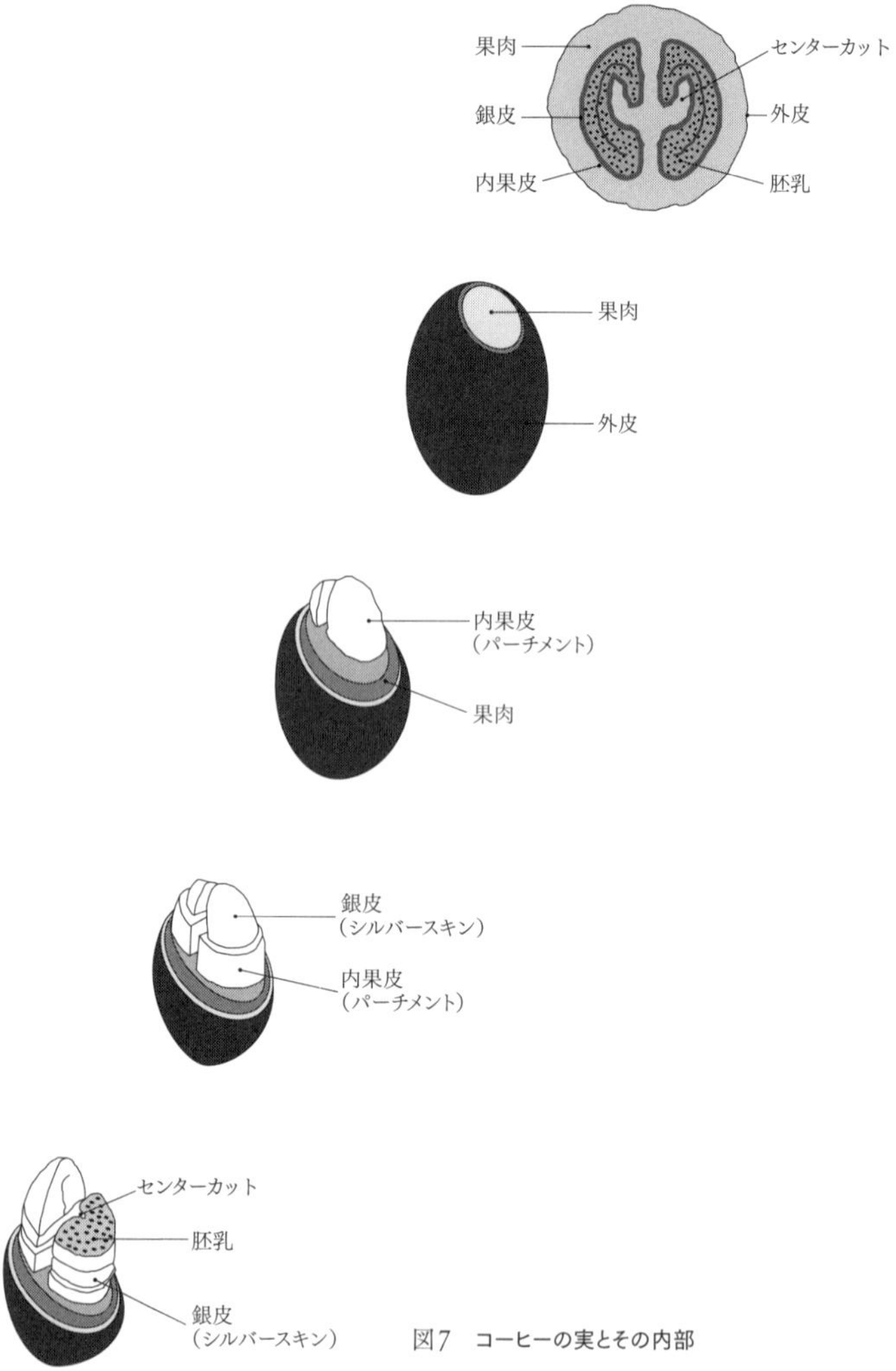

図7　コーヒーの実とその内部

けにとどまらなかった。後述するが、私は、二〇〇六年前後に、また大きな味の変化を確認することになる。

モンクでの珈琲修行を終えた頃には、もっと美味しい珈琲を飲むためには、自分の珈琲に対する関心を、単に抽出や焙煎といった技術的な問題だけでなく、珈琲の文化全般へと向けていくべきだと考えるようになっていた。そもそも、私のように珈琲に魅せられた珈琲通《マニア》たちは、いつ頃どのように生まれてきたのだろうか？

追記　さて、Lへはその後数回訪れ、その都度、客としては散々な目にはあったものの、珈琲を極めようとする者としては、様々な奥深い知識をマスターから与えてもらった。とりわけ、Lで飲んだ「ティモール・アラビカ」のエイジングされたオールド珈琲は、長時間かけて冷ましながら飲むと、味が驚くほど変化するという絶品の珈琲で、これまで飲んだ珈琲の中で、

17——　コーヒー果実の内側で種子を包んでいる内樋《うちどい》のことをシルバースキン（銀皮）と言う。精製後のgreen beansでも、センターカットの内側に残っていて、焙煎すると出てくる。

18——　「焦げ」としてのオーバーローストの判断は、センターカットのシルバースキンの状態だけでなく、豆の表面や豆の中全体をルーペなどで見て行う。

五本の指に入る美味しい作品だった。

二〇〇六年二月八日、最後のLへの来訪は、入口に「閉店の挨拶」の張り紙がなされ、店内は改装工事の真っ最中だった。その時、かつてLのマスターが言っていたことを思い出した。

夜逃げする時も、此奴《こやつ》だけは持っていく。

此奴とは、古いビンテージもののディッティング[19]のコーヒーミルのことである。

Lのマスター、あのディッティング、ちゃんと持っていったのかな。改装工事中の店内をのぞき見ながら、消えていく名店を本当に口惜《くちお》しく思った。せめてもう一度だけでいいから、あのティモール・アラビカを飲みたかった。

19――ディッティング (ditting) とは、スイスのコーヒーグラインダーの有名ブランドで、カット式コーヒーミルの中では、最高峰の一つである。Lに置かれていたのは、円筒形のディッティングで、それまでも今までも、他で見たことのないタイプだった。

第3章……日本における珈琲通《マニア》の誕生

山頭火は知っていたのか？

朝蟬　澄みとほる　コーヒーを一人　　山頭火

ある時、湯田《ゆだ》温泉（山口市）の土産《みやげ》物屋で、たまたま一枚の絵葉書（右の図8）を見つけた。それを眺めていて、はたして種田山頭火《たねださんとうか》（一八八二～一九四〇年）は「美味しい珈琲が澄《す》み透ってい

図8

る」ということを知っていたのだろうか？　と考えた。この句について調べてみたが、いつ山頭火が詠《よ》んだのか分からない。ただ、山頭火が生まれた山口県防府《ほうふ》市にある「エトワル」という珈琲店には、この句碑《くひ》が建てられている。そこには、

あさせみ　すみ通る　コーヒーを一人

と刻まれており、絵葉書とは、漢字と仮名の部分が異なっている。店の人に「どちらがもともとの山頭火の句なのか？」、また、「いつ詠まれた句なのか？」と訊《き》いてみたが、やっぱり分からなかった。

もとより私は、俳句などを的確に解釈できるような文学的素養など持ち合わせていないので、勝手に思量《しりょう》するしかない。私としては、絵はがきの「朝蟬」、「澄みとほる」がもともとの山頭火の句だと思いたい。「澄む」という漢字は「清む」とも表記し、「清」は「濁」の対義語、つまり「澄（清）みとほる」は「濁《にご》った」の反対語である。だから「すみ通る」よりも、「澄みとほる」のほうが断然優れた句になるように感じるのである。

勿論《もちろん》、「澄みとほる」という文節がコーヒーにかかるとは限らない。「朝蟬」の「朝」にかかって、暑い夏のある朝、蟬の音が澄みとおるほど気持ちのいい清んだ朝を迎えて、山頭火は、一人静かにコーヒーを味わった情景を描いたのかもしれない。

ただ、珈琲LOVERとしては、「澄みとほる」は、まず「コーヒー」にかかり、それから「朝」へと連なっていくと解釈したい。ある夏の朝、朝蟬の啼《な》き音を聞き、「今日も暑くなるのか」と濁りそうになる心を、「澄みとほる」ような美味しいコーヒーで一服入れることで、清み渡らせる。文学作品に登場する「コーヒー」は、大抵、事の流れをしばし堰《せ》き止め、別の流れを醸成《じょうせい》する節目《ふしめ》として使われるのである。そう解釈すると、珈琲の香りが朝蟬の音と共振するかのように夏の空気へと沁み返り、清んだ朝を迎えたことを一人味わう山頭火の情景が、目に浮かんでくるような句である。そしておそらく、山頭火は、美味しい珈琲が澄み透っている、ということを知っていたのである。

さて、一八八二（明治一五）年に生まれて一九四〇（昭和一五）年に没した俳人・種田山頭火が生きた時代は、日本でコーヒー文化が勃興《ぼっこう》してから消滅していくまでの一時代とほぼ重なっている。多くの珈琲の専門家たちによれば、これまでに最も良質のコーヒー豆（生豆《なままめ》）が日本へと入ってきた時期は、太平洋戦争に入る前までだ、と言われているからである。

輸入開始から敗戦前までのコーヒーの輸入総量をみてみると、輸入が開始された一八七七（明治一〇）から一九三七（昭和一二）年までの六〇年間に、その輸入量は実に四七六倍まで増加し続けた。しかし一九三八（昭和一三）年には、コーヒーの輸入制限が始まり、大日本コーヒー統制組合連合会[1]が結成される。翌三九（昭和一四）年に初めてコーヒーに課せられた一〇％の物品税は、一九四一（昭和一六）年に二〇%、四三（昭和一八）年に三〇%、四四（昭和一九）年には六〇%へと、増税が重ねられていった。コーヒーの輸入が完全に途絶《とぜつ》したのは、山頭火が没してから僅《わず》か二年後の一九四二（昭和一七）年のことである。

カップとソーサーがくっつく

山頭火とほぼ同時代を生きた物理学者・寺田寅彦《てらだとらひこ》（一八七八〜一九三五年）は、晩年にあたる一九三三（昭和八）年に、「銀座アルプス」と「珈琲哲學序説《てつがくじょせつ》」という、珈琲に関する二つの随筆[2]を発表している。

有名な「珈琲哲學序説」の冒頭は以下のように始まる。

八九歳のころ医者の命令で始めて牛乳というものを飲まされた。当時まだ牛乳は少なくとも大衆一般の嗜好品《しこうひん》でもなく、常用栄養品でもなく、主として病弱な人間の薬用品であったように見える。そうして、牛乳やいわゆるソップがどうにも臭くって飲めず、飲めばきっと嘔吐《おうと》したり下痢したりするという古風な趣味の人の多かったころであった。

〔……〕

始めて飲んだ牛乳はやはり飲みにくい「おくすり」であったらしい。それを飲みやすくするために医者はこれに少量のコーヒーを配剤することを忘れなかった。粉にしたコーヒーをさらし木綿《もめん》の小袋にほんのひとつまみちょっぴり入れたのを熱い牛乳の中に浸して、漢方の風邪薬《かぜぐすり》のように振り出し絞り出すのである。とにかくこの生まれて始めて味わったコーヒーの香味はすっかり田舎《いなか》育ちの少年の私を心酔《しんすい》させてしまった。すべてのエキゾティックなものに憧憬《しょうけい》をもっていた子供心に、この南洋的西洋的な香気は未知の極楽郷から遠洋を渡って来た一脈の薫風《くんぷう》のように感ぜられたもののようである。その後まもなく郷里の田舎へ移り住んでからも毎日一合の牛乳は欠かさず飲んでいたが、東京で味わったようなコーヒーの香味はもう味わわれなかったらしい。コーヒー糖と称

1―― 大日本珈琲統制組合連合会は、結成の翌年一九三九（昭和一四）年に大日本珈琲卸商業組合連合会へと改組の後、一九四四（昭和一九）年に全国珈琲統制組合に改組されて、一九四七年に解散している［全国コーヒー協会『コーヒー関係統計 二〇〇八年一〇月』、一頁］。

2―― 「銀座アルプス」は『中央公論』第四十八巻二號に、「珈琲哲學序說」は『經濟往來』第八巻第七號に発表された。両随筆とも一九四八年に岩波書店から発行された小宮豊隆編『寺田寅彦随筆集 第四巻』に収録されているが、ここでの引用は、一九六三年の改編版から現代表記に改められた版を使用する。

して角砂糖の内にひとつまみの粉末を封入したものが一般に愛用された時代であったが往々それはもう薬臭くかび臭い異様の物質に変質してしまっていた。

〔『寺田寅彦随筆集 第四巻』、一九六三年版、六七〜六八頁〕

寺田が生まれたのは一八七八年だから、八歳か九歳ということなら、寺田が初めて珈琲を口にしたのは一八八七年か一八八八年頃ということになり、後に記述する可否茶館《かひさかん》の開店前後とも重なる。おそらく、ヨーロッパと同様に日本でも、珈琲は最初、薬としても販売されていたのだろう。後述するように、日本に珈琲飲用を広めようとしたシーボルトは「コーヒーは長寿をもたらす良薬である」と説いている。また、これも後述するが、寺田が「飲みにくいおくすり」と書いた牛乳の飲用を普及させたのは、一九〇一（明治三四）年に登場したミルクホールであり、牛乳に珈琲を混ぜた「ミルクコーヒー」というメニューだった。ミルクホールとは、客から閲覧料をとって各種新聞を読ませた「新聞茶屋」が拡張されたもので、新聞だけでなく雑誌・小説や官報を備えて（業態としては「新聞雑誌小説縦覧所」と分類され）、当時まだ一般の人々に馴染みがなかった牛乳の飲用を習慣化させるのに貢献した。

さて、随筆ではこの後、三二歳でドイツに留学するまでの間に珈琲に関する記憶は残っていない、と書かれている。そして「珈琲哲學序說」では、西欧のカフェについての煌《きらび》やかな記述が続くが、その中で目を引くのは、以下の記述に見出せる寺田の鋭い観察力である。

マデレーヌの近くの一流のカフェーで飲んだコーヒーのしずくが凝結して茶わんと皿《さら》とを吸い着けてしまって、いっしょに持ち上げられたのに驚いた記憶もある。［同書、四〇頁］

確かに、カップから零《こぼ》れ落ちた珈琲液がソーサー（受け皿）の上で乾いて凝固《ぎょうこ》すると、知らずにカップを持とうとしてソーサーごとくっついてきて、危うくテーブルにソーサーを落としてしまいそうになることもある。実は、美味しい珈琲は、液体が乾いた際、こうした状態でなければならない。カップとソーサーが珈琲液で接着されるということは、それだけ珈琲の成分がしっかり抽出されていることを示しているのである。尤《もっと》も、くっつくからといって必ずしもその珈琲が美味《うま》いとは限らないが、くっつかなければ珈琲の成分が十分に出ていない「不味《まず》い珈琲」であることは確かである。

自分はコーヒーに限らずあらゆる食味に対してもいわゆる「通《つう》」というものには一つも持ち合わせがない。しかしこれらの店のおのおののコーヒーの味に皆《みな》区別があることだけは自然にわかる。［同書、七〇〜七一頁］

さすがに「珈琲哲學序說」と題した随筆まで著した寺田は、珈琲の味に関して並々ならぬ見識を有するとともに、一家言ある珈琲通《マニア》だったのである。そして現在と同じく、寺田の時代でも、やはり珈琲通は、美味しい珈琲を求めてあちこち彷徨《さまよ》うしかなかったようだ。「銀座アルプス」では、以下のような愚痴《ぐち》を溢《こぼ》している。

銀座《ぎんざ》でコーヒーを飲ませる家は数え切れないほどたくさんあるが、家ごとにみんなコーヒーの味がちがう。そうして自分でほんとうにうまいと思うコーヒーを飲ましてくれる家がきわめて少ない。日本の東京の銀座も案外不便なところだと思うことがある。

［同書、六四頁］

「珈琲哲學序說」では、あちこち行脚《あんぎゃ》したあげく、なんとかお気に入りの珈琲店を探し出したものの、給仕人の服装が以前と変わったことに落ち着かなくなり、ふたたび彷徨うはめになる寺田の心情が吐露《とろ》されている。

西洋から帰ってからは、日曜に銀座《ぎんざ》の風月《ふうげつ》へよくコーヒーを飲みに出かけた。当時ほかにコーヒーらしいコーヒーを飲ませてくれる家を知らなかったのである。店によるとコーヒーだか紅茶だかよほどよく考えてみないとわからない味のものを飲まされ、また時には汁粉《しるこ》の味のするものを飲まされる事もあった。〔…〕そのころの〔風月の〕給仕人は和服に角帯姿《かくおびすがた》であったが、震災後向かい側に引っ越してからそれがタキシードか何かに変わると同時にどういうものか自分にはここの敷居《しきい》が高くなってしまった、一方ではまたSとかFとかKとかいうわれわれ向きの喫茶店《きっさてん》ができたので自然にそっちへ足が向いた。

〔同書、七〇頁、括弧〔 〕内引用者〕

珈琲通《マニア》が「コーヒーらしいコーヒー」を求めて難儀《なんぎ》していたのは、現在とさほど変わらないのかもしれない。あれだけ、珈琲屋や喫茶店があるのに、なんだか「わからない味のもの」を飲まされるのは、どうしたものか、と嘆《なげ》く寺田の心情はよく分かる。また、お気に入りの店の雰囲気が変わって「敷居が高く」なるというのは、公共《パブリック》のオープンな伝統を有する西欧のカフェを経験した寺田であってこそ感じることができた違和感だったのかもしれない。珈琲を美味しく味わうためには、珈琲だけでなく、店員や客をも含めて、店全体の雰囲気が自分の好みに合っていなければならない。いつの時代でも、珈琲通とは、どうしようもなく我《わ》が儘《まま》で厄介な自分を持て余《あま》して、彷徨い続けるのである。

珈琲に酔う

寺田は、「珈琲哲學序説」の中で「コーヒーの出し方はたしかに一つの芸術である」〔同書、七一頁〕という名言を残し、自身の不思議な体験について記している。

コーヒーが興奮剤であるとは知ってはいたがほんとうにその意味を体験したことはただ一度ある。病気のために一年以上全くコーヒーを口にしないでいて、そうしてある秋の日の午後久しぶりで銀座《ぎんざ》へ行ってそのただ一杯を味わった。そうしてぶらぶら歩いて日比谷《ひびや》へんまで来るとなんだかそのへんの様子が平時とはちがうような気がした。公園の木立ちも行きかう電車もすべての常住的なものがひどく美しく明るく愉快なもののように思われ、歩いている人間がみんな頼もしく見え、要するにこの世の中全体がすべて祝福と希望に満ち輝いているように思われた。気がついてみると両方の手のひらにあぶら汗のようなものがいっぱいににじんでいた。なるほどこれは恐ろしい毒薬であると感心もし、また人間というものが実にわずかな薬物によって勝手に支配されるあわれな存在であるとも思ったことである。〔同書、七二頁〕

一年ぶりにたった一杯の珈琲を飲んだだけで、寺田は「この世の中全体がすべて祝福と希望に満ち輝いている」ほどの感覚を覚えたという。この記述を初めて読んだとき、私も同じような体験を過去にしたことを思い出した。それは、大阪市・西田辺《にしたなべ》にある「チケ」という珈琲店でのことだった（チケについては第6章で再び取り上げる）。

その店には、「クレオール」と名づけられた、一品だけ特別な珈琲があって、一杯三、〇〇〇円近い値が付いていたので、私はずっと飲むのを躊躇《とまど》っていた。

当時、チケのマスターによれば「クレオールは七〇年代から同じ値段で変わってへんから、安いんや」とのことで、どうみても普通の身なりのサラリーマンにしか見えない客たちが、たびたび平然とクレオールを注文して飲んでいくのを横目で見ながら、「珈琲一杯に三、〇〇〇円か？」と何度も首を捻《ひね》り溜息《ためいき》をついた。

一九九〇年四月から職に就《つ》いて広島へ転居したので、その少し前だったと記憶しているが、大阪を離れる記念として、クレオールを飲んでやろうと思った。初めて飲んだクレオールは衝撃的な体験だった。その衝撃の程《ほど》を言葉で表すとしたら、それまでインスタントコーヒーしか飲んだことがなくて、初めてレギュラー珈琲を飲んだときの甘美に比肩《ひけん》するほど、同じ珈琲とは思えない美味しさであった。

このクレオールという珈琲は抽出の仕方が特殊で、ネルドリップで一旦抽出した珈琲液を使って、新たな珈琲豆で二度目の抽出を行う。使用されている珈琲豆は、通常の珈琲と比して、四～五倍の分量となる。抽出に要する時間も非常に長い（そう考えれば、三、〇〇〇円近い値段設定は、マスターが言うように「安い」ということになる）。そうして出来上がったクレオールを口にすると、メチャクチャ濃い珈琲なのに、口当たりがソフトであり、その美味に酔いしれそうになる。初めてクレオールを飲んで、調子に乗って別の珈琲まで飲んだ私は、少し時間が経つと、寺田の記したと全く同じで、「なんだかそのへんの様子が平時とはちがうような気がした」。

この体験が「珈琲に酔う」ことだと気づいたのは、後述する「三浦義武《みうらよしたけ》のラールという珈琲」［⇩第6章319頁～］について調べを進めるようになってからである。『食いしん坊』シリーズの著者として知られる小島政二郎《こじままさじろう》（一八九四～一九九四年）は初めて飲んだラールについて、以下のように記している。

私と片岡とはグラスに二杯飲んだが、いゝブランデーにでも酔《よ》ったように酔った。コーヒーに酔ったなんて、あとにも先にもこの時きりだ。

［小島政二郎『食いしん坊1』、一九七二年、一四四頁］

これまで、実際にラールを飲んだ人たちからも、「酔《よ》った」という話を直接に聞いた。私自身は、チケのクレオールを除いても、これまで三度「珈琲に酔う」という経験をしている。

一度目は、第2章でふれた銀座のカフェ・ド・ランブル〔⇩83頁〜〕で「ランブレッソ」という珈琲を飲んだ時である。ランブレッソは、水槽で使うエアポンプと家庭用エスプレッソマシンを改良した機械を使って、長時間かけて抽出された濃い珈琲である。

二度目は、大阪府・八尾《やお》市にあるザ・ミュンヒ〔⇩後述の第6章334頁〜〕という珈琲店で「スパルタン」という珈琲を飲んだ時だった。スパルタンは、珈琲豆を一〇〇g（グラム）近く使って五〇cc（立方センチメートル）の珈琲をネルドリップで一時間近くかけて抽出したものである。

そして三度目は、私が自分で作った珈琲で、ウォータードリップの器具で数時間かけて抽出したダッチ珈琲液を沸騰《ふっとう》寸前まで加熱し、その珈琲液を新しい珈琲粉を入れたネルドリップに一滴ずつ落として三〇分くらいかけて抽出したものである。

では、どうしたら珈琲に酔うのか？

小島と私に共通しているのは、それまで飲んだことがないほど、とびきり濃い珈琲を初めて口にした時、珈琲に酔っているということだ。私の場合、クレオールとランブレッソとスパルタンを、その後数回飲んでいるが、二度目以降、初めて味わった際に感じた酔うような感覚は訪れなかった。寺田の経験は、珈琲を長期間飲んでいなかったため、久しぶりに飲んだ珈琲が、「初めて」口にしたのと同じような作用となったのかもしれない。つまり、長く禁煙した後、久しぶりに吸い込んだショートピースでクラッとくるように、普通の濃さの珈琲でも、とびきり濃く身体《からだ》に感じられたのかもしれない。

　寺田が使っている「毒物」、「薬物」というタームをみると、珈琲に酔うのはカフェイン摂取《せっしゅ》の作用に思えるかもしれないけれども、おそらく違うだろう。なぜなら、珈琲自体には、それほど多くのカフェインが含まれていないからである。カフェインの含有量だけならば、玉露《ぎょくろ》や紅茶のほうが珈琲よりも多いくらいだ。勿論《もちろん》、一度に何十杯も珈琲を飲めば相当のカフェインを摂取することになるかもしれないが、いくら濃くても、一杯の珈琲に含まれるカフェイン量はそれほど多くない。また私は、受験勉強をしていた時、カフェインを精製して作られた錠剤——確か「カフェタイン」とかいう名だったと記憶しているが今でも売っているのだろうか？——を睡魔と闘うために常用していたが、多少飲み過ぎて気持ちが悪くなるようなことはあっても、決して酔うような感覚を覚えたことはなかった。

　珈琲を飲み過ぎて「胃がムカムカする」とか「眠れない」といった話は一般によく耳にするが、「酔ったような気分になった」とは聞かない。普通の珈琲を飲み過ぎても酔うことがないとすると、とびきり濃い珈琲に含まれる何らかの成分で、酔っぱらったような気分になったのだろうか。摩訶《まか》不思議……。

日本最初の珈琲店

寺田寅彦が生まれたのは一八七八年、彼が初めて珈琲を口にしたのが八歳か九歳ということなら丁度、可否茶館《かひさかん》[3]の開店と同じ頃である。一八八八（明治二一）年四月一三日に、東京・上野《うえの》西黒門《くろもん》町で鄭永慶《ていえいけい》（一八五八〜一八九五年）が開店した可否茶館は、日本で最初の珈琲店とされることが多い。

> 鄭永慶氏が開いた「可否《コーヒー》茶館《ママ》」を〝わが国最初のコーヒー店〟としたり、〝喫茶店の元祖〟と呼んだりしているものが多いが、これは詳しいことが分かっている店、あるいはハッキリとそう名のった店では可否茶館が一番古い、というふうに言っておいた方がいい。
>
> ［全日本コーヒー商工組合連合会編『日本コーヒー史 上巻』、一九八〇年、一二六頁、ルビは原文］

3——可否茶館に関しては、多くの文献に記載がある。代表的なものをあげれば、奥山儀八郎『珈琲遍歴』（一九七三年）、珈琲文化研究会編著『黎明期における日本珈琲店史』（二〇〇三年）、加藤秀俊『明治・大正・昭和・食生活世相史』（一九八二年）、林哲夫『喫茶店の時代』（二〇〇二年）などがある。可否茶館に関して全体的に整理されたものとしては、星田宏司『日本最初の珈琲店』（一九八八年）がある。

『可否茶館』は、その開店の目的がハッキリと珈琲店を目指したものであり、店の状態、お客の様子もどのようなものであったかを知る文献や見聞録があることから、日本最初のコーヒー店と考えられる。

［星田宏司『日本最初の喫茶店』、二〇〇八年、一二三頁］

ただ、一八八六（明治一九）年一一月に、東京・日本橋小網《こあみ》町で開店した「コーヒーの店洗悠《せんゆう》亭《てい》」も、多くの文献で名前があがっていて、ハッキリと「コーヒーの店」という店名が付いていることから、洗悠亭を日本最初の珈琲店としている記述も少なくない。

いろいろな書物や資料に名前は出てくるのだが、どういう店であったのか内容はよく分からない。

［全日本コーヒー商工組合連合会編『日本コーヒー史 上巻』、一九八〇年、一一八頁］

実際は、居酒屋に近い店だったらしい。

さらに古いところでは、一八七八（明治一一）年一二月二六日付けの『読売新聞』に、「燻製《くんせい》、飲用コフィー、弊店にて御飲用、或《ある》いは粉末にてお求め自由」と広告を出した神戸元町《もとまち》三丁目の茶商「放香堂《ほうこうどう》」がある。店で珈琲が飲めるとあるのだから、喫茶店のような営業もしていたと推測される。

また、日本近世史研究者の浜田義一郎《はまだぎいちろう》（一九〇七〜一九八六年）の著作は、日本の写真術の祖と言われる写真師・下岡蓮杖《しもおかれんじょう》（一八二三〜一九一四年）が浅草《あさくさ》観音堂境内に「御安見所《おやすみ》コーヒー茶館、また油絵茶屋」を開いた、という記事が、一八七六（明治九）年四月七日付けの『東京絵入新聞』で報じられたことにふれている。

壱銭《せん》〔一銭〕五厘《りん》でコーヒーを飲み、油絵が見られる、安い、というのがねらいのコーヒー茶屋が、もし出来たとすると、現代の珈琲店のハシリだが、少なくとも、盛業はしなかったとみえて、ほかに文献が見あたらない。〔浜田義一郎『江戸たべもの歳時記』、一九七七年、二四五頁〕

これまで文献で私が見た限りでは、下岡蓮杖が開いたとされる御安見所コーヒー茶館（油絵茶屋）が最も古い。ただ、推測するに、文献や資料などが残っていないだけで、おそらく東京や横浜や神戸などには、外国人を目当てにした珈琲店のようなものが、もう少し前からいくつかあったのではないかと思われる。ちなみに、日本における珈琲販売の最も古い記録で分かっているのは、一八六九（明治二）年、横浜の邦字新聞『萬国新聞《ばんこく》』第一五号に「横浜裁判所向　八十五番　エドワルズ　生珈琲　並焼珈琲」と掲載された広告である〔全日本コーヒー商工組合連合会編『日本コーヒー史 上巻』、一九八〇年、九七頁〕。

浜田は「焦げくさいばかりの、おかしなものだった」、「コーヒー入りの角砂糖」——寺田が記した「コーヒー糖」のことだろう——に関する新聞広告が一八七八（明治一一）年にあることにふれて、日本最初の珈琲店に関して、以下のように書いている。

　こういうものが、大正まで生命をたもったのは、コーヒーがまだ家庭に定着していないからで、可否茶館《ママ》などはあまりにも先覚者すぎたと言わなければならない。

〔浜田義一郎『江戸たべもの歳時記』、一九七七年、二四七頁〕

ただ、「あまりにも先覚者すぎた」という浜田の指摘は、可否茶館に関する文献資料を読んでいくと、正鵠《せいこく》を誤った表現のように思えてくる。「可否茶館《ママ》記念会」の呼びかけ人の一人として「可否茶館地記念碑」の設立（二〇〇八年四月一三日）に奔走《ほんそう》した星田宏司《ほしだひろし》は、以下のように書いている。

　ヨーロッパのコーヒー・ハウスにもない、「社交場」または「知識の共通の広場」を提供した『可否茶館』の構想は、当時の日本の人々の生活・意識からすれば、理想だけが先行し、営業としてはとうてい考えられないことだった、と言ってもよかろう。

〔星田宏司『日本最初の喫茶店』、二〇〇八年、四五頁〕

可否茶舘を日本最初の珈琲店と言うことが多いのは、ハッキリした文献や資料が残っているからだけではなく、星田が言うように「理想だけが先行」した夢のような珈琲店だったからではないだろうか。それは、当時の夢にとどまらず、現在にあっても夢のままあり続けるような珈琲店ではなかろうか。

オッペケペーな夢の香り

開店当初の可否茶舘では、「カヒー一碗金壹銭《せん》〔一銭〕五厘《りん》」、「同牛乳入一碗金弐銭〔二銭〕」であったことから、当時の盛《も》り蕎麦《そば》一杯、八厘〜一銭程度（十厘で一銭）からすると、確かに一般庶民には遠い存在であったのかもしれない。おそらく現在の価格に換算すると、一、〇〇〇円程度だと思われる。けれども、可否茶舘に関する詳細を文献資料で読むと、珈琲の代金はむしろ安すぎて、とても商売にはなりそうにないのである。

代々、長崎の唐通事《とうつうじ》（江戸期の中国語通訳者）の家に生まれ、中国語と英語に親しみ、一七歳でエール大学に留学して帰国後、外務省官吏《かんり》、岡山師範教頭、大蔵省官吏を経た鄭永慶《ていえいけい》は、可否茶舘の開店にあたって、四六判（この本に近いサイズ）一六頁に及ぶ小冊子『可否茶舘廣告《こうこく》 完 附世界茶館事情』[4]を配付し、さらに小説家・石橋思案《いしばししあん》(一八六七〜一九二七年)に依頼した広告文を新聞や雑誌に掲載した。こうした豪奢《ごうしゃ》な広報活動も、可否茶館を後世に残る珈琲店とした要因の一つに間違いない。当時の宣伝費がどのくらいかかったのかは検討もつかないが、珈琲代ではとても相殺《そうさい》できるとは思えない。

そして、可否茶館は、単に珈琲を飲ませる店ではなく、現在でも考えられないような設備を持った珈琲店だった。国内外の新聞はもちろんのこと、トランプ・クリケット・碁・将棋・玉突き場などの遊具や遊技場、硯《すずり》・筆・便箋《びんせん》・封筒を備えた文房室(書斎)、化粧室・更衣室に加えて湯殿《ゆどの》も設置され、一品料理・パン・カステラなどもあり、洋酒や日本酒も提供されていた、というのである。こうなると、もうただの珈琲店でなく、一大アミューズメント施設と言ってもいいくらいだ。どうもメニュー以外では、料金を取っていたという記録もなく、おそらくほとんど金も取らずに開放していたみたいで、何も注文せず遊興《ゆうきょう》する人たちの溜《た》まり場となってしまったようである。

さらに驚くべきは、鄭永慶は、一部の上流階級が占有した鹿鳴館《ろくめいかん》(一八八三〔明治一六〕年完成)に象徴される表面的な欧化《おうか》主義に対抗して、可否茶館を大衆庶民や学生・青年のための「社交サロン」、「知識の共有の場」として開店したらしいことである。

ちなみに、反政府・自由党の壮士・川上音次郎《かわかみおとじろう》(一八六四〜一九一一年)が鹿鳴館時代を皮肉って浮世亭《うきよてい》○○《まるまる》と名乗って歌った「オッペケペ節」は、一八八六(明治一六)年の作詞・作曲で、一八九一（明治二四）年頃に大流行した。珈琲が日本で初めて歌詞に登場したとされる以下のものが、一番人気があったそうだ。[5]

亭主の職業は　知らないが　おつむは当世の　束髪で　言葉は開化の　漢語で　晦日の断り　洋犬（カメ）抱いて　不似合だ　およしなさい　なんにも知らずに　知ったかほ　むやみに西洋を　鼻にかけ　日本酒なんぞは　飲まれない　ビールにブランデーベルモット　腹にもなれない　洋食を　やたらに喰ふのも　負け惜しみ　内緒で後架でへどついて　まじめな顔して　コーヒ飲む　おかしいね　エラペケペッポ　ペッポーポー[6]

私は、鄭永慶の可否茶館にオッペケペーな夢の香りを感じてしまう。商売として見れば、僅《わず》か四～五年ほどで泡《あわ》と帰する、所詮《しょせん》は世間知らずの坊ちゃんが始めた道楽のようなものだったのかもしれない。経営が行き詰まり、土地を抵当に入れて借金を重ね、

4――『可否茶舘廣告　完　附世界茶舘事退』は星田宏司『日本最初の喫茶店』［二〇〇八年］の巻末に全文が掲載されている。

5――　乗金健郎『コーヒー・ソング20』［二〇〇四年、六〇頁］。

6――オッペケペ節は、同じメロディに社会風刺の様々な歌詞が載せられて高座で披露された。そのため、この歌詞に関しても、文献によって細かい部分が違っている。

あげくに相場へ手を出して失敗した鄭は、自殺まで考えたあげく、名を変え偽《にせ》の旅券で変装までして神戸からシアトルへと密航した後、三七歳の短い生涯を閉じることになった。

しかし、そもそも鄭の可否茶館創設の目的は、金儲けとしての商売ではなく、オッペケペーの囃子《はやし》詞のごとく、自らの意に適わない時代の流れを変えようとするところにあったのかもしれない。その無謀な夢を体現したのが可否茶館であったとすれば、そのオッペケペーな夢は、後の人々に語り継がれることで、現在まで珈琲の香りを放ち続けていると言えるのではないだろうか。

可否茶館の広告には、珈琲に関して、以下のような記述がある。

> 而メ調進スル所ノ珈琲湯ニ至テハ、意ヲ焙磨《ホウジヒキカタ》ニ注シテ専ラ香芬ヲ重ンシ、糖霜《サタウ》ノ加減、乳湩《チヽ》ノ添退《カゲン》ハ、各個御適度ノ命ニ従ヒ
>
> 〔『可否茶舘廣告 完 附世界茶舘事情』〕

「店で出す珈琲には、香りを重視して焙煎《ばいせん》と挽《ひ》き方に注意し、砂糖とミルクの加減はお客さんの好みで」と書いてあるわけだが、珈琲に関して、味よりも香りを先に掲《かか》げていると読み取ることができる。しかも「専《もっぱ》ラ香芬《こうふん》ヲ重《おも》ンシ」で使用されている「芬《ふん》」は、最近あまり使われない漢字だが、「いい匂いをフンとさせる」の芬である。

可否茶館から五〇年余り経過した一九四二（昭和一七）年、この芬とした珈琲の色香に惑わされた小説・随筆家の内田百閒《うちだひゃっけん》（一八八九～一九七一年）が、「可否茶館《かひさかん》〔舘〕」▼7という名随筆を一九四二年に発表している。

おそらく百閒が文章指南役として日本郵船で嘱託《しょくたく》をしていた頃のことだろう。午後遅くになって明治製菓の本社へ出向いた百閒は、用事を済ませて外に出て帰ろうとして、空腹感を感じる。当時、百閒は食事制限でもしていたのだろうか、昼飯を食べないと決めていたようで「午後はいつでも空腹であつてその日に限つたことでない」。郵船で自分の部屋にじっとしていれば夕方になるのにと嘆《なげ》いた後、明治本社の玄関に入ってエレベーターに乗る前に「喫茶室を横目で見たかも知れない」と、事の起こりの理由を匂わす。

> しかし帰りにはその前を素通りして表《おもて》に出た。すぐ帰る気はしないが、それならどうすると云う分別もない。広い歩道をぶらぶら行つて町角に靴磨《くつみが》きがゐたから靴を磨かせた。片足を台に載《の》せて一服した。さう思つて行つたわけではないけれど、そこは明治別館の喫茶館の角である。珈琲の香がにほつて来る様でもあり、それは気の所為《せい》だとも思われる。私は明治二十一年四月版の「可否茶《カピー》館《ママ》広告」と云《い》う小冊子を持つてゐる。但しその翻刻版である。▼8
>
> 〔内田百閒『御馳走帳』、一九七九年、二二二頁〕

上記の文に続いて、随筆「可否茶館」では、先に引用した『可否茶館廣告《こうこく》 完 附世界茶館事情』の一節がそっくり[9]引用された後、下記の文が続く。

こんなことが書いてある。勿論《もちろん》暗記してゐたわけではない。靴を磨かせながらおぼろげに思ひ出した事を、後でここに書き入れた迄《まで》である。靴磨きを終《お》はつて歩き出した。帰つて行く方には足が向かないで、たった今ぶらぶら来た所を逆に戻つた。自然に別館の喫茶館の前に立つた。矢つ張りさつきにほつたのは本当のにほひである。〔同書、二二二頁〕

珈琲の香りに惑《まど》わされた百閒に浮かんだのが『可否茶館廣告』だったというのは、何とも痛快である。さらにこの随筆からは、『可否茶館廣告』の翻刻版が出ていたことが分かるし、その翻刻版を百閒がどこかで手に入れて、わざわざ保管していたことも伺《うかが》える。可否茶館は潰《つぶ》れても、鄭永慶が無鉄砲にぶちあげたオッペケペーな夢の香りは潰《つい》えることなく、百閒を惑《まど》わし、まんまと喫茶へと誘い込んだのだ。

可否茶館は本邦珈琲店の開祖なのださうである。〔同書、二二三頁〕

最初に珈琲の魅力の虜《とりこ》となったのは

一八二三年に長崎出島にオランダ商館付き医師として来日したシーボルトは、『薬品応手録』という冊子で「コーヒーは長寿をもたらす良薬である」と説いたと言われている。『江戸参府紀行』にも、「コーヒーのこともわれわれの薬品応手録の中に忘れずに記しておいた」、「コーヒーの効能についてはとくに注意を払った」とある。『江戸参府紀行』は、以下のように続く。

日本人が、二世紀以上も前から世界の最初のコーヒー商人と交易しながら、ただ暖《あたた》かい飲み物だけをのみ、社交的な共同生活をたいへん好んでいる彼らの間で、この飲み物が流行しなかったのは、実に不思議なことである。〔…〕日本のおおぜいの人々にコー

7―― 内田百閒「可否茶館」、『スヰート』一九四二年六月號。

8―― ここでの引用は現代表記されたものを使用する。

9―― 細かいことを記せば、可否茶舘廣告では「重ンシ」となっている部分が、百閒の引用では「重ンジ」となっている。百閒が持っていたのは翻刻版ということなので、引用の際に百閒が表記を変えたか、翻刻版で表記が変わっていたのかは不明である。

ヒーを飲む小さい悪習を教えることは骨折りがいのあることで、われわれの推測したところだと、正しい方向に進み同時に計画的に手をつけさえすれば、これは不可能なことがらのうちにははいらない。いちばんよい方法は、コーヒーは長寿にきくと宣伝することであろう。

［シーボルト『江戸参府紀行』、一九六七年、一〇九頁］

シーボルトは、日本へコーヒーの輸入を困難にしている問題として、日本人のミルク嫌いと、焙煎《ばいせん》の知識がないことを上げ、その解決策として、以下のように記している。

蘭印政庁は毎年数千ポンドのコーヒーを炒《い》り、粉に碾《ひ》いてきれいな罐《かん》かビンに入れ、適正な説明を書いたレッテルを貼って、日本に送らなければならないと。これは私が切望するところである。

［シーボルト、前掲書、一〇九頁］

日本の珈琲通《マニア》が読むと、「バカにしやがって」と腹立たしくなるような文章だが、現在、日本の市場で綺麗にデザインされた缶や袋で粗悪な珈琲豆や珈琲粉が売られていることを考えると、シーボルトには先見の明があったのかもしれない。

余談になるが、キリスト教を布教しに戦国時代に日本へ訪れた宣教師たちは、苦くて熱い抹《まっ》茶《ちゃ》に困惑しながらも、布教施策を優先し、茶の湯を教会施設に導入しようとしたそうだ［増淵宗一『東西喫茶文化論』、一九九九年、九頁〕。二人の宣教師たちによる記録を見てみよう。

日本では一般に茶と称する草の粉末と湯とで作る一種の飲物《のみもの》が用いられている。彼等の間では、はなはだ重視され、領主達はことごとく、その屋敷の中にこの飲物を作る特別の場所を持っている。日本では熱い水は湯《ユ》、この草は茶《チャ》と呼ばれるので、この為《ため》指定された場所を茶の湯と称する。日本では最も尊重されるから、身分の高い領主達は、この不味い飲物の作り方を特に習っており、客に対し愛情と歓待《かんたい》を示すために、しばしば自らこの飲物を点てる。

〔アレシャンドユロ・ヴァリニャーノ『日本諸事要録』(一五八三年)、『日本巡察期』所収、一九六五年、一九四頁、ルビは原文〕

われわれの間では日常飲む水は、冷たく澄んだものでなくてはならない。日本人の飲むものは熱くなければならないし、その後から竹の刷毛《エスコバ》で叩いて茶chaを容れることが必要とされる。

〔ルイス・フロイス『日欧文化比較』(一五八七年)、『大航海時代叢書』所収、一九六五年、五六三頁〕

日本産の緑茶がヨーロッパへはじめて輸出されたのは一七世紀で、コーヒー・紅茶・チョコレートと同じであったが、緑茶はヨーロッパに浸透しなかった〔増淵宗一、前掲書、九～一〇頁〕。

私の経験では、イギリスとイタリアのスーパーマーケットには、ペットボトルに入った

green Teeの清涼飲料水も陳列されていたけれども、買って飲んでみるとビックリするほど甘くなるまで甘味料が入っていて、現在に至っても、緑茶が定着しているとは到底思えない。一口に「苦み」といっても様々で、またその嗜好が文化によって異なるのは当たり前だとしても、現時点では、「珈琲の苦み」を受容している日本のほうが、「緑茶の苦み」を受け入れられないヨーロッパよりも、味覚の幅は広いのかもしれない。

ちなみに、珈琲は、鎖国が解かれて一八五八（安政五）年に自由貿易が開始されると、正式に輸入されるようになる。

ところで、珈琲を初めて飲んだ日本人が誰なのかは分かっていない。そもそも一七八〇年代にオランダ人が長崎出島《でじま》へ持ち込んだらしいと言われているだけで、はっきりしたことは分かっていない。飲用の記録としては、江戸後期の狂歌師・劇作家の大田南畝《おおたなんぽ》（一七四九～一八二三年）が、蜀山人《しょくさんじん》の号で一八〇四年に記した『瓊浦又綴《けいほゆうてつ》』の中の、以下のような感想が有名である。

紅毛船《こうもうせん》にてカウヒイというものを勧む。豆を黒く炒《い》りて粉にし、白糖を和したるものなり。焦《こ》げくさくして味ふるに堪《たえ》ず。

けれども、「焦げくさくして味ふるに堪ず」という蜀山人の記録よりも早く、珈琲を愛飲していた人たちがいたらしいことも分かっている。長崎出島《でじま》に出入りしていた丸山遊女たちである。

版画家でニッカウヰスキーのポスターやラベルをデザインしたことでも知られる奥山儀八郎《おくやまぎはちろう》（一九〇七〜一九八一年）の著作『珈琲遍歴《へんれき》』によれば、「寛政九年巳十七年（西暦一七九七）長崎寄合町諸事書上控帳に遊女の貰品目録あり」、その目録に「コヲヒ豆、但鉄小箱　壱箱」という記載が存在しているのである［奥山儀八郎『珈琲遍歴』、一九七三年、三一三〜三一四頁］。この目録には「硝子瓶《ガラスびん》」、「蜜漬」、「紅毛きせる」、「ショクラアト」などもあり、これらの品々と一緒にわざわざ出島から貰《もら》っていったということだから、既に珈琲の魅力の虜《とりこ》となって、日常的に飲用していた人たちが丸山遊女の中にいたであろうことは、想像に難くない。

奥山は、丸山遊女と珈琲に関する伝承を紹介している。

長崎の遊女は、珈琲の生豆をぽんと香炉《こうろ》に入れて香をかいだとか、或《あるい》は、その眠らざる性を利して、興奮する作用を利して、媚薬《びやく》としたとか、古老の話は伝説としてはおもしろいが信ぴょう性がうすい。［奥山儀八郎、前掲書、八一頁］

珈琲を媚薬に用いたという話にはあまりリアリティを感じないが、遊女が「珈琲の生豆をぽんと香炉に入れて香をかいだ」という話は、仕草としてもいかにもありそうで様《さま》になっているではないか。とすれば、日本人で最初に珈琲を飲んだのは遊女ではないとしても、最初に珈琲の虜となり、初めて生豆を火に入れて焙煎の香を嗅《か》ぐ愉《たの》しみを覚えたのは、丸山遊女だということになる。

と、ここまで書いて、代々続く長崎の唐通事の家に生まれた鄭永慶〔⇩125頁〜〕との、因縁《いんねん》めいた歴史の連なりに気づいた。日本最初の珈琲店を開いた男の元《もと》を辿れば、日本で初めて珈琲の魅力を知った女たちが生きた長崎・出島へと遡《さかのぼ》っていく、という解釈も成り立つのである。


余談だが、西欧でも、当初、珈琲の魅力に取り憑かれたのは女性が多かったと言われている。バッハが作曲した『コーヒーカンタータ』（一七三二年発表）は、「珈琲なしではだめ」という珈琲フリークの娘と「珈琲をやめないと結婚させない」と脅す父親とのやりとりから、母親や祖母も珈琲の虜《とりこ》となり、最後に「誰も娘を責められない」という女性たちの歌声で終わる。

後に、珈琲は近代を象徴する飲み物＝嗜好品《しこうひん》となり、近代を切り開いた西欧のカフェも男性御用達《ごようたし》の社交場となっていく。近代は男中心の時代であり、珈琲も男の飲み物というイメージになっていく。現在でも、珈琲のCMを見ると、たいてい男性が珈琲を飲み、女性はそれを提供する、という性別役割分業のストーリーで構成されているのが分かる。一方、珈琲に入れる粉末ミルクやインスタントのカフェオレなどのCMは、たいてい女性や子どもがメインで起用されている。

カフェの日本的登場

加藤秀俊《かとうひでとし》『明治・大正・昭和食生活世相史』には、「明治二一（一八八八）年」の項目で、コーヒー店第一号「可否茶舘」開店に関して、以下のような記述がある。

この頃から、コーヒーの習慣的愛用者がかなりいたことは、当時の新聞に、「長き間珈琲を飲用せし人々の眼を見るに何《いず》れも皆打萎《うちしお》れて光沢なくその害厳然たるに珈琲の流行如何《いかん》を顧れば我上等社会の人々に至るまで珈琲飲まざるものなければなり」という、警告文が載《の》っていることから明らかである。しかし、文士の応援にかかわらず、この店は、五年で閉店してしまった。

〔加藤秀俊『明治・大正・昭和食生活世相史』、一九八〇年、九四頁〕

珈琲の飲用を欧化《おうか》主義と批判する目的で、こうした記事が当時の新聞に存在していたのは事実だろう。記事に「皆打萎れて光沢なくその害厳然たる」とあり、当時既に、珈琲が健康を害するとバッシングされていたとは、実に興味深い。しかし、「コーヒーの習慣的愛用者がかなりいた」という加藤の記述は、明らかな間違いである。

一八九〇（明治二三）年四月に、上野公園不忍池《しのばずのいけ》のほとりで、第三回内閣勧業博覧会が開催された。その会場に珈琲店を開いた中尾九吉郎が、翌五月に浅草《あさくさ》六区パノラマ館構内に「ダイヤモンド珈琲店」を開いた。そのダイヤモンド珈琲店の引札（メニューと代金が記載）が奥山儀八郎『珈琲遍歴』に掲載されているが［三七一頁］、店の詳細や消息《しょうそく》は分からない。おそらく長くは続かなかったのだろう。この店、引き札に掲示されているメニューを見ると、珈琲店というより洋食屋風の大衆食堂に近い。珈琲店という店名を掲《かか》げているのだから、勿論《もちろん》、珈琲も販売していただろうが、珈琲が主役の店ではなかったようだ。

その後、一九〇八（明治四一）年開店の「メイゾン鴻之巣《こうのす》」（東京・日本橋小網町）、一九一〇（明治四三）年開店の「キサラギ」（大阪・川口居留地近く）と続くが、両店とも知識人層が中心に出入りしていたようである。このキサラギが「カフェと名の付いた最初の店である」と記された文献もある。▲10

一九一一（明治四四）年四月に、東京・銀座日吉町《ひよし》（現・銀座八丁目）に「café printemps（カフェー・プランタン）」がオープンする。カフェー・プランタンは、開店当初に常連たちから維持会員を募《つの》って五〇銭の会費を徴収した。カフェー・プランタンの維持会員には、当時の文学・美術・演劇などで活躍する錚々《そうそう》たるメンバーが名を連ねていたことからも、それは限られた知識人たちのためのサロン・社交場であった。奥原哲志《おくはらさとし》は『琥珀色《こはくいろ》の記憶』［二〇〇二年］の中で、維持会員で常連だった小説家・永井荷風《ながいかふう》（一八七九〜一九五九年）による即興詩《そっきょう》「Au café Printemps」を紹介している。その一部を引用しよう。[11]

カッフェー、プランタンのばら色の
壁にかけたる名画の下
芝居帰りの若き人々の一群《ひとむれ》が
鉢物の異国の花の香に迷う
異国の酒の酔心地。
マカロニとモカの烟は立昇る

荷風の即興詩をみれば、酒の酔い心地が前面に出ていて、珈琲＝モカがマカロニと併記されており、カフェー・プランタンが珈琲を主役とするような店ではなかったことを、伺《うかが》い知ることができる。それでもカフェー・プランタンが日本最初のカフェとされることが多いのは——

10—— 和田博文編『コレクション・モダン都市文化第12巻 カフェ』の巻末に掲載されている関連年表の「一九一〇（明治四三）年以前」の項目参照［八五八頁］。

11—— 奥原哲志『琥珀色の記憶［時代を彩った喫茶店］』［二〇〇二年、八〇頁］。

限られた知識人層にとってではあっても――文学や芸術活動の拠点として西欧のカフェと同様な役割を果たしたことが多くの文献に記録されているからだろう。勿論《もちろん》、カフェー・プランタンがカフェーの「女給時代《じょきゅう》」を切り開くのに果たした役割も大きかった。

新聞記者・松崎天民《まつざきてんみん》（一八七八〜一九三四年）は、一九二七年に発表した『銀座』の中でカフェー・プランタンに関して以下のように書いている。

その頃は京橋《きょうばし》の北詰に、京橋ビアホールが在り、新橋際《しんばし》には新橋ビアホールが在ったけれど、まだ女給時代では無かった。日本酒では菊正宗の加六があり、桜正宗の末広があり、アイスクリームの函館屋と、ソーダ水の資生堂と、一種の気分は湛《たた》えていました。けれどもそうした飲食の家に、若い美しい女が現れて、ウェートレスとして存在したのは、プランタンを嚆矢《こうし》として宜《よろし》い。次いで尾張町《おわり》の角に、カフェーライオンが出来て、ここに第一期の女給時代を醸《かも》したとはいえ、カフェーに女給の見た最初は、何といってもプランタンが最初でありました。

［松崎天民『銀座』、一九九二年、七四頁］

「第一期の女給時代を醸した」と松崎が書いているように、カフェの大衆化に寄与したのは、一九一一年八月、東京銀座・尾張町交差点角地にオープンした大規模カフェ「カフェー・ライオン」である。精養軒が経営したカフェー・ライオンには、一階にバーとサロン、二階に食堂、三階には満席時に使用する三角部屋があった。交差点角地という立地で目立ったため、多くの歩行者たちが入口から店内を覗《のぞ》き見たという。特定の人々のサロン・社交場だったカフェー・プランタンと違い、カフェー・ライオンは、一般の人々でも入りやすかったのである。

美術史家・安藤更生《あんどうこうせい》(一九〇〇〜一九七〇年)は、『銀座細見《さいけん》』(一九三一年発表)でプランタンとライオンの違いに関して、以下のように書いている。

震災前、銀座には大規模なカフエはライオン一軒だった。他のカフエいずれもカフエリッテレエルの傾向を帯びていて、プランタンといい、カフエロシアといい、いずれも普通の人にはちょっとはいりにくいような傾向があつた。それが、この店だけは場所も銀座通りの真中だし、美人三十名、いずれも揃いの衣装でサービスというのだから、誰でもちょっとはいって見る気になった。カフエを一般化する上にはこの店が一番エフェクトがあったわけだ。文学青年たちはむしろこの店の傾向を卑俗なりとして近付かない風さえ見えた。

〔安藤更生『銀座細見』、一九七七年、八〇頁〕

カフェー・プランタンが、インテリや芸術家など知識人層を女給の魅力で惹《ひ》きつけたのに対して、カフェー・ライオンは、女給の魅力を一般の男性へと広く知らせることとなったのだ。尤《もっと》も、カフェー・ライオンに文学青年達が寄りつかなかったわけではない。芥川龍之介《あくたがわりゅうのすけ》(一八九二〜一九二七年)、尾崎士郎《おざきしろう》(一八九八〜一九六四年)、菊池寛《きくちかん》(一八八八〜一九四八年)など、錚々《そうそう》たるメンバーが出入りしていたのだから……。大阪でも同じく一九一一年に、新世界《しんせかい》ルナパークに「カフェー・ミカド」が、千日前戎橋筋《せんにちまええびすばしすじ》に「カフェー・ナンバ」がオープンしている。同年、カフェー・パウリスタ〔⇩後述の152頁〜〕も東京と大阪にオープンした。

メイゾン鴻之巣やキサラギ、café printempsは、限られた知識人層にとってではあったが、西欧的なカフェと同様、サロン・社交場として文化活動の拠点となっていたのである。少々紛《まぎ》らわしい記述になってしまうけれども、カフェー・プランタンもカフェー・ライオンも、「カフェー」と呼ばれていたが、その当初は、女給にはずむチップを競うことに男性客が躍起《やっき》となったカフェーではなく、文化の烟《けむり》が立ち昇るカフェのほうに近かったのである。

カフェー・プランタンなどがオープンした一九一一年には、『東京市統計年表』によれば、東京の喫茶店は五一軒と記録されている。ただ、この統計には、飲食店八、六三七軒、氷水店五、八一八軒、待合茶屋九六一軒、料理店五三三軒、銘酒店三〇〇軒、引手茶屋九二軒が記録されており、これらの中にもカフェが含まれている可能性が高い。

カフェの日本的登場は、洋食や洋酒などを嗜《たしな》んだり、女給の魅力に引き寄せられたりと、決して珈琲は主役でなかったけれども、徐々にカフェの客へと珈琲の飲用が普及していくのに大きな役割を果たした。また、この頃より「喫茶店」という呼び方も一般に普及していった。

カフェーへ

詩人・高村光太郎《たかむらこうたろう》（一八八三～一九五六年）も、カフェー・ライオンの常連客の一人だったようだ。カフェー・ライオンでは、ビールが五〇杯売れる度に、入り口の屋上ベランダに据えられた実物大のライオン像が「ウォーッ、ウォーッ」と咆哮《ほうこう》したと伝えられる。高村光太郎は、カフェー・ライオンに関する以下のような詩を残している。[12]

ライオン

泥でこさへたライオンが
お礼申すとほへてゐる
肉でこさへたたましひが
人こひしいと飲んでゐる

この詩からは、本邦初の巨大カフェーであるカフェー・ライオンへと通う客（男）たちの意識に、関東大震災（一九二三［大正一二］年）の後に起こる「カフェーブーム」を先取りした新奇性を看取《かんしゅ》することができる。カフェー・ライオンが登場して、女給が客の話し相手となるサービスが大衆化していくことで、洋食や洋酒を主としたカフェと、もっぱら酒と女給のサービスをウリにするカフェーとに分化していく。

そして震災後、東京・銀座には、大規模カフェーが相次いで登場することになる。最も有名なのは、銀座の表通りにオープンした「カフェー・タイガー」である。「銀座のカフェーの主役は、やがてライオンからタイガーへと移っていった[13]」と言われた。タイガーとライオンとは何処が違ったのか。

一人一人に就《つい》て見れば、ライオンにとても美人がいるし、タイガーにとても不美人はいるが、その集団的に醱酵《はっこう》する情景が、ライオンでは「世帯《せたい》の匂い」を感じさせるに反して、タイガーでは艶《なま》めかしい美しさを、展開しているのである。それに心易《やさし》く親し気に、客に接触する度合にしても、ライオンの女達は、一つの垣《かき》を構えているが、タイガーの女達はなんの隔《へだ》てもなく、一顰一笑《いっぴんいっしょう》を浴せかけるのである。カフェーの客としては、既に過去の人であるべき初老の男にまで、ある程度の情感の鼓動《こどう》を感じさせるところに、タイガー女給の強味があり、特色があり、近代味が有《あ》るのではないか。

［松崎天民『銀座』、一九九二年、八六〜八七頁］

ちなみに、カフェー・タイガーは浅草《あさくさ》のカフェー・オリエントの姉妹店だったが、虎に続けと言わんばかりに、大阪資本の巨大カフェーが続々と銀座へと押し寄せた。[14] 一九三〇（昭和五）年六月の「美人座」を皮切りに、「日輪」、「赤玉」、「フネノフネ」、「イナイイバア」、「銀座会館」、「銀座パレス」などが陸続《りくぞく》とオープンする。美人座が三〇人もの女給を大阪から飛行機で連れてくるという演出をしたり、日輪が建物全体に電飾《でんしょく》を施すなど、ど派手な宣伝をうった。女給には、関西弁で接客させ、一人の客に女給一名をつけて、大阪風カフェーをアピールした。既存のカフェーも競って電飾し、ほどなくして夜の銀座で最も目立ったのは、カフェーのネオンサインとなった。

当然、カフェーにおける女給のサービスは競争により濃厚になっていき、客達も女給にはずむチップを競うようになっていく。

諸君、ここはもはや料理屋ではないのである。ビールや珈琲を売る店ではないのであ

12――高村光太郎『道程　詩集（改訂九版）』［一九八九年］より抜粋。

13――初田亨『カフェーと喫茶店／モダン都市のたまり場　INAX ALBUM18』［一九九三年、一八～一九頁］。

14――大阪資本カフェーの東京進出の最初は、一九二八年人形町にダンスホールをオープンし、その地下をカフェにした「ユニオン」である。

る。ここは遊び場なのだ。見たまえ、ここで料理を喰べている人間が何人あるか。なるほど女に勧《すす》められてテーブルの上に料理はたくさん乗っている。しかしそれを喰べているものは、客ではなくて、何と、女たちである。客はと見ると、酒を飲んでいる者すら尠《すくな》いのだ。女給中心である。断じて女給中心である。〔…〕昔カフェ通はその店への勘定よりも女給へのチップの多きを恥とした。今はそうではない。三円の勘定に対して十円のチップを払わなければならないのである。〔安藤更生『銀座細見』、一九七七年、九〇頁〕

さらに、カフェを簡易化した「新興《しんこう》喫茶」とか「特殊喫茶」と呼ばれる――女給のサービスを売る――店も多くなっていく（カフェーに比べるとチップの額が安かった）[15]。こうなると、もうカフェーは珈琲とは縁遠いものに変質してしまい、ブームゆえに、社会問題としても注目されるようになる。

一九二八（昭和三）年七月号の『經濟往來《けいざいおうらい》』では、「カフェーと現代生活――その社會《しゃかい》的考察批《ひ》判《はん》」と題した特集を組んでいる。執筆者は、新明正道《しんめいまさみち》（一八九八〜一九八四年）、千葉龜雄《ちばかめお》（一八七八〜一九三五年）、新居格《にいいたる》（一八八八〜一九五一年）、根岸耕一《ねぎしこういち》（一八八六〜一九三三年）、山川菊榮《やまかわきくえ》（一八九〇〜一九八〇年）、小野賢一郎《おのけんいちろう》（一八八八〜一九四三年）、永見徳太郎《なかみとくたろう》（一八九〇〜一九五〇年）、馬場恒吾《ばばつねご》（一八七五〜一九五六年）、松崎天民《まつざきてんみん》（一八七八〜一九三四年）、荒畑寒村《あらはたかんそん》（一八八七〜一九八一年）、戸田貞三《とだていぞう》（一八八七〜一

九五五年）といった錚々《そうそう》たるメンバーだが、文筆家や社会主義者・アナーキストなどに混じって、社会学者が三名も含まれている。

社会学者たちの主張を見てみよう。

新居格は、カフェーを大都会的なものだとし、カフェーを通して見える時代的変貌《へんぼう》を社会学的研究のテーマとして設定すべきだ、と主張している。戸田貞三は、カフェーの性質が株式会社と同様の公開性にあると言い、カフェーがアルコールによって「他所行《よそゆ》き顔」の障壁を破ろうとし、株式会社が金貨なる病原菌で「会社人顔」の背後にある全人格を会社人化する、という傾向を指摘している。

新明正道は、カフェーが要求する社交的基準がコケットリーにある、と言う。

> カフェ訪問者の過半は、その社交的要求において、ある意味においては恬淡《てんたん》であって、彼等は、カフェの女性のコケットリーを以《もっ》て社交の精髄《せいずい》であると看做《みな》し、必ずしもそれ以上には進まない。此《こ》の点で、彼等が、封建的な教養を受けた人間に較べて、如何《いか》に怯懦《きょうだ》であり、内気であるか、或《あ》ひは節制あり、控《ひか》へ目《め》であるかは、想像以上である。

15――初田亭『カフェーと喫茶店／モダン都市のたまり場　ＩＮＡＸ ＡＬＢＵＭ18』［一九九三年、二一頁］。

〔…〕かうした種類の生活者がカフェに行く場合、彼等の享楽《きょうらく》が専ら頭脳的空想に存してゐることは、対手となる女性によつても承認されてゐる。[16]

〔新明正道「カフェの社會的形相」、一九二八年、九七頁〕

新明の指摘は、メイドカフェなど現代のオタク的嗜好《しこう》に関する論評に似ている。しかし、「必ずしもそれ以上には進まない」とする新明の解釈は、表層的に過ぎると思われる。実際のところは、今日のキャバクラで建前的売り物となっている擬似《ぎじ》恋愛と同じで、カフェーの相当数が遊郭《ゆうかく》や待合《まちあい》などと同じように売春の斡旋《あっせん》場となっていったのである。

酒井真人《さかいまさと》『カフヱ通』〔一九三〇年〕の巻末に「カフヱ研究座談會」[17]なる記事が掲載されているが、その座談会の中で、東京市社会教育課長・池園哲四郎という人物が、以下のように発言している。

神田には女給が十一時頃《ごろ》になつて、酔《よ》つぱらつてゐるお客には、お寝《やす》みなさいといつて、二階かどこかへ伴《つ》れて行く、その伴れて行つた部屋《へや》が、彼女等の化粧室であり、寝所《しんしょ》でありの實《じつ》に艶色極《えんしょくきは》まりなきところで、周園にはあやしげなる春畫《しゅんぐわ》など貼つてあつて、如何《いか》なる男性をも脳殺《なうさつ》せしむるという具合《ぐあい》に出來てゐるところがあると聞いたが、事實《じじつ》だらうか。

〔酒井真人『カフヱ通』、一九三〇年、一二一頁、ルビは原文〕

他人からの伝聞にしては、「神田《かんだ》」、「十一時頃」、「二階かどこか」、「彼女等の化粧室」などなど、まるで自分で経験してきたような何ともリアルな発言である。一階に女性たちが待機していて、二階に上がって事《こと》に及ぶという首尾は、黄金町《こがねちょう》（横浜市）や飛田《とびた》（大阪市）のような風情を思わせる。

さて、『經濟往來』の特集で、格段に面白かったのは、日本における女性解放思想の先駆者である山川菊榮《やまかわきくえ》（一八九〇〜一九八〇年）の論考である。山川は、カフェーが果たす社会的役割について、資本主義社会の一つの特徴として「家族制度を破壊し、生産方法の社会化とともに、個人の生活をも徐々に社会化する点にある」と言う。

女学校出の細君の料理下手は、笑話や漫画の材料にはなつても、婦人の結婚資格を左右する力はもたない。一日中台所をがたぴしさせてゐる、能率の上がらぬくすぶつた妻君を叱りとばしながら、床柱を背にして其妻君の手料理で獨酌《どくしゃく》をきめ込むよりも、友人

16——引用文は現代表記に変更している。

17——一九二九（昭和四）年四月二一日夜、赤坂曲水で於いて行われたと記されている。

と共にカフェーで一盞《いっさん》を傾けるとか、小ざつぱりした妻君と共に食事をしにゆくとかいふことの方が、近頃の男子の趣味に合つているらしい。〔…〕婦人はもはや、飼主であり、君主である只《ただ》一人男子の味覚を悦《よろこ》ばすことに、人生の意義を見出すほど、忠良な家庭奴隷ではなくなつてゐる。彼女もまた、男子と同様に、外で働き、外で食事し、外で楽しむことが多くなつた。〔…〕一般に人人の生活が、家庭中心を離れて、社会的に組織される一過程として、かゝる変化はよぎないことであり、より高き社会への進化の道程を示すものではなからうか。[18]
〔山川菊榮「家庭中心に對する破壊力の一つ」、一九二八年、一〇六～一〇七頁〕

カフェーの勃興《ぼっこう》に外食産業の萌芽《ほうが》をいち早く看取《かんしゅ》し、産業資本主義による家事労働の商品化に家族制度からの女性解放を遠望する、という山川の視点は、彼女の「カフェーとか、喫茶店とかいふもの、いはゆるモーダン《モダン》がゝりの都会情調には一向興味がない」と醒《さ》めた立ち位置から成し得たもので、この特集の中で最も先覚的なものだった。

とはいえ、実際のカフェーのほうは、一九二九（昭和四）年九月に、警視庁が「カフェー」、「バー」等取締要項を出して規制され[19]、一九三三（昭和八）年に制定された「特殊飲食店営業取締規則」で特殊喫茶が適用を受けることになった。

昭和八年（一九三三）二月の特殊飲食店営業取締規則発令によって、いわゆる純喫茶

（普通飲食店）と特殊喫茶（風俗営業）が形の上では二分され、また同年六月にはカフェー、バー、ダンスホールなどに対して遊興税が実施されたことにより、さしもの興隆を誇ったカフェー群も翳《かげ》りを見せ始める。以降、カフェー流のサービスは特殊喫茶へと継承されるにしても、菊池寛《きくちかん》などが派手に札ビラを切った時代は過去のものとなりつつあった。その反動として、純喫茶と特殊喫茶の境界が曖昧《あいまい》になってくる。

〔林哲夫『喫茶店の時代』、二〇〇二年、一八九頁〕

純喫茶と特殊喫茶の曖昧な境界は、一九三八年に始まるコーヒー豆の輸入制限と、その翌年からコーヒーに課せられていく物品税の増加によって、一九四〇年代初頭に喫茶店もろとも一旦消滅することになる。

さて、珈琲から大きく脇道へと逸れてしまったので、ここらで、カフェー＝特殊喫茶から「純喫茶」の本道へもどろう。

18――引用文は現代表記に変更している。

19――和田博文編『コレクション・モダン都市文化第12巻 カフェ』の巻末に掲載されている解題の「酒井真人『カフヱ通』［一九三〇年一月六日］」の項目参照［八五四頁］。

元祖喫茶店

カフェー・プランタンとカフェー・ライオンが開店したのと同じ一九一一年、銀座宗十郎町（現銀座七丁目）に、「カフェーパウリスタ」がオープンした。つい最近まで、この銀座店がパウリスタの第一号店だとされてきたが、長谷川泰三《はせがわたいぞう》『日本で最初の喫茶店「ブラジル移民の父」がはじめた――カフェーパウリスタ物語』〔二〇〇八年〕で、第一号店は一九一〇年に開店した大阪・箕面《みのお》店であることが分かった。尤《もっと》も、井出孫六（一九三一年〜）が、門司《もじ》にあった「カフェ・ブラジル」が「ひょっとしたら、東京銀座にカフェ・パウリスタが生まれるより早かったのではないだろうか」〔井出孫六『ねじ釘の如く』、一九九六年、六七頁〕と推測しているので、パウリスタが絶対に最初だったという確証はない。しかし、カフェー・パウリスタが、日本で珈琲の飲用を広く普及させるのに、重要な役割を担ったのは確かである。パウリスタは、プランタンやライオンなどのカフェーとは違い、本格的な珈琲をメニューの主役とした。

それまでコーヒーといえば角砂糖の中へ豆を焦《こ》がしたような粉を少しばかりいれた奴のほか、コーヒーらしいコーヒーなんぞなかった。それすら余程ハイカラな家庭でなければ具《そな》えてなかった。日本人がコーヒーについてカレコレいえるようになったのは、何といってもこのパウリスタのお陰《かげ》である。ことにこの家は安価で、カフェというものの実際的効用を一般に知らしめる上に与《あずか》って力があった。ずっと後になっても、銀座《ぎんざ》以外でカフェといえば、人形町《にんぎょうちょう》のパウリスタ、神田《かんだ》のパウリスタ、ランチョンなどであった。パウリスタでまずカフェの味を知った人は多い。揃《そろ》いの服を着た少年ウエイター、「カレーライス、ワン！」などと大声に原語のままに料理を通す声、すべては脅異《ママ》の的《まと》だった。

〔安藤更生『銀座細見』、一九七七年、七九頁〕

女給《ウェイトレス》ではなく敢《あ》えてウェイターを使ったところも、パウリスタは、当時の他のカフェーとは違う方向性を目指していたことが伺《うかが》える。というのは、一九〇九（明治四二）年に出版された石《いし》川天涯《かわてんがい》『東京學《がく》』の中に、「男ボーイと女ボーイ」に関する以下のような記述があるからだ。

男ボーイの洋食店に這入《はい》つて食事をして早速《さっさ》と去る者は多忙なる奮闘《ふんとう》的の人か又《また》は善良なる青年《せいねん》と看《み》なければならない。然《しか》るに女ボーイ抔《など》の洋食店に這入つて、嬌治《にやけ》て長い時間一皿か二皿の食事をして戯《たわむ》れて遊んで居ると云《い》ふやうな者は、多くは墮落《だらく》の人間であるか、又將《まさ》に墮落せんとし、或《あるい》は人を誘惑し自身も誘惑される所の人間である。

〔石川天涯『東京學』、一九八六年、四八三頁〕

カフェー誕生前の洋食店では、既に給仕が男性か女性の違いで、客の目的が異なっていたと考えられる。勿論《もちろん》、ウェイトレスかウェイターの違いが絶対的なものではなかったにせよ、どちらを店で使用するかで、その店のイメージは大きく異なるものになったはずある。プランタンやライオンの後で、女給ではなく敢えてウェイターを使ったのだから、安藤更生が「脅異の的だった」と言うくらいに、パウリスタのイメージ戦略は成功だったのだろう。

カフェー・パウリスタは、ブラジル政府から日本へのブラジル珈琲普及宣伝を委託《いたく》され、年間一、〇〇〇俵（約七〇トン）もの珈琲豆を無償《むしょう》供与された水野龍《みずのりょう》（一八五八〜一九五一年）が創立した。そして、パウリスタは、東京だけでなく、札幌、博多、上海などにまで二〇店舗を超える支店を各都市へ展開したことで知られている。

奥山儀八郎は、カフェー・パウリスタに関して以下のように回想している。

水野竜《ママ》のパウリスタでは純ブラジル流に煎出され、惜しげもなくたっぷりと飲ませた。テーブルの上には砂糖壺を出しっぱなし、それにドーナツつきで五銭《せん》という値段だから小店員、学生、労働者でも自分の懐《ふところ》で飲めた。この点プランタンのお客様とは対照的に違う。ここでは珈琲は大衆の仲間だ。私も震災の時十六歳、神田や銀座でも飲んだ記憶がある。こんな具合だからいつも若い人々で満員であった。

〔奥山儀八郎『珈琲遍歴』、一九七三年、二七五～二七六頁〕

奥山によれば、水野龍は学校の運動会などがあると、無料で珈琲をふるまったりするなど、「ひたすらブラジル珈琲の宣伝にだけつとめた無私の人」だった。

水野龍は、第一回ブラジル移民船の運行を計画・実行[20]したことで知られ、「ブラジル移民の父」と呼ばれているが、水野のブラジル移民事業を評価して、サンパウロ州政府が珈琲豆の無償供与を申し出たことが、パウリスタの設立へつながっていった〔長谷川泰三、二〇〇八年、四～六頁〕。ブラジル移住一〇〇周年（二〇〇八年）を経た頃、日本コーヒー文化学会の会合で聞いた長谷川《はせがわ》泰三《たいぞう》氏の話では、水野は大隈重信《おおくましげのぶ》（一八三八－一九二二年）とかけあって、「ブラジルへ移民した日本人による汗の結晶だ」と言って、ブラジルから日本へコーヒーを入れることを承諾《しょうだく》させたという。年間七〇トン余りのブラジルコーヒーが、無償で、明治末期から大正一二年まで日本へと入ってきたわけだ。「銀ぶら」という言葉は、大正期に入って造られた言葉だが、その語源が「銀座でブラジル珈琲を飲むことにある」という珍説にも、若干のリアリティが感じられる[21]（「銀ぶら」の語源は、三田《みた》文学に集った者たちが慶應義塾大学三田キャンパスから銀座までブラブラと散歩して、しばしば銀座で珈琲を飲んだことにあるらしい）。

20―― 一九〇八（明治四一）年六月一八日に、契約移民七八一人が乗船した笠戸丸がサンパウロ港に到着した。

実際、カフェー・パウリスタは、当時を舞台とした小説や随筆《ずいひつ》など、多くの本や雑誌などに登場していることからも、喫茶店で「珈琲を飲む」という生活スタイルを日本に定着させたという意味で、元祖喫茶店だと言っていいだろう。

ただ、初めて本格的な珈琲を飲む一般庶民がパウリスタで珈琲を飲むことができたのはなぜだろうか？　奥山の言う「純ブラジル流に煎出され」たブラジル珈琲は、初めて本格的な珈琲を飲む者には苦《にが》すぎなかったのか？

パウリスタができる前、庶民が珈琲にふれたのは、明治初年にできた「新聞茶屋」――閲覧料金をとって各種新聞を見せた業態――の延長で、一九〇一（明治三四）年にできたミルクホールだった[22]〔⇩112頁〕。ミルクホールとは『東京市統計年表』で「新聞雑誌小説縦覧所」と分類され、新聞・雑誌のほか官報を備えていた。ミルクホールのメニューには、牛乳に珈琲を混ぜた「ミルクコーヒー」があったのである。ミルクのニオイを珈琲で消して飲みやすくすることで牛乳の飲用が普及していったことは、すでに述べた通りである〔⇩112頁〕。学生街に多く、安い飲食代で新聞雑誌を無料で読めたミルクホールの誕生は、本格的な珈琲ではなかったにせよ、珈琲に多くの人たちがふれるきっかけとなった。

そして本格的な珈琲の苦さを緩和《かんわ》したのが砂糖だった。パウリスタでは「砂糖壺が出しっぱなし」だったのだ。当時貴重な甘味料だった砂糖を入れ放題だったのだから、汁粉のような珈琲から徐々に珈琲本来の味に馴染んでいった人たちは少なくなかっただろう。実際、パウリスタの砂糖壺から砂糖だけ拝借していくような不埒者《ふらち》も相当いたらしい。

さて、パウリスタは、喫茶店としてだけでなく、コーヒーシロップ瓶、コーヒーキャラメル、コーヒーソーダ、コーヒーウェハース、コーヒー煎餅など、奥山が「今日の製菓会社が、みなこれらをつくっている」[23]と言ったように、コーヒーを素材に使った関連製品を開発・販売した。さらに、クイックコーヒーという「細粉末にした珈琲を砂糖で固形化した」、「インスタント・コーヒーのはじまりというべき」[24]商品も作っている。

喫茶店の時代——珈琲通《マニア》の誕生

元祖喫茶店だったカフェー・パウリスタは、関東大震災（一九二三年）で東京の店舗が焼失し、ブラジル政府からのコーヒー豆無償供与も契約が切れて、喫茶店経営から撤退《てったい》した。パウリ

21——長谷川泰三『日本で最初の喫茶店「ブラジル移民の父」がはじめた——カフェーパウリスタ物語』［二〇〇八年、一五二～一六二頁］。

22——初田亨、同書［一九九三年、四五頁］。

23——奥山儀八郎『珈琲遍歴』［一九七三年、二七六頁］。

24——奥山儀八郎、同書［二七六頁］。

スタの各支店は分離独立し、パウリスタ本体は焙煎《ばいせん》業に転じ、戦時下の一九四三（昭和一八）年「日東《にっとう》珈琲」と社名を変更した。

パウリスタの後を引き継ぐように、神戸の貿易商・星隆造《ほしりゅうぞう》は、ブラジル政府（サンパウロ州）よりコーヒー豆の無償供与を受け、「ニッポン・ブラジリアン・トレエディング・コンパニー」を一九二九（昭和四）年に設立し、翌年「ブラジレイロ」を大阪梅田《うめだ》新道に開店、後に全国チェーン展開した。[25] 星は、『カフヱ經營學《けいえいがく》』〔一九三二年〕などの著作や、ＰＲ誌『ブラジレイロ』などを発行したことでも知られている。[26]

ブラジルコーヒーに関しては、加太《かた》こうじ（一九一八〜一九九八年）が一九三五（昭和一〇）年頃を回想している。

銀座へでると四丁目のブラジルコーヒーで煎った荒挽《あらび》きのコーヒーを買ってきた。このブラジルコーヒーは、ブラジルの国営で、ブラジル産のコーヒーの宣伝店であり、喫茶店になっていたが良質の豆の販売もしていた。

〔…〕昭和初期のブラジル国営の東京・銀座のブラジルコーヒーでは、第一級の豆によるコーヒーを飲ませたし、その豆の販売もしていたのだから、コーヒー通の養成をしていたと言ってよい。

〔加太こうじ『サボテンの花』、一九九三年、五九〜六〇頁〕

世界で圧倒的なコーヒー生産量だったブラジルが、パウリスタ以降、日本をコーヒー消費国としてターゲットにしていたことが伺《うかが》えるが、これも水野龍によって開始されたブラジルへの移民と密接に関係していたのだろう。また、「第一級の豆」という加太の記述からは、当時、ブラジルコーヒーの生豆の良し悪しを差別化して捉えている「コーヒー通」が存在していたことも分かる。

加太が回想したのと同じ一九三五年に発表された川崎長太郎《かわさきちょうたろう》（一九〇一〜一九八五年）の小説は、次のような冒頭から始まる。

> 近頃の東京は喫茶店時代の観《かん》がある。銀座あたりでは、どんどんバーが喫茶店になつて行く。喫茶店はバーと違つて第一チップがいらない。十五銭《せん》か二十銭で、コーヒーを飲み、レコードを聴《き》き、圖々《ずうずう》しく構《かま》へれば一時間でも二時間でもねばつて居られる。
>
> ［川崎長太郎「喫茶店」、一九三五年、一一二頁］

25――　和田博文編『コレクション・モダン都市文化第12巻　カフェ』の巻末に掲載されている解題の「星隆三『カフェ経営学』［一九三二年五月二一日］」の項目参照。

26――　林哲夫『喫茶店の時代』［二〇〇二年、一四五〜一四六頁］。

この小説からは、レコードを聴かせることを主とした喫茶店が、この当時既に日本の都市に定着していたことを伺い知ることができる。初田亭《はつだとおる》『カフェーと喫茶店』〔一九九三年〕によれば、「一九三八〔昭和一三〕年に東京市が調査した飲食店の数で、最も多かったのは喫茶店の二、六二六軒、次いでカフェーの二、〇〇六軒、第三位はしる粉屋で一、四八〇軒」だった〔四五頁〕。そして、数だけでなく、様々なバリエーションで個性化・差別化することで、それぞれの喫茶店が独自の客層をつかもうとしたのである。まさに、喫茶店の時代、喫茶店文化の開花である。

この頃までには、当然、珈琲の質にこだわる人たちも現れる。

小説家で食に関する随筆も著した小島政二郎《こじままさじろう》〔⇩118頁〜〕は、日中戦争（一九三七年）前頃の記憶として、三浦義武《みうらよしたけ》（一九〇一〜一九八〇年）が白木屋《しろきや》で主催していた「三浦義武のコーヒーを樂《たの》しむ會《かい》」と思われる催《もよお》しに関して記録している。

> 頼むと、コーヒーをミックスして粉にして届けてくれ、見ている前でネルの袋で入れて見せてくれるのだが、独特の手腕があって、幾らその通り真似て見ても、三浦君が入れてくれるようにははいらなかった。〔…〕
>
> 戦後、コーヒー自慢の店が方々に出来たが、まだ三浦君ほどうまいコーヒーを飲ませてくれる人には出合わない。
>
> 〔小島政二郎『食いしん坊1』、一九八七年、一四三〜一四四頁〕

先に「珈琲に酔う」の節《せつ》［⇩116頁〜］でも少しふれた三浦義武は、日本で最初にネルドリップを用いたことでも知られている。三浦義武が白木屋で主催していた「コーヒーを樂しむ會」へは、カフェ・ド・ランブルの関口一郎《せきぐちいちろう》［⇩83頁〜］氏も参加していた。三浦義武は、後に「ミラ」という世界初の缶コーヒーを開発するなど、珈琲界では伝説の人物である。

また、敗戦後、『珈琲記』などの著作で知られる珈琲研究家・井上誠《いのうえまこと》（一八九八〜一九八五年）も、同じ頃、「ノイエ」という珈琲豆も販売する喫茶店を東京・高田馬場《たかだのばば》近くで開いていた。[27] 当時、井上誠は、アンプルのような瓶《びん》に入れた珈琲液を開発して、軍に納めていた。実際に兵隊の携帯品となったという記録はないが、軍の検査で、この瓶に入った珈琲は長期間劣化しなかったらしい。

三浦義武や井上誠などに象徴されるように、当時、珈琲の味をトコトンまで追求する人たちが現れることで、美味しい珈琲を求めて喫茶店を行脚《あんぎゃ》する珈琲通《マニア》も誕生したのである。また、それは当時、生産国で栽培されていたコーヒー豆の品質も関係していたのかもしれない。多くの珈琲専門家たちが「日本に最も良質なコーヒー豆が入ってきたのは太平洋戦争前頃までだ」と言うのは、珈琲の素材である生豆《なままめ》が良質だったのである。

---

27 —— 宮崎康平「コーヒー飲みの大放浪」、清水哲男編『日本の名随筆 別巻3 珈琲』［一九九一年、二〇八〜二一二頁］。

さて、日本の珈琲輸入量は、一九三七年には、八、五七一トンに達するが、戦時下に入った一九四二年には二四四トンへと、一気に減少することになる（グラフ2）。そして太平洋戦争を前に、喫茶店のほとんどは、コーヒー豆の輸入が贅沢品《ぜいたくひん》として禁止されて閉店することになる。喫茶店の時代は、桜の如く、ほんの短い間だけの開花だった。

tasseの謎
——日本のコーヒー文化は飲用前から始まっていた？

ところで、珈琲通《マニア》がこだわるのは、珈琲（豆）や喫茶店だけではない。珈琲を入れる器《カップ》へのこだわりなくしては、珈琲通と呼ばれる資格はない。この章の締めくくりとして、珈琲碗について附言しておこう。

グラフ2　日本のコーヒー輸入量の推移（敗戦前）　全日本コーヒー協会資料より作成

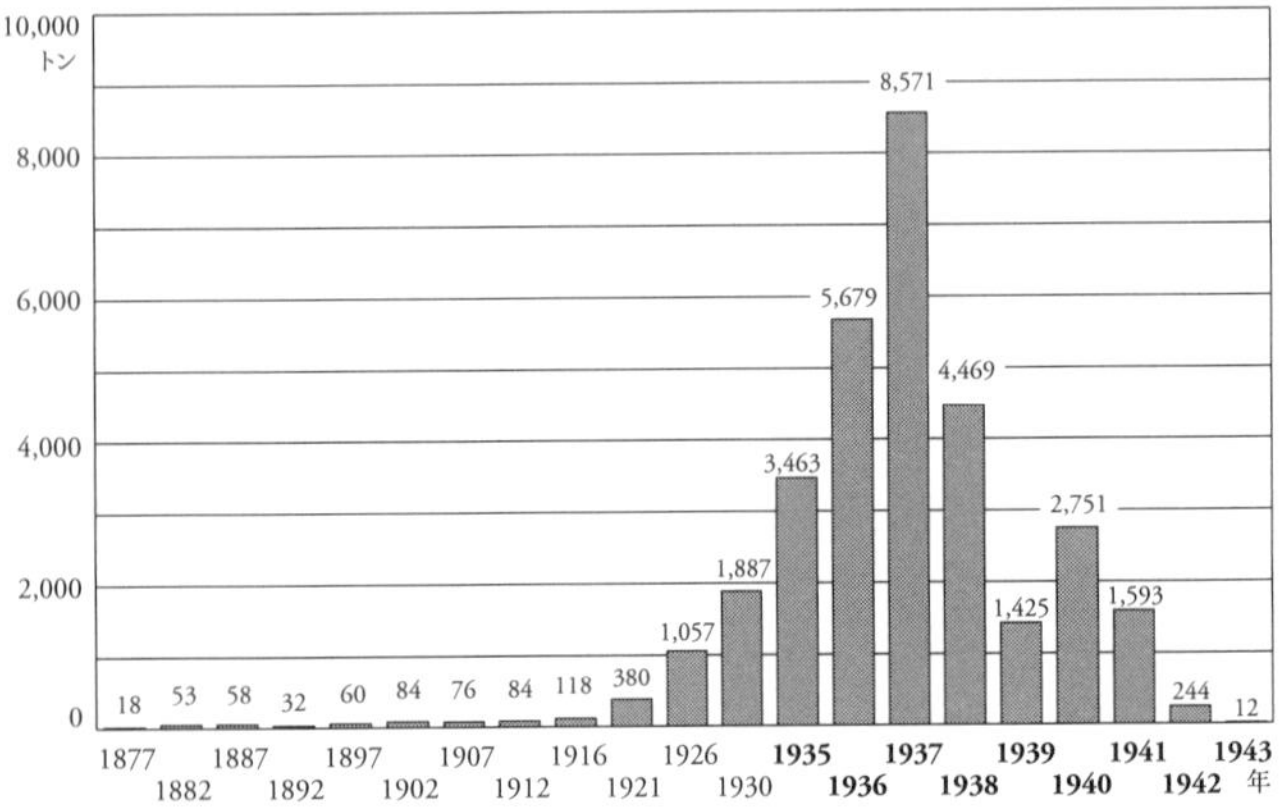

取っ手の付いたカップをフランス語で"tasse"と言う。「デミタス」とか「ドュミタス」と言うのは、「小さい取っ手付きカップ」を意味している。最初に珈琲カップに取っ手を付けたのは誰なのか？　日本の珈琲界では、日本人だと言われている。

> コーヒーカップに取っ手がついているのはいまや当たり前の話だが、この取っ手がついたのは一六五九年から三〇年ほどの間に、伊万里焼《いまりやき》を焼く日本人の手でつけられたものであることは意外に知られていない。
>
> ［鈴木誉志男「コーヒーカップの取っ手」、日本コーヒー文化学会編『コーヒーの辞典』、二〇〇一年、二八二頁］

上記以外にも、「伊万里焼の職人が珈琲カップに初めて取っ手を付けた」としている文献は多いが、どの文献にもその根拠が示されていないのは、どうも不思議である。

尤《もっと》も、異説もある。

松下久子《まつしたひさこ》は、オランダ連合東インド会社（ＶＯＣ）による磁器貿易資料などにもとづいてコーヒーカップの変遷《へんせん》を詳細に検討した論文の中で、「一七五〇年代になるまで、ＶＯＣの記録には把手付きの碗皿を輸入したという記録は見られないことから、カップの把手は、ヨーロッパの磁器窯で始まったのでないか」と述べている。▼28 この論文を読むと、この推測にはかなりリアリティがあるが、しかしあくまでも推測であって、ヨーロッパの磁器窯が最初であるという完全な根拠が示されたわけではない。

tasseの開始は、やっぱり謎のままである。

日本が鎖国をしていた江戸時代にも、磁器は漆器同様オランダ商館長が本国へ帰国する際の私物としてまたは土産品としてその数は限られていたが作られていた。日本から本格的にコーヒーカップを含む洋食器が輸出されたのは明治維新以降であり、主な輸出国はアメリカ合衆国となった。

［井谷善恵「近代陶磁器におけるコーヒーカップ&ソーサー」、『コーヒー文化研究』16、二〇〇九年、三頁］

カップに取っ手を付けたのが日本人かどうかは定かでないとしても、日本から珈琲碗が本格的に輸出されるようになったのは、明治ではなく、江戸期に既に始まっており、その主な輸出先はヨーロッパ諸国だった、という歴史的事実を認識しておかなければならない。

実際、一六三六年に出島《でじま》が造成されて以降、VOCによって相当数の珈琲碗が中東やヨーロッパへ輸出されていた。一六四四年に明《みん》が滅んだあと、ヨーロッパ諸国でカフェが開店し始めると、その珈琲碗の需要を満たしたのが「伊万里焼」だった。尤《もっと》も、伊万里焼と言う場合、有田焼の通称として伊万里焼を用いることが一般的であるが、正確には、伊万里港から出荷された焼物の総称が伊万里焼であり、「三川内焼《みかわちやき》」、「波佐見焼《はさみやき》」なども含まれる。

わが国でコーヒー茶碗が始めて焼かれたのは、平戸藩窯の三川内皿山だったという説がある。〔三川内陶栄会編『平戸藩窯　三川内のやきもの』、一九七八年、七六頁〕

中国に「薄胎《はくたい》」という光を透すほど薄い焼物の技法があったが、三川内では薄胎を改良した「透し掘り（透掘）」の技法に優れていた。とりわけても、後にふれることになる卵殻手《らんかくで》という超薄焼〔⇩第6章314頁〜〕は、ヨーロッパでegg-shellと呼ばれ[29]――私がこの目で確かめたわけではないが――大英博物館にも「平戸焼」として展示されているという。

三川内陶栄会編『平戸藩窯《ひらどはんよう》　三川内のやきもの』を見ていて、「染付人物蓋《ふた》付コーヒー碗」と示された摩訶《まか》不思議な珈琲碗の写真に目を剝《む》いた。三川内で焼かれてヨーロッパへと輸出されていた珈琲碗では、「兜《かぶと》型珈琲碗」という平たくて吸い物椀のように蓋の付いたもの（次頁の図9）が有名なのだが、この写真（図10）では兜型珈琲碗に取っ手が付いているのである。現物を所蔵している所・人物を三川内の職人さんに捜してもらったが、今のところ消息不明である。

28――松下久子「オランダ東インド会社とコーヒーカップ」、『陶説』510〔一九九五年、四〇頁〕。

29――卵殻手とegg-shellとは違うという説もある。その説では、三川内の薄掘をegg-shellを示し、卵殻手は超薄焼を指すというものである。現時点では、どちらが正しいかを判定する資料は見あたらない。

本を編纂《へんさん》したメンバーは皆他界してしまっていて、本に所蔵場所や所持者が明記されていないということは、所蔵者が「名を明かさない」という条件で写真の掲載に応じたのかもしれない。

もう一度じっくり写真を見てみると、卵殻手（egg-shell）よりはかなり厚みがあるようにも見える。とすると、ずいぶんと古い三川内焼かもしれない。もしかして、これが世界初のtasseか、と妄想はどんどん膨らんでいくのだが、勿論《もちろん》、今のところ何の根拠も、それを知る手がかりとてない。

ともあれ、日本で珈琲が飲まれるようになるずっと以前から、日本の職人によって造られた珈琲碗が、ヨーロッパの富裕層に珍重され、使われていたのは確かである。

図9　兜型珈琲碗

図10　染付人物蓋付コーヒー碗

第4章

美味しい珈琲とは？

日本に良質なコーヒー豆が入荷し、その輸入に随伴するかのように喫茶店の開業が相次いだほんの短い期間（太平洋戦争前頃まで）に、美味しい珈琲を求めて喫茶店を行脚《あんぎゃ》する珈琲通《マニア》も誕生した。この「美味《おい》しい」という評価には、豆の品質が関係していることは確かである。また、珈琲が提供される空間やサービスも関係していることは、先の章（第3章）で見た通りである。では、いったい「美味しい」という評価は、どのような基準に基づいてなされるのであろうか。第2章の中の「味覚の基準をつくる」の節《せつ》［⇩87頁〜］で触れた経験の内容を、この章ではもう少し掘り下げて考えてみたい。

現在の日本のコーヒー輸入量は、アメリカ、ドイツに続いて世界第三位となっている（**グラフ**3、4）。

日本のコーヒー需要を支えているのは、スーパーなどの食品店で販売されるレギュラーコーヒー豆の家庭や職場における消費、インスタント・コーヒー、そして近年急速に需要が高まった缶コーヒーによる消費である（次々頁の**グラフ**5）。全日本コーヒー協会の統計資料によれば、日本のコーヒー消費では、一九八〇年前後にコーヒー豆（粉）が緑茶を上回り、一九八〇年代中頃には缶コーヒーがコーラを上回っている。

尤《もっと》も、一人当たりのコーヒー消費量を国別で比較すると（**グラフ**6）、日本はさほど多くないことが分かる。要するに、人口が多いから輸入量も多いのである。

一方で、喫茶店の数は、一九八一年をピークとして二〇〇六年まで減少し続けている（第1章の44頁の**グラフ**1を参照）。

喫茶店の減少は、一九八〇年代に始まるファースト・フード店（一九八〇年営業開始のドトール・コーヒーに代表される安売りコーヒーチェーン店を含む）の増加、一九九六年に銀座《ぎんざ》で一号店を出店したスターバックス・コーヒーに代表される、シアトル系カフェの増加によって、さらに加速された。シアトル系カフェとは、アメリカ合衆国ワシントン州シアトルを中心に、アメリカ西海岸から発展したコーヒーチェーン店を指している。もともと、アメリカへ輸入されるコーヒー豆

グラフ3　日本のコーヒー輸入量の推移（敗戦後）

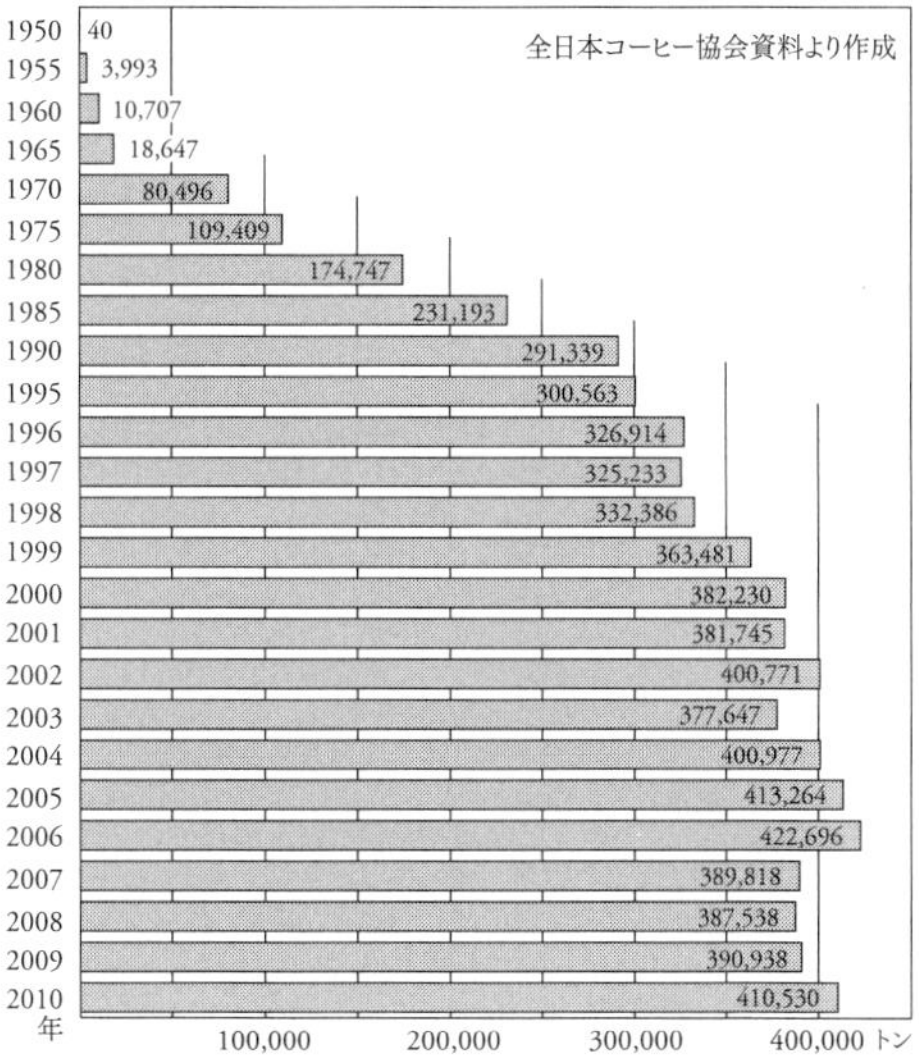

グラフ4　ICO加盟輸入国の消費量（2009年）　単位 1,000袋／1袋＝60kg

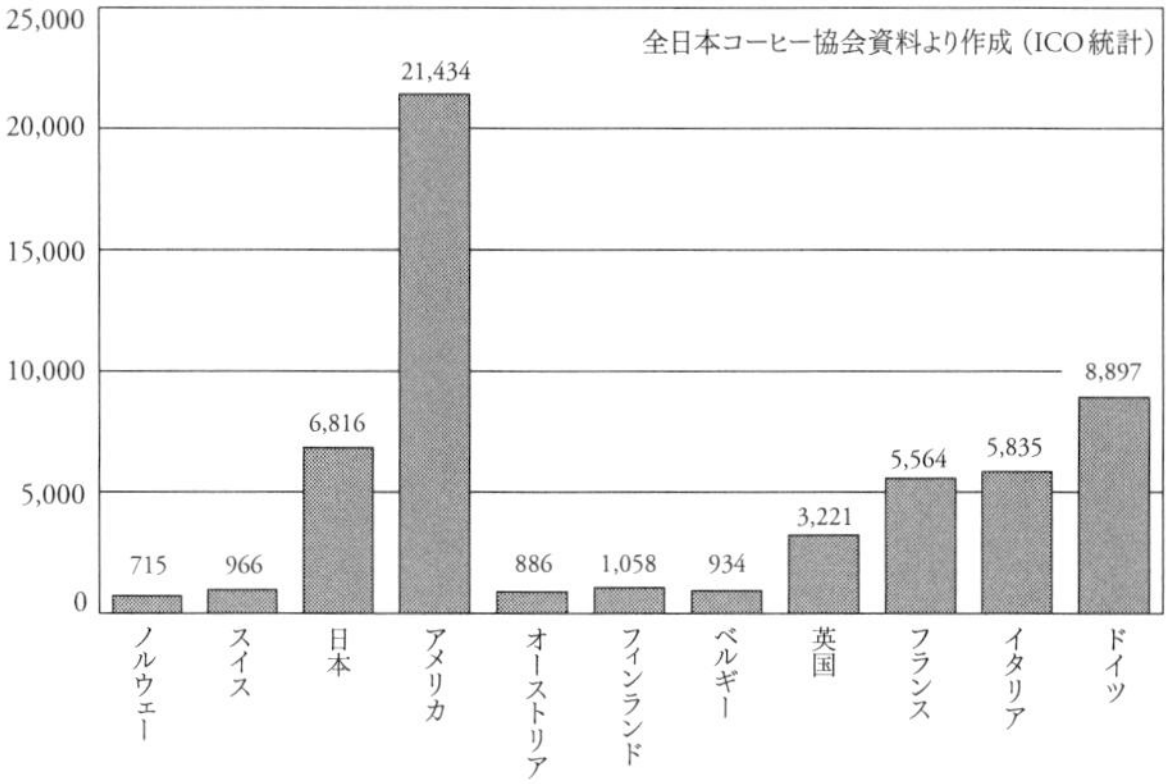

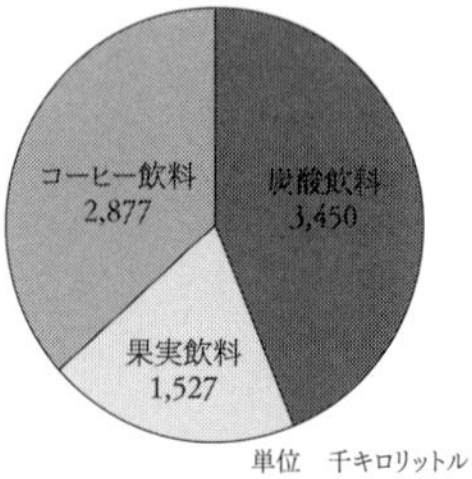

グラフ5　**日本の嗜好飲料消費量**（2010年）

全日本コーヒー協会資料より作成
（全国清涼飲料工業会「清涼飲料」）
● 炭酸飲料のうち1,360キロリットルを「コーラ」が、コーヒー飲料のうち2,025キロリットルを「缶入りコーヒー飲料」が占めている。

グラフ6　**輸入国の一人当たり年間消費量**（2010年）

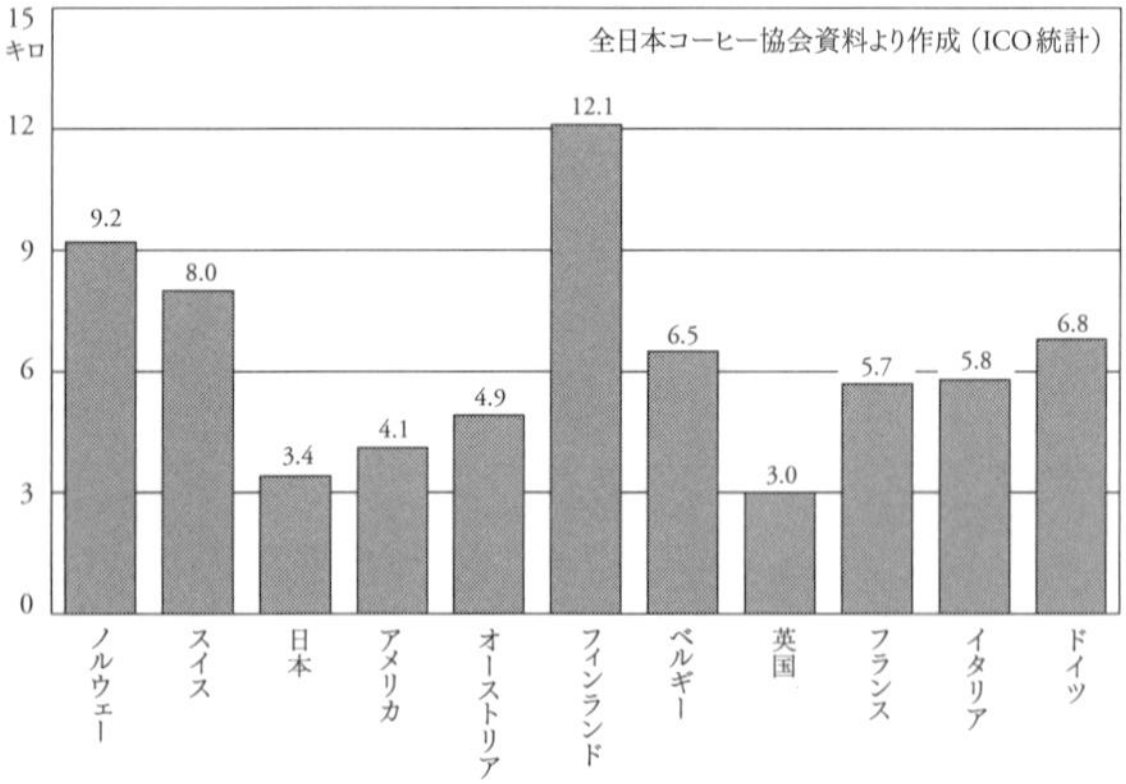

が入ってくる港があるシアトルでは、ロースター（焙煎業者）が多く、焙煎した珈琲豆だけでなく珈琲を含めてドリンク類を販売するカフェが登場し、スターバックス、タリーズ、シアトルズベストなど、シアトルで発祥《はっしょう》したカフェが世界的なコーヒーチェーンへ展開していくこととなった。

日本では、一九九〇年代後半にカフェ・ブームが起こるが、喫茶店の減少を止めることはできなかった。

私がそもそも珈琲を研究対象としようと思ったのは、その需要が年々増加しているコーヒー消費大国日本で、「珈琲が不味《まず》くなってきているのは何故なのか？」という素朴な疑問からである。勿論《もちろん》、珈琲に限らず多くの消費物は、大量生産‐大量消費のために品質が劣化していく。珈琲の場合、市場で店頭に並ぶまでに、流通過程でほとんどが酸化しているのが現状である。また、酸化していない珈琲であっても、「その味が年々不味くなってきている」と私は感じている。美味しい珈琲を買うことのできる店が、なかなか見つけられないのである。そして、酸化した珈琲豆であっても種々様々、それらの値段には大きな違いがある。

けれども、「美味しい／不味い」とは、一体どのような基準で判定するのか？

自動販売機で買う一本一二〇〜一三〇円の缶コーヒーと、珈琲専門店で数百〜千円近くを支払って飲む一杯の珈琲とを、同じ基準で比較して「美味しい／不味い」と評価することは、適切でないだろう。通常、商品として市場で手に入れる飲食物は、「価格」と「質」が関連づけられて、「美味しい／不味い」と評価される。尤《もっと》も、珈琲の場合であれば、その商品価格には、味だけでなく、提供される空間やサービスも含まれているだろう。

ただ、この章で課題として考えてみたいのは、あくまでも「味覚＝美味しい／不味い」を中心として、コーヒー文化を記述していくことである。

味覚が社会的に構成されるというのは、何も珈琲に限らず、凡《およ》そあらゆる飲食品について、当たり前のことである。しかし、ここで問いを立ててみたいのは、「美味しい／不味い」、「高品質／低品質」等々というような価値評価が社会的になされる際、「それはいかなる味覚の基準をもとにして行われているのか？」、ということである〔⇩88頁〕。

味覚は個々人それぞれ異なる主観であることに間違いないのと同じくらい、文化や社会ごとに異なる「共同的な主観」でもあるのだから……。

あなたはオールドクロップ派、それともニュークロップ派？

珈琲通《マニア》であれば、「オールドコーヒー」とか「オールドビーンズ」とか「熟成珈琲《エイジングコーヒー》」などと呼ばれる、特別な珈琲が存在していることを知っているだろう。これらは、いずれもコーヒーの生豆《なままめ》＝green beansをそのままの状態で数年〜数十年間保管して作られた特別な珈琲を意味している。お酒に喩《たと》えれば、年代物のスコッチやワイン、日本酒や泡盛《あわもり》の古酒に相当するものだと考えてもらえば分かりやすい。

一般に現在のコーヒー業界では、収穫・精製後一年以内の生豆green beansを「ニュークロップNEW CROP」と呼び、一年以上経過した生豆を「パーストクロップPAST CROP」と呼ぶ（クロップCROPとは野菜・果樹などの収穫物のこと）。パーストクロップは、米《こめ》で言えば古米と同じで、古い生豆として低い価値づけがなされる。一方、オールドクロップは、意図的に長期間保存した生豆を意味する。生豆を保存することが「エイジング」で、エイジングされたコーヒー豆が「オールドクロップ」と呼ばれている。しかし、その保存期間に定まった基準は存在しない。三〜五年以上でオールドクロップとされたりすることが多いが、一年以上経過していればオールドクロップと表示して販売している店もある。それほど数は多くないが、オールドクロップやそれを焙煎した珈琲豆＝オールドビーンズ、さらにオールドビーンズを使って抽出したオールドコーヒー／熟成珈琲は、現在でも高値で販売されている。

銀座のカフェ・ド・ランブル［⇩83頁〜］では、一〇年以上エイジングした（熟成し香味が出るようになった）ものだけを「オールドコーヒー」と表示している。オールドには、ランブルのメニューで「★」印と収穫年が付けられている。ちなみに、オールドを店内で注文して飲むことはできるが、焙煎した豆を買うことはできない。豆売りではコスト的に見合わないのか、或《ある》いは、オールドコーヒーは抽出の仕方が難しいので敢《あ》えて豆だけの販売をしないのかもしれない。実際、カウンターに座り、オールドとそうでない珈琲の抽出を見比べると、オールドを抽出する際には、湯の落とし方がより慎重というか、丁寧になされていることが分かる。ランブルで一三年修行した後、「カフェ・スタイル・コジロウ」を開いた小島浩一郎《こじまこういちろう》店主《マスター》［⇩後述の第6章339頁～］の言によれば、「オールドのほうがお湯が走りやすい」ということになる。「抽出の仕方が難しい」などと偉そうなことを言っても、私自身がオールドを抽出した経験はまだないので、言葉で説明するのは難しい。珈琲粉に湯を落とす際、通常よりも丁寧に適切に、スムーズに落とさないと、オールドコーヒーそのものが持っている独特な味を引き出せないということだろう。そのくらい繊細な味なのだ。

尤《もっと》も、ランブルのマスター・関口一郎氏は、オールドだけでなく、そもそも「焙煎した珈琲豆を販売することにも反対した」とのことである。確かに、自家焙煎珈琲店では、焙煎と抽出とは「美味しい珈琲」を作りあげる一連の作業である。念入りに選定した生豆を丹精込めて焙煎し、その珈琲豆を不特定の人々へと引き渡してしまうのは、途中で作業を放り出してしまうようで、心許《こころもと》ないのかもしれない。つまり、どれほど手間と技術を駆使《くし》して焙煎した珈琲豆であっても、抽出作業がきちんと行われなければ、適切な味にはならないのである。

さて、コーヒーの生豆はgreen beansと呼ばれるように、収穫・精製直後は淡い緑色系であるが、時間の経過とともに白色系へと変色していく。そして一〇年以上経過する頃には飴色《あめいろ》へ変わっていく。ただ、飴色に変色したからといって熟成されたわけではない。オールドコーヒーとして独特な味を醸《かも》し出すようにいつ変化するのかは、焙煎して飲んでみないと分からない。ただ、コーヒーの生豆は、時間の経過とともに味が変化していく。

私の経験では、生豆の状態で保存することによって、パーストクロップと呼ばれるほど味が劣化してしまうコーヒー豆にはブラジル産のものが多い。ニュークロップと比較して、格段に香味が抜けてしまうことが多いのだ。といっても、ブラジル産の全てがエイジングに向かないというわけでもない。あくまでも一般的な傾向である。多くの生豆は時間の経過とともに、マイルドというかソフトというか、角角《かど》しさがとれ、味が熟《う》れていく感じになる。特にニュークロップの状態で水分量を多く含んでいて、味に尖った感じがあったりバランスを欠いているように感じる豆は、一定期間保存することで、飲みやすくなることが多い。エイジングは「涸《か》らす」とも言われるが、飲みやすくするために保存することは、熟成《エイジング》と呼ぶより、「涸らす」と呼んだほうが適切ではないかと思う。なぜなら、熟成珈琲《エイジングコーヒー》は、誰が飲んでも美味しいと感じるような飲みやすいものではなく、エイジングした結果として独特《ユニーク》な味を醸し出すところに魅力があるからだ。

私は、ランブルへ行くとたいてい一杯はオールドを飲むことにしている。メニューにある全てのオールドは飲んでみたが、珈琲の種類ごとに「好きなもの／苦手なもの」とに分かれる。正直言って全てを美味しいと感じて飲めるわけではないが、苦手なものであっても「オールドは凄《すご》い」と感じることが多い。それは、エイジングしなければ決して出せないであろう味――たいていは独特の酸味――が出ているからである。尤《もっと》も、「二〇年、三〇年、四〇年も前に収穫された珈琲を飲んでいる」という何とも言えない贅沢《ぜいたく》な気分に浸《ひた》ることも、オールドを味わう際の大きな魅力であることは確かである。

一方、二〇〇九年の日本スペシャリティコーヒー協会の年次大会「ＳＣＡＪ２００９」では、ニュークロップ固有の美味しさがあるということを初めて知ることができた。生豆を販売している業者のブースで、収穫・精製直後にブラジルから日本へと空輸されたコーヒーを試飲した際に、驚くほど豊かなフレーバーを感じたのである。同じ農園で収穫されて半年以上経過したコーヒーと飲み比べると、ニュークロップは驚くほど香味が豊かだった。同時に、「ブラジル産のコーヒーがエイジングに向かない」と言われる理由も何となく分かる気がした。従来、産地からgreen beansを空輸するなどは考えられないことであったが、green beansの輸送と流通が変化することによって、今後、珈琲の愉《たの》しみ方も変わっていくことを予感させる体験だった。

さて、珈琲の味として「ニュークロップが優れているのか、それともオールドコーヒーが優れているのか」という問いを立てることは、適切でないと考える。なぜならば、両者は全く違うカテゴリーの香味を有する珈琲だからである。ただし消費者の立場からすれば、「それぞれのコーヒー豆がいつ収穫（精製）されたのか」という正確な日付が確認できるようになって欲しいと願う。そうでなければ、業者が抱えている在庫を単に消費者に高く売るだけのために、「ニュークロップ／オールドクロップ」という表示を使うことになってしまうからである。尤《もっと》も、日本国内で焙煎された珈琲豆でさえ、賞味期限が記されているだけで、肝心要《かなめ》の焙煎日が表示されていないのだから、国外の様々な産地からやってくるgreen beansの収穫日を消費者が正確に知ることなど、夢のまた夢である。

ところで、私はgreen beansを一〇〜七〇kg（キログラム）単位で買う。「これは」と思った豆は、袋ごと買うのだ。「個人でそんなに沢山買い込んでどうするのか」とよく言われる。まず、三割はエイジング用として保管している。勿論《もちろん》、エイジングが成功するかどうかは全く分からないけれど、保存期間が経過していくのを待つ愉《たの》しみを味わっているわけだから、失敗しても後悔はない。残りの七割は、数年かけて焙煎していく。そうすることで、味が変化していくことを愉しむのである。

「ニュークロップは焙煎が難しいから、涸《か》らしてから焙煎する人もいる」などとエイジングを揶揄《やゆ》する人も多い。けれども私は、「そういう人こそ焙煎を知らないのだ」と判断している。なぜなら、ニュークロップであってもその状態は刻々と変化しているのだから、焙煎の加減はその時々で微妙に調整するしかないからである。green beansが新しいから焙煎が難しく、古ければ簡単などということでは決してない。また、名人と呼ばれる珈琲職人たちのほとんどは、「焙煎の技術的な探究に終わりはない」と考えている。

「串打ち三年、裂き八年、焼き一生」とは鰻《うなぎ》の蒲焼職人の世界で言われている言葉であるが、珈琲の世界でも焼き＝焙煎は、一生をかけて探究するしかないのである。

ちなみに、私が好むgreen beansは、ニュークロップの状態から個性的な味を持っているものだ。単にバランスが良くて飲みやすいコーヒーは、没《ぼっ》個性的な感じがして、どうしても物足りなく感じてしまう。だから、少々バランスが悪くても、ユニークな香味を持ったgreen beansに魅力を感じる。少々尖っていたり、角角しさを感じるくらいでかまわない。さらに、ひたすら趣味で焙煎するお気楽なOWN ROASTER〔⇩61頁～、第6章263頁～〕だからこそ言えることだが、中々自分の思うようにいかない、つまり焙煎の加減が難しいgreen beansのほうをどうしても好んでしまう。尤《もっと》も、これは味の好みではなく、悍馬《かんば》だからこそ乗りこなしたいと思うがごとく、自分の焙煎技術を試したいという単なる私欲の現れにすぎない。

オールドクロップ神話

M・ペンダーグラストによる『珈琲の歴史』には、熟成珈琲に関する興味深い記述がある。少々長いが引用しよう。

> 一八八四年の『ニューヨーク・タイムズ』紙の見出しは、「どの一杯のコーヒーにも毒」と警鐘《けいしょう》を鳴らしている。ある調査によって、グアテマラとベネズエラのコーヒーが「ブルックリンにある二つの焙煎工場に運び込まれ、そこで『官製ジャワ』に見せかけるべく着色処理が施された。このごまかしは何年も前から行われていた」ことが明らかになった。その着色剤には砒素《ひそ》と鉛《なまり》が含まれていた。「慎重な分析の結果、着色され、ジャワ産と称して市場で売られていた豆を用いたコーヒー一杯には、六十分の一グレイン（一グレインは約〇・〇五グラム）の砒酸《ひさん》が含まれる計算になることがわかった。これは猛毒の物質である」。リオのコーヒーも、鈍い灰色でなくきれいな緑色になるように磨いて着色されていた。化学者たちは、「砒素を破壊するには、ほとんど白熱（摂氏一五百〜一六百度）に近い高温が必要だが、それでもなお鉛は残る」と断言した。〔…〕

有毒な着色が流行した原因は、ブラジル産コーヒーの急速な進出である。ブラジルの気候と土壌のせいで、その豆からできるコーヒーは昔ながらのジャワやモカより質が劣るため、かなり安い値で売られた。その結果、多くの小売店がブラジルをはじめとする中南米産の豆を、アラビアやインドネシア産、殊に「年代物官製ジャワ」と偽《いつわ》って売っていた。この「年代物官製ジャワ」というのは、オランダ政府によって七年かそれ以上、倉庫に保管されていたコーヒーのことである。その間に豆は熟成して柔らかくなり、茶色みを帯びてくる。このコーヒーは古い上質のワインと同様、特に高い値がつくので、わざわざ偽物を作るだけの価値があるのだ。

［ペンダーグラスト『コーヒーの歴史』、二〇〇二年、一〇〇〜一〇一頁、『　』は原文のママ］

毒入りコーヒーとは何とも恐ろしい話だが、外見上の見た目だけで、生豆の状態の良し悪しを判断してしまうことが、「着色」による偽装《ぎそう》という結果を招いたのだろう。実際、green beansの良し悪しを焙煎してみないで判断することは難しいけれども、視覚だけでなく触覚や嗅覚と合わせて「色」、「手触り」、「香り（匂い）」を判断していれば、少なくとも薬品による着色偽装程度は容易に見抜けたはずである。

さて、ペンダーグラストの記述を読むと、意外にも一九世紀後半のアメリカでは、オールドコーヒーが高い価値で評価されていたことが分かる。「意外にも」と言うのは、近年、コーヒー業界で流布されている「新しいgreen beansこそ良い」というニュークロップ神話は、アメリカのコーヒー業界が中心となって広めてきたからである。

　余談だが、ニュークロップ神話がアメリカから発信されたのは、第一次世界大戦期にブラジルとアメリカとの間でなされた政治的な――アメリカ側に味方すればブラジルからコーヒー豆を優先的に輸入するという――取引に起因している、と私は考えている。なぜなら、ペンダーグラストだけでなく多くの人たちが、「ブラジル産のコーヒーはエイジングに適さない」と記しているからである。おそらく、アメリカのコーヒー業者が、ブラジル産のコーヒーを大量に仕入れたものの、捌《さば》き切れずに劣化させてしまい、着色して偽装したのだろう。また、ジャワ島では、一九世紀後半にアラビカ種が葉銹病《はさびびょう》で壊滅《かいめつ》的な状態となり、病気に強いカネフォラ（ロブスタ）種の生産へと切り替えたことで、ジャワ産のアラビカ種が品薄になったことも関係していたかもしれない。きっと当時、「年代物官製ジャワ」は既に幻のコーヒー豆となりつつあったのだ。

　着色偽装を別にして、ペンダーグラストの記述で興味深いのは、一九世紀のアメリカにはgreen beansを小売するコーヒー業者が存在していたということである。つまり、当時のアメリカには、小売店でgreen beansを購入し、自宅で焙煎する人たちが相当数存在していたということだ。

　貿易商・星隆造《ほしりゅうぞう》［⇩158頁〜］が一九三二年に著した『カフェ經營學《けいえいがく》』は、珈琲店としてのカフェ◀1に関する経営手法を説いた書物であるが、その中に、熟成珈琲に関する以下の記述がある。

始めての店で珈琲を買ふには其《その》店を一度試す方がよい。試めし方は次の様《よう》に。
買手「生珈琲は年數《ねんすう》が經《た》つ程《ほど》良くなるか」
食品店「然《しか》り」
買手「焙煎されるや直ちに風味、芳香《ほうこう》を失ひ始めるか」
食品店「然り」
買手「磨碎《まさい》は風味の消散《しょうさん》を早めるか」
食品店「勿論《もちろん》です」
買手「それなれば新鮮な焙豆の少量を購入し使用前に挽《ひ》く方がよいか」
食品店「確かに御說《せつ》の通りです」
こんな風に食料品店が答へるならばもう安心して萬事《ばんじ》まかせるのが一番よい。

〔星隆造『カフェ經營學』、一九三二年、二三二頁〕

星の記述を見れば、一九世紀のアメリカと同じように敗戦前の日本でも、コーヒーの生豆は業者の間で「年數が經つ程良くなる」と考えられていたことが分かる。

それでは敗戦後の、熟成珈琲に関する記述を見てみよう。

珈琲研究の古典的名著と評価されている『珈琲記』で、井上誠《いのうえまこと》〔⇩161頁～〕は次のように述べる。

例えば浅《あさ》い焙《い》り方とします。そしてどの豆でも浅く焙りさえすれば常に同型の柔い味が得られるかといえば、決してそうではなく、同地産の豆でもそれが採取《さいしゅ》されてから年數《ねんすう》が相當《そうとう》經《た》つていて豆の落付《おちつ》きが出來ているものと、採取されてからまだ年數も浅く、どこか粗剛なものとでは、決して同じ結果は得られないのです。

モカの例について見れば、その最も良質のもので、採取後四、五年以上のものを浅く焙り、四匁《もんめ》も使用してあつさりと立てたものは、美麗に立てた極上の紅茶にも似た淡々とした色調を示し、匂《におい》高いその滑らかな液體《えきたい》は、甘酸を主調とした極く柔い苦みを呈して、それこそあつというほどの絶品となります。しかしあまり若すぎるものでは、同様の方法ではその主調は圓熟《えんじゅく》しない酸味が勝《か》つて、味わいの調和は得られません。▼2

〔井上誠『珈琲記』、一九五〇年、一二四～一二五頁〕

このように、井上の『珈琲記』では、熟成珈琲の絶品さが主張されているだけでなく、収

1―― 前章でふれたように〔⇩142頁～〕、当時の日本では、珈琲店としてのカフェではなく、女給によるサービスを競った所謂「カフェー」文化の方が盛んであった。

2―― ちなみに一匁《もんめ》は三・七五グラムに相当するので、ここで井上の推奨する四匁は丁度一五グラムとなる。

穫・精製間《ま》もないニュークロップは若すぎて、円熟しない酸味によって味に調和がない、とまで書かれている。ただ、「収穫後四、五年」というのは、エイジングとしては若干短いようにも感じる。けれども、当時、多くのコーヒー産地では、green beansを収穫後すぐに出荷せずに、一定期間（数年間）保管してから出荷することも多かったので、井上の言う「四、五年」は、現在のそれより長期間を意味しているのかもしれない。いずれにしても、かつては「良質なコーヒー（の生豆）は涸《か》らした／熟成したほうが良いと考えられていた」と言えるだろう。

ニュークロップ至上主義

帝国飲食料新聞社が一九六五年に発行したコーヒー業界人向けの書物における、熟成珈琲に関する記述をさがすと、以下のように二つの項目が記されている。

エイジド（aged）〔熟成〕

コーヒー豆の味やこくを一層望ましいものにするため、比較的冷たい、乾燥した条件下で、生豆を貯蔵する事。単なる貯蔵或《ある》いはオールド・クロップと混同してはいけない。

〔谷川盈編『コーヒー　紅茶辞典』、一九六五年、四〇頁〕

オールド・ガバーメント・ジャバ（Old Government Java）

昔ジャバ及びスマトラ島の土民《ママ》の農園で生産され、オランダ政府によって貯蔵されたコーヒーを指す言葉で現在は存在しない。コーヒーを貯蔵するのは丁度ブドウ酒の場合と同様に年が経つにつれて味が良くなるからである。

純正の「オールド・ガバーメント・ジャバ」は充実した大きな豆で、暗褐色を呈し、液にすると丸味を帯びた、こくのある秀れたコーヒーであったといわれる。

〔同書、四八頁〕

この記述を見ると、先に引用したペンダーグラスト著『コーヒーの歴史』に書かれていた「官製ジャワ」が既に存在しないことが記されていることに加えて、「コーヒーを貯蔵するのは丁度ブドウ酒の場合と同様に年が経つにつれて味が良くなるからである」とまで明言されていることを確認できよう。

けれども、同じく帝国飲食料新聞社が二〇〇三年に発行した業界本では、熟成珈琲に関する記述が一八〇度変化している。

エイジド　コーヒー（AGED COFFEE）

コーヒー生産国において、一定の条件下（温度二〇〜二五度、湿度四〇〜五〇%前後）により、少なくとも船積出荷される前の一〜三年間、生豆の状態で保存されたコーヒー豆。湿度は黴《かび》の発生につながるので注意が必要である。インドネシアのスラウェシ島やスマトラ島で生産されるカロッシ等で、そこで生産している農民の農場は、精々《せいぜい》一－三エーカーしかない小農民。彼等が現金が必要な時に売る為《ため》の豆を保管している。これをコーヒー専業者が保管すれば、保管費用、金利等がかさばり高価になる。従って彼等によって、〝一般的には産地の山奥で〟保管された豆は、チョコーレート色になり、独特の風味があるという能書きを書いて販売していた時期があったが、ビンテージを云々するワイン等とは基本的に違い、コーヒーは野菜類等と同様、時間の経過と共に品質は劣化する。更《さら》にエイジドコーヒーは、年月が過ぎれば過ぎるほどボディや酸が限りなくゼロに近くなる。中南米のウォッシュドコーヒーでは、パーチメントで保管する場合が多いが、それは輸出するまでの期間に出来るだけ品質の劣化を防ぐ為《ため》である。

［帝国飲食料新聞社『コーヒー大辞典 第三刷』、二〇〇三年、二四頁］

オールド　クロップ（OLD CROP）

NEW CROP（当年産）、PAST CROP（前年産）、PAST CROP以前に生産されたコーヒーで、マニアの一部の人から要求される。十分に乾燥しており、とりたてて特長がないが、ブレンド用に重宝する人もある。

〔同書、三九頁〕

一九六五年の辞典で「ブドウ酒の場合と同様」だと評価されていた熟成珈琲が、二〇〇三年になると、「ワイン等とは基本的に違い」、「時間の経過とともに品質は劣化する」とまで酷評《こくひょう》されている。また、「エイジドコーヒー」と「オールドクロップ」とをどのように区分けしているのかは不明だが、エイジドコーヒーを「劣化する」と評し、オールドクロップを「とりたてて特長がない」とけなしている。「劣化する」と「特長がない」とでは大違いだ。おそらく、エイジドコーヒーとかオールドクロップを否定する目的だけで記述されたのだろう。

同じ出版社によって編纂《へんさん》された二つの辞典で、これほど記述が異なるのは、二つの辞典が発行された一九六五〜二〇〇三年までに、日本のコーヒー界における熟成珈琲に対する評価が真反対に変わったことを示している。或《ある》いは、コーヒー界が何らかの理由で、熟成珈琲に対する評価を変えようとした、いうほうが正確なのかもしれない。

日本コーヒー文化学会によって編纂された『コーヒーの事典』では、「現実的事例は少ない」と言いながら、敢《あ》えてエイジングを否定する項目が設けられている。

エイジング（その1）　一般には農産物をある一定期間、温度、湿度管理し、保存しておく意味だが、コーヒーは熟成に適した農産物ではなく、現実的事例は少ない。ワインのようなビンテージ商品ではなく、年月の経過が酸味やコクを減少させ、香味を減少させるという考え方は産地、消費国とも共通である。日本ではこれらをよいとする考えも一部にあるが、品質のよいコーヒーの本来の香味や個性を表現する考え方には反する。渋味や酸味が強すぎるため味が抜けて飲めるようになるまで時間をかけるといった発想から生まれたものと推測される。生産国でも輸出するまでの間、パーチメントで保管することはあるが、それ以外の目的で保管することはほぼない。

〔日本コーヒー文化学会編『コーヒーの事典』、二〇〇一年、二九頁〕

先に引いたように、アメリカで有毒な着色まで施された贋物《にせもの》まで出回り、日本でも珈琲について書かれた本で頻繁《ひんぱん》に記述されている熟成珈琲について、「現実的事例は少ない」という明らかな虚偽が『辞典』に記述されているのは、何故だろうか。

帝国飲食料新聞社の『辞典』にある「コーヒー専業者が保管すれば、保管費用、金利等がかさばり高価になる」という記述に、その理由を推量することができる。倉庫に保管する費用だけでなく、何年もかけてエイジングしても独特な香味を醸《かも》し出す熟成珈琲になるとは限らないし、黴《かび》などが発生してしまえばそれこそ丸損《まるぞん》なのだから、エイジングは商売になりにくいのだ。

数十店もの加盟店を率いるバッハグループの田口護《たぐちまもる》（一九三八年〜）代表も、二〇〇三年に刊行した自著で、エイジングを否定する持論を展開している。

日本にはワインのヴィンテージ物のように何年か定温倉庫で寝かせた豆を焙き、オールドコーヒーと銘《めい》打つ店もあるが、コーヒー先進国である欧米では、「ニュークロップ・オンリー」、すなわち当年物だけでつくったコーヒーが今も昔も高級品とされている。新豆の方が味、香りともに格段に優れているという理由からだ。〔…〕さてビンの中に酵母《こうぼ》が生きているワインであれば熟成もしようが、脱穀《だっこく》した後のコーヒー生豆ではいくら寝かせても決して熟成することはない。〔…〕新米をわざわざ古米にして食べる人間はいない。コーヒーも鮮度の高いもののほうが健康的であることは確かだろう。

〔田口護『田口護の珈琲大全』、二〇〇三年、三八〜三九頁〕

ところが、ある会合〔二〇〇五年〕で、カフェ・ド・ランブルの関口一郎〔⇩83頁〜〕氏を前にした時、田口護氏は持論をあっさり翻《ひるがえ》している。

田口：〔…〕関口さんのオールドコーヒーなどは、ほとんど他国に類《るい》を見ないくらい個性が突出してる。私がめざす方向性とは違っていますが、違っているからこそ自分のコーヒーを客観的に見つめ直すことができる。これはこれでありがたいことだと思っています。いずれにしろ、日本のコーヒー文化をより重層的に豊かにしていることは間違いないことだと思います。

〔嶋中労・標交紀・田口護・関口一郎「日本の自家焙煎を切り開いた男たち」、『コーヒー文化研究』12、二〇〇五年、四七頁〕

田口氏は「私がめざす方向性とは違っています」と断ってはいるが、オールドコーヒーを「個性が突出している」と評価している。その方向性の違いとは、ニュークロップ／オールドクロップということではないだろう。バッハとランブルとが決定的に違うのは、ペーパードリップ／ネルドリップという抽出法にある。

ペーパードリップは、ネルドリップを色んな意味で簡易化したもので、ネルのような面倒な手入れが必要なく、使い捨て且《か》つ簡便《かんべん》であり、それゆえにレギュラーコーヒーを大衆的な普及へと方向づけた抽出法である。一定のマニュアルを覚え、ペーパーを使用すれば、ほとんど誰でも比較的簡単に一定の味の珈琲を抽出することができる。

一方、ネルドリップは、ネルの厚みや縫《ぬ》い方も多様、抽出法も様々であり、自在に濃度を変えたり、抽出によって多様な香味の珈琲を作り出したりすることができる。ただ、ネルは使った後、真水《まみず》に浸けて保存したり、使う頻度に応じて煮沸《しゃふつ》したり、たとえ使用しなくても浸け水を毎日取り替えたりと、かなり手間がかかるのである。

ペーパードリップ抽出が珈琲の大衆化に大きく寄与したのに対して、ネルドリップは、言わばマニアックな抽出法なのである。だから、ペーパーとネルとを比較して、優劣を議論することは適切ではない。そもそも、目的とする味のレベルが違うのである。ペーパードリップでどれほど適切に抽出された珈琲であっても、ネルドリップで適切に抽出された珈琲には到底及ばない。勿論《もちろん》、ネルの取り扱いには、ある程度熟練が必要となるので、ペーパーほど簡単に誰でも美味しく抽出できるとは限らない。

ところが、ニュークロップとオールドクロップは、品質のレベルの違いではなく、それぞれ別々のカテゴリーの香味を有しているのだから、それらを味のレベルで比較することは不適切なのだ。

収穫・精製されて直ぐに出荷されたニュークロップと、一〇年以上定温湿倉庫で保存された生豆オールドクロップとを、同じ味覚の基準によって「美味しい／不味い」と判定することはできない。勿論《もちろん》、価格に換算すれば、コストがかかっているオールドクロップのほうがニュークロップよりも高くなるのはやむをえない。また、どちらを好むのかは人それぞれで、好きか嫌いかの違いはあろう。しかし、もともと異なるものについての美味しさに差を設けることはできないのだ。

けれども、既に世界的な珈琲市場でも絶無に近い状況にある熟成珈琲を否定しようとする言《げん》説《せつ》が現在でも頻繁《ひんぱん》に出現するのは、オールドクロップの存在自体を不都合だと考えている人たちがいるからだろう。

まず、現在のコーヒー生産地や輸入業者などコーヒー業界にとって、保存するための費用がかかり、保存しても確実に良い珈琲豆になるわけでもない、という高コスト・高リスクのエイジングは、大量生産‐大量消費を原理とする商売としては採算が合わない。さらに、「美味しいコーヒー」をニュークロップ神話へと方向づけなければ、市場価格の統制にとって不都合なのである。つまり、コーヒーの消費コードを、「ニュークロップこそが美味しい」というニュークロップ至上主義の下で構成しておくことが、珈琲の市場価格を高く保っていくのに好都合だったのだと言ってもいいだろう。

熟成珈琲とニュークロップ、「どちらが美味しいのか」、「どちらが良質なのか」という議論はさておき、ここで私が明らかにしたかったことは、熟成珈琲に関する言説《げんせつ》の変化をみれば、珈琲の味覚が生豆の状態をめぐっても「社会的に構成されてきた」という事実であり、その構成過程においては、業界という市場の力が働いてきたという、味気ない現実である。味覚が社会的に構成されるというのは、「どのような珈琲が美味しいのか」に関して、一定の情報が大量に流されること(宣伝)によって、「美味しさ」が方向づけられていくことを意味している。オールドコーヒーに関しては、もともと稀少《きしょう》だったことに加えて、商業的な採算性が難しいことから——ごく少数の通《マニア》を除いて——一般の市場からは消えてしまっている。次章で論じることになるけれども、コーヒー産業界で「スペシャルティコーヒー」という旗艦《きかん》商品が大々的に宣伝されている今日の状況を考えると、近い将来、オールドコーヒーという稀少性が新たな旗艦商品として宣伝されてもおかしくない。なぜなら、旗艦商品とは、珈琲の価格を高い水準に引き上げるための広告塔だからである。

ところで、焙煎日さえほとんど不明の状態で販売されている珈琲豆を見て、一般の消費者が「ニュークロップ／オールドクロップ」の区別をどうして見分けられるのだろうか？　生豆の状態であれば、それが新しいか古いかを見分けることは難しいことではないかもしれないけれども、焙煎された珈琲豆・粉を見ただけでは、新しいのか／古いのかは、まず分からない（と思う）。

近代珈琲

珈琲は近代を象徴する嗜好品《しこうひん》飲料であり、カフェ文化は近代社会の幕を開けた文化である。ジャーナリズムも証券取引所も保険会社もコーヒーハウスから誕生し、西欧の市民革命はカフェから起こり、近代文学・芸術はカフェを拠点に花開いた。

十七、十八世紀のコーヒーハウスはそのもっとも重要な社会的機能を発揮する。コミュニケーションの場を提供したのである。十七、十八世紀の人々は、商売をするためだけにコーヒーハウスに通ったのではない。政治や文学の問題を論じるためでもあった。店には、何種類もの新聞がおかれ、そして読まれた。コーヒーハウスと新聞、コーヒーハウスとジャーナリズム、コーヒーハウスと文学、こうした対句はその頃から好んで口にされたことばであり、そしてまた二十世紀に至るまで長く人口に膾炙《かいしゃ》したのである。〔シヴェルブシュ『楽園・味覚・理性――嗜好品の歴史』、一九九八年、五九〜六〇頁〕

W・シヴェルブシュはその著作で、アルコールとの境界線が曖昧《あいまい》だったコーヒーが、一七世紀中庸からアルコールと一線を画した近代的嗜好品となっていくプロセスを描いている。彼によれば、この時代に万能薬として費消《ひしょう》されたコーヒーには、備わっていない効能などなかった。例えば「食欲を刺激する／食欲を抑制する」、「眠気を取る／睡眠を促進する」などなど。しかし、それらのプラシーボ（気休め薬）の最大の効能は「さめ」と「さます」であると言う。すなわち、酒の酔いを醒《さ》まし正気に目覚めさせ、性欲を抑制して精神的興奮を覚醒する、という非科学的なイデオロギーであり、それは「さめと禁欲」という「清教徒的禁欲主義のスローガンである」〔同書、三九〜四〇頁〕。ホットな飲み物＝珈琲は、飲む者をクールにしたのである。

確かに、シヴェルブシュが近代化のプロセスに見出した、コーヒーによるプラシーボ効能は、現在でもコーヒーに対するイメージとして商業的に宣伝され、多くの人々を惹《ひ》き付けている。朝に一杯の珈琲で眠りから目覚め、午後の気怠《けだる》さを珈琲で追い払い、議論の興奮を珈琲で冷まし、夜の睡＝酔魔を珈琲で醒ますのは、現代でも執《と》り行われている儀式である。

「儀式」に関してシヴェルブシュは、西欧の宮廷的・貴族的社会にとって重要なのは、コーヒーそのものではなくコーヒーを愉《たの》しむ儀式的なスタイルであり、「形式が内容を駆逐《くちく》するのである」と指摘している［同書、二〇頁］。彼の言う形式とは、コーヒー専用の磁器セットやコーヒーテーブルなどを用いて、宮廷・貴族文化で豪奢《ごうしゃ》を競った飲用スタイル＝儀式を意味しており、「さめ」、「さます」というコーヒーのイメージとしての効能をも併《あわ》せ持つものである。現在でも、コーヒー飲用のスタイルは、コーヒー専用の磁器・器具を使用するという形で継承されるとともに、コーヒーの「さめ」、「さます」という宣伝広告を通じて日常的な儀式として習慣化されているのである。

けれども、ここで私がこだわってみたい内容は、珈琲の味であり、スタイルや効能を求めた飲用から「美味しさ」を追求する飲用への変化である。

一七六三年、フランスのサンバンディに住む錫《すず》細工師のドンマルタンが、あるコーヒー沸かし器を発明する。内側には〝目の詰まった布の袋がそっくり入っており〟、コーヒー液を取り出すための注ぎ口がついている。沸騰させずにコーヒーをたてる方法の発明が、この頃のフランスに数多く出現するが、ド・ベロワのコーヒー沸かし器が登場するのは一八〇〇年になってからである。これはフランス独特のドリップ方式であり、浸透式のコーヒーのたて方への新たな一歩を示すものである。

［ユーカーズ『オール・アバウト・コーヒー　コーヒー文化の集大成』、一九九五年、六八三頁］

フランスで発明されたコーヒー沸かし器は、コーヒーの残滓《ざんし》を除去するために追求されたものだった。その追求の過程で、コーヒー粉を熱湯の中で「煮出す」という古典的な抽出法よりも、「濾過《ろか》する」というドリップ抽出法のほうが、美味しい珈琲をつくれると分かったのである。ドゥ・ベロワの発明したコーヒー沸かし器は「ベロワポット」と呼ばれるが、その発明は、それまでのターキッシュ（トルコ式）抽出からドリップ式抽出へと転換させる画期的なものだった。宮廷・貴族的スタイルで珈琲を愉《たの》しむことや、「さめ」、「さます」という効能のために珈琲を飲むことに加えて、珈琲の「美味しさ」を味わうという新しい嗜好《しこう》が登場したのである。

美味しさを追求する嗜好品となった珈琲を、ここでは「近代珈琲」と呼ぶことにする。近代珈琲は、珈琲粉の残滓を取り除いた液体として、透明感の高い、雑味《ざつみ》のない飲み物となるように美味しさが追求されていくのである。

珈琲一杯に使用する豆を六〇粒と決め、毎回正確に数えていたことで知られているベートーベンは、自宅に訪れた客に対しても珈琲を自分で淹れないと気が済まなかったらしい。▼3 また、一日に数十杯の珈琲を飲んだとされるバルザックは、お気に入りのブレンドを作るために、いくつもの種類の珈琲豆を求めて、複数の店からわざわざ取り寄せていたらしい。美味しい珈琲を追求する珈琲通《マニア》も、近代珈琲の登場とともに誕生したのである。

「美味しい」とは何か？——味覚の社会的構成／味覚の基準

飲料としての珈琲を作るためには、次頁の図11のような焙煎→粉砕《グラインド》→抽出という作業工程を経る。その際、美味しい珈琲を作るための技術は、抽出→粉砕→焙煎という形で遡《さかのぼ》っていくことになる。なぜなら、抽出法を習得することを通じて味覚の基準が自分の中で構成され、

3――大の珈琲好きだったと言われているベートーベンの逸話については、第2章の79頁でも取り上げている。「彼［ベートーベン］にとってコーヒーは欠かすことのできない食品で、［…］豆六十粒をもってコーヒー一杯分とするのが常だったと伝えられるが、楽聖のこの処方で美味しいコーヒーが得られるか否か、各人お試しになってはいかがであろうか。」［平田達治『ウィーンのカフェ』、一九九六年、一〇頁］

その味覚の基準をもとに今度は、粉砕するグラインダーの精度の高低によって抽出液の透明感が左右されることが分かるようになり、その結果、焙煎技術を追求していく方向性を確認できるようになるからである（第２章の「味覚の基準をつくる」の節［⇩87頁〜］も参照）。

それでは、この「味覚の基準」とは一体何なのか？

勿論《もちろん》、それは美味《おい》しさの基準ではあるが、各人それぞれの感じ方が違うにも拘《かか》わらず、個々の勘《かん》や主観にとどまらない「味覚の基準が存在する」と述べる場合、それはどのような判断力として理解・記述できるのだろうか？

回転寿司で一皿一〇〇円の鮪《すし》を食べて、「美味しい」と評価することもあれば、一貫

図11　焙煎から抽出に至るまでの作業手順

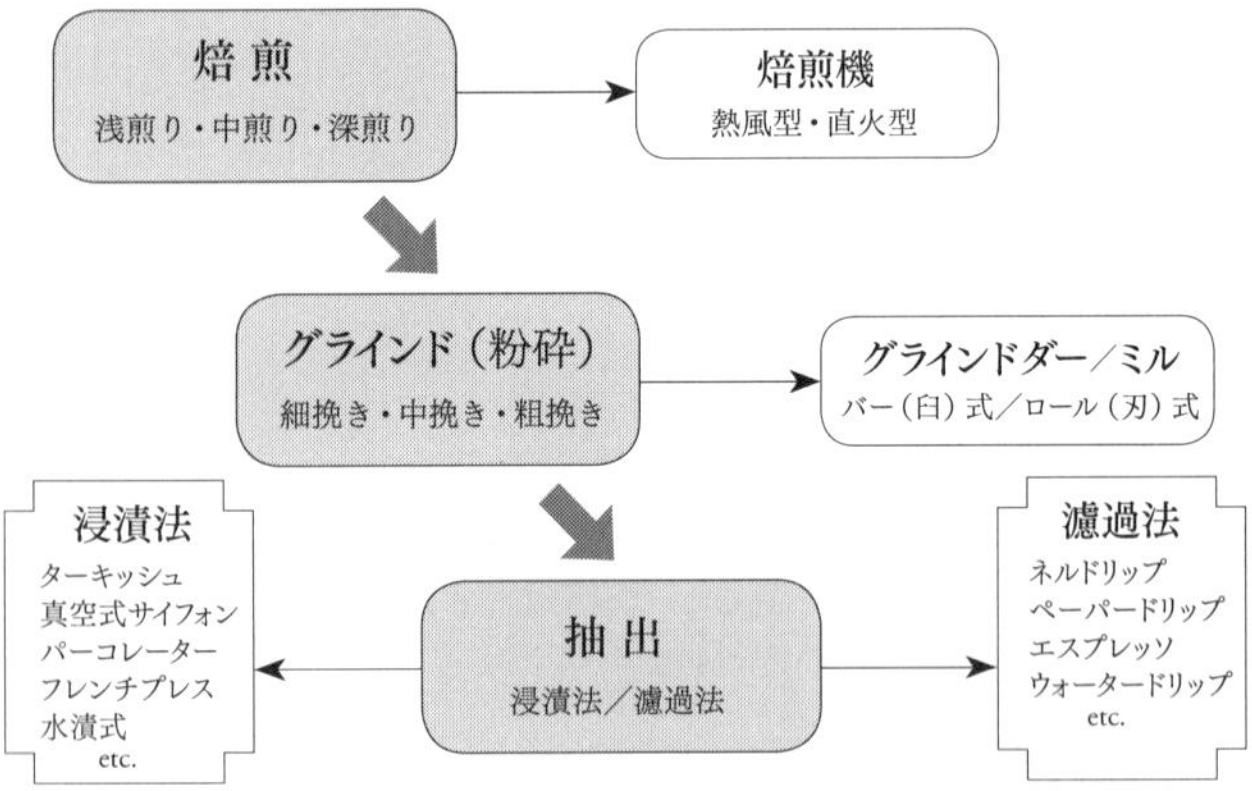

一、〇〇〇円の大間《おおま》の鮪であっても「それほどでもない」と不満を感じることもある。消費者としては、支払った対価が大きければ大きいほど、見返りとして求める味の評価には当然厳しくなる。尤《もっと》も、飲食店へ支払った対価に対する客の評価が、味だけではなく、店全体（立地、サービス、内外装、食器……等々）についてなされるのは、言うまでもないことだ。ちなみに、一般に満足度は、期待度が低ければ低いほど高くなる傾向があり、逆に期待度が高ければ高いほど低くなる傾向がある。最初から期待していなければ、何でも諦《あきら》めてある程度満足するしかないし、期待しすぎれば少々のことでは中々納得いかず、満足もできないのだ。ただ、ここでは、あくまでも味だけにこだわって、味に限定して「美味しい」基準を考えてみたい。

原宿にあった「ピテカントロプス・エレクトス」（一九八二～一九八四年）という日本初めてのクラブを宮沢章夫《みやざわあきお》は、「かっこいい」と価値づけることにこだわっている。

「かっこいい」ということをいろいろ分析して考えてみると、「ある価値観によって形成された美学」というふうに言える。でも、この「ある価値観」というのがきわめて曖昧で、「ある価値観、って言われてもねえ」ということになるでしょう。〔…〕ある人にとっての「かっこいい」は、別の人からみたら、まったく「かっこよくない」になる。

〔宮沢章夫『東京大学［80年代地下文化論］講義』、二〇〇六年、二一一～二一二頁〕

宮沢は、思想家・柄谷行人《からたにこうじん》の著作『トランスクリティーク』における「カントの趣味判断」に関する考察へと言及し、「何かヒントはあると思う」と書いている。カントとは、ドイツの哲学者の、あのイマヌエル・カント（Immanuerl Kant 一七二四〜一八〇四年）のことである。ここでは、宮沢の「ピテカントロプス・エレクトスのかっこよさ」にこだわる視点をヒントとし、「クラブ」を「珈琲」へと、「かっこいい」を「美味しい」へと置き換えて、味覚の基準を検討してみよう。

カントは『判断力批判』で以下のように言っている。

> 彼が、「カナリヤ諸島の葡萄酒《ぶどうしゅ》は快適である」と言った場合に、はたの人がこういう言い方を訂正して、彼は「この葡萄酒は私にとっては快適である」と言うべきであると注意すれば、彼はこの注意を尤《もっと》もだとして喜んで納得するのである。〔…〕してみると他の人達の判断が我々の判断と違っているからといって、他人の判断が我々の判断とあたかも論理的に対立しているかのように解し、これを正しくないと非難する底意から、とやかく言い争うのは愚かなことである。それだから快適なものに関しては、各人が各様の趣味をもっている〔趣味はさまざまである〕という原則が当てはまるのである。
>
> 〔カント『判断力批判（上）』、一九六四年、八六〜八七頁〕

ここでカントが葡萄酒について述べていることは、そのまま珈琲に関してもそっくり当てはまる。「私にとってこの珈琲は快適である（美味しい）」という個々人の主観的な判断を論理的に批判しようとすることは、愚かなことに違いない。たとえば、焙煎後数ヶ月経《た》って酸化した珈琲を「私はこれが好きなの」という人に対して、「そんな腐ったものよく飲めるね」と言うことはできても、その好みを否定して「飲むのをやめなさい」と諭《さと》せば、それは余計なお世話だ。「蓼《たで》食う虫も好き好き」なのだから、そのひと個人の私的な好みに関して、他人がとやかく言う筋合いはない。

けれども、カントはすぐに続けて、「快適」と「美」とは異なると言う。

> ところが美については、事情はまるで違ってくる。仮りに自分の趣味のよさをいくらか自負している人が、自分の考えの正しいことを証明するつもりで、「この物（我々の見ている建物、彼の着ている衣服、我々の聴いている演奏会、批評を求めるために提出された詩等）は、私にとっては美しい」と言ったとしたら、（快適の場合とまるっきりあべこべで）いかにも笑止であろう。もしその物が、彼に対してだけ快いものなら、彼はそれを美と呼んではならないからである。
>
> ［カント、前掲書、八七頁］

カントの言う「快適」と「美」との違いを珈琲にあてはめてみれば、「私はこの珈琲が好きだ」

と言う場合と、「この珈琲は美味しい」と言う場合の違いになる。つまり、前者は、主観的な好みを述べているにすぎないけれども、後者の言い方には、ある種の普遍性が込められている。さらにカントは、「快適」に関しても、「一般的規則」なるものが存在しているけれども、その一般的規則は、美に関する趣味判断が確立しようとする「普遍的規則」ではない、と言う。

　或る人が(ありとある感官的享楽《きょうらく》を与えるような)快適な事物をもって、自分のお客様を供応し、満座の人達に快いようにもてなすすべを心得ていれば、我々は彼を評して「あの人は趣味がある」と言うのである。しかしこの場合における〔適意の〕普遍性なるものは、比較的〔相対的〕な意味しかもたない、つまりそこにあるのは一般的(general)規則(経験的規則は、すべてこのようなものである)にすぎないのであって、普遍的(universal)〔即ちア・プリオリな〕規則ではない、しかし美に関する趣味判断が確立しようとするところのもの、或《あるい》は要求するところのものは、まさにこの普遍的規則なのである。

〔同書、八八頁〕

ここでカントが言っていることは、おおよそ以下のように解釈すればいいだろう。たとえ、その場にいる皆が「この珈琲は美味しい」と言っても、それはその場にいる人達があくまでも自分たちの経験にもとづいて美味しい、と相対的に判断した一般的規則にすぎない。

けれども、その場の人々の経験（一般的規則）にもとづいた「相対的な美味しさ」にとどまらないような「普遍的美味しさ」があるのだと。

しかし、カントの言う「趣味判断の普遍的規則」については、まだ曖昧《あいまい》さが残る。宮沢章夫もカントの「趣味判断の普遍性」の曖昧さに関して以下のように述べている。

こういうことを「趣味判断」という批評的な言辞《げんじ》として語っているものの、カントがその本質をとらえていたかはやぶさかではない。むしろ「曖昧で、わからない」と言葉にし、明確にはそれを規定していないかのように語っているようにも思えます。

〔宮沢章夫『東京大学「80年代地下文化論」講義』、二〇〇六年、三〇頁〕

一体、「趣味判断の普遍的規則」を可能とするものは、何なのか。柄谷行人は、「超越論的な他者」だと解釈している。

重要なのは、カントが「普遍性」を求めたとき、不可避的に、「他者」を導入しなければならなかったこと、その他者は共同主観性や共通感覚において私と同一化できるような相手ではないということである。それは超越論的な他者（神）ではなくて、超越論的な他者である。そのような他者は「相対主義」をもたらすのではなく、それのみが普遍性

を可能にするのだ。　〔『定本 柄谷行人集3　トランスクリティーク――カントとマルクス』、二〇〇四年、八四～八五頁〕

趣味判断の普遍的規則が「超越論的な他者」を導入して可能になるという柄谷の解釈を援用《えんよう》すれば、神に召されたような「絶対的に美味しい珈琲」ではなく、共同主観的な（人々に共通の）理解に到達するような「一般的（相対的）に美味しい珈琲」でもなく、未だ出会ったことのない他者からの批評に晒《さら》されるような「美味しい珈琲」を追求していこうとする営みの中に「普遍的に美味しい珈琲」は存すると言えるのではないだろうか。

そして、「味覚の基準」には、カントの言う「満座の人達に快いようにもてなすすべを心得た一般的規則」と「美に関する趣味判断が確立しようとする普遍的規則」とが混在している、と言えるだろう。即《すなわ》ち、一般的規則とは、「（この時代では／この地域では／このような人々にとっては）美味しい」という味覚の基準を意味する。つまり、一般的規則に従う味覚の基準は、経験的に確立された「適切さ」であり、人々が理解可能な次元に位置する「美味しい珈琲」なのである。

それでは、普遍的規則に従う珈琲とは、一体何なのだろうか？

珈琲職人の中には、自らの珈琲を洗練していくために、様々な他者の珈琲を求めて行脚《あんぎゃ》する人たちが多い。そして稀《まれ》に、自分の中で構成してきた味覚の基準では、「美味しさ」を判断できないような珈琲に出会うことがあるかもしれない。つまり、そうした珈琲は自らが経験的に確立した味覚の基準では「美味しい」と評価できないにも拘《かか》わらず、その味覚が自らが志向する「美味しさ」とは異なる方向性へと向かっていることを認識できた場合、普遍性への扉が開かれていくのではないだろうか。

実際のところ、私も珈琲店を飲み歩いていて、稀《まれ》にそうした経験をしたことがある。自分では全く美味しいとは感じられないのに、そうした味を作り出すために、わざわざ特別な技術や手順が用いられている珈琲に出会うことがあるのである。それは、自分自身が追求してきた「美味しい珈琲」を、全く別の角度から問い直すことを強いられるような経験である。それまで信じていたことは脆《もろ》くも崩れ去り、これからどのような方向へ向かっていいのかも分からず、出口の見えない迷路の中で呆然《ぼうぜん》とし立ち往生する。

或《ある》いは、こんな風に考えられるかもしれない。たとえ、市場原理に従って、美味しい珈琲の一般的規則が社会的に構成されていっても、必ず、そうした一般的規則に従わない珈琲が出現し、別格の評価がなされていく、と。こうした出来事が生起する普遍性こそは、趣味判断の普遍的規則が在することを示してはいないだろうか。

味覚の方向性——すなわち一般的規則について

多くの人々にとって珈琲は、抽出された飲料、或《あ》いは焙煎された豆という形で消費されるモノである。消費物に関する評価は、一般にそのモノの効能や品質及び値段(市場価値)とに関係づけて行われる。珈琲の場合、圧倒的にそのブランド力が市場価値を決定している、と言っても過言ではない。

珈琲ブランドを象徴する要素としては、有名珈琲店、稀少性《きしょう》、生豆の生産地および等級、サステイナブルコーヒー(オーガニック・フェアトレード・シェードツリー)、そして第5章で詳しく論じるスペシャルティコーヒー〔⇩231頁〜〕等々があるだろう。サステイナブルコーヒーとは「土壌を保全し、化学薬品の使用を禁じた手法で生産されているオーガニックコーヒー」、「最低販売価格が保障された小農家からなる農協を通じて供給されているフェアトレードコーヒー」、「森林で覆《おお》われた土地で、多様な生態系の保全や渡り鳥の保護に配慮して生産されているシェードツリーコーヒー」の総称である〔⇩237頁〜〕。また、飲料としての珈琲であれば、提供される空間(食器や客や店員の質を含めて)がその価値評価を大きく左右することは言うまでもない〔⇩255頁〜〕。ただし、ブランドも空間も直接的には、珈琲を味覚で評価することとは関係ない（「サステイナブルコーヒー」、「珈琲が提供される空間」については、第5章で詳しく言及する）。

ここでは、味覚に焦点を定めた際の、珈琲に対する評価の「一般的規則」について考えてみたい。

カップと計量

珈琲店で提供される珈琲は、通常カップ一杯分で単価売りがなされている。カップ一杯の標準は、一〇〇〜一五〇ccで、日本の喫茶店の一杯平均は四〇〇円前後（一ccあたり約二・七〜四円）である（次頁の**グラフ7**）。一方、有名量販店を見てみると、スターバックスでは一杯二〇〇ccで三〇〇円、ドトールでは一杯一三五ccで二〇〇円で、いずれも一cc当たり約一・五円である[4]（二〇一二年九月時点）。加えて最近では、ファーストフード店やファミリーレストランがさらに低価格や無料の珈琲を提供しているのだから、一杯四〇〇円の平均単価で珈琲を売る喫茶店はたまったものではない。こうした事情に鑑《かんが》みれば、日本で喫茶店が年々減少していく原因の一つは市場原理であることが分かる（第1章の44頁の**グラフ1**を参照）。

4――永嶋万州彦「スターバックス現象をどう見る――現代カフェ事情を分析する」、『日本コーヒー文化学会ニュース』31（二〇〇三年）も参照されたい。

グラフ7　日本のコーヒー価格の推移　（単位　円／杯）

全日本コーヒー協会資料より作成（総務省統計局「小売物価統計年表」）

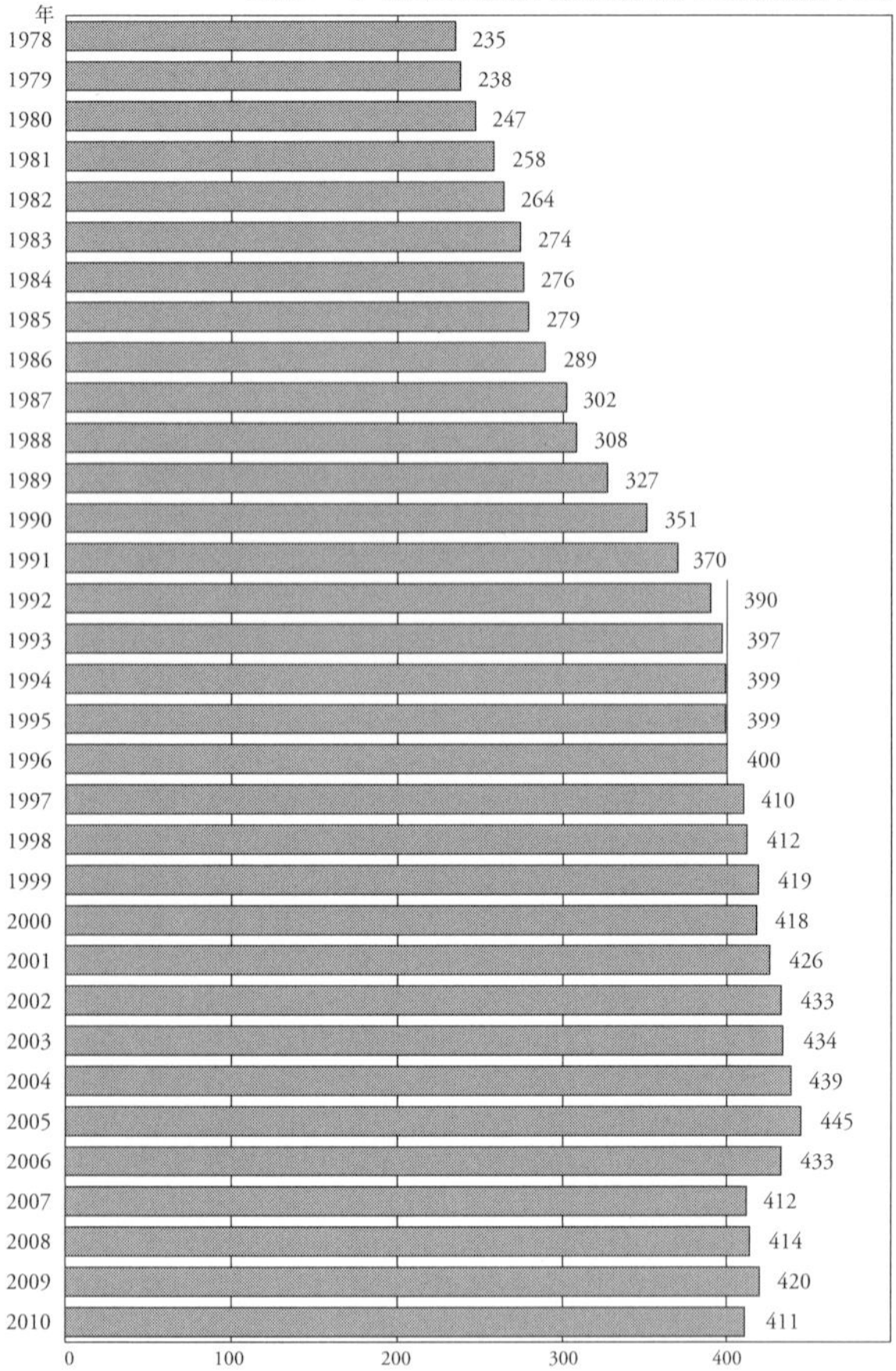

さて、スターバックスなどのシアトル系カフェを含めた安売り珈琲店では、液体量（水）と値段が「一般的規則」の指標となっている。すなわち、液体の量が多くなれば、値段も上がっていくのである。おそらく、抽出される液体量が多くなれば、使用される珈琲豆の量も多くなっているはずであるが、注意して欲しいのは、安売り珈琲店では珈琲一杯の液体量の表示はあっても、使用されている珈琲豆の量は、販売の際に明示されていないということだ。

一方、ネルドリップを用いた本格的な珈琲専門店では、カップは一〇〇～一二〇ccを標準として、七〇～八〇ccの中濃、四〇～五〇ccの濃厚という具合に分けられ、デミタスと呼ばれることの多い濃厚メニューの値段が最も高く設定されているか、三種類とも同じ値段に設定されている。同じ値段なのは、使う珈琲豆の量が三種類とも同じだからである。濃厚の珈琲に高い値段が設定されていることが多いのは、抽出に際しての技術料と手間賃だと考えればいいだろう。ネルドリップ抽出では、抽出技術さえあれば、自在に濃度を変えた珈琲を抽出することができる。また、濃い珈琲を多めに飲みたいという客向けに、量の多い「ダブル」、「トリプル」などをメニューに加えている店もある。

だから、飲んでみなくても、店内に置かれている珈琲カップを見れば、その珈琲店の品質レベルを知ることができる。

容量別にカップが備えられているか否か。いくら見栄えの良いブランドの珈琲碗が店内に陳列されていても、それらが容量ごとに整理されていなければ、ただの飾りにすぎない。

次に、カップの内側が白か否か。内側が白であることが重要なのは、抽出された珈琲の色は、珈琲豆の種類ごとに微妙に異なるからである。カップの中の珈琲の色を愉《たの》しむことも、珈琲の愉しみ方の一つである。だから、珈琲店で使用されるカップの内側は、珈琲の色が分かるように白くなければならない。

さらに、カップが薄手か厚手かでも、その珈琲店のレベルを知ることが可能である。ドリップで抽出した珈琲は、薄手のカップのほうが味の輪郭《りんかく》が際立ち、美味しく感じる。注いだ珈琲がカップの外側から透けてみえるくらい薄いほうが望ましい。

一方、エスプレッソマシンで抽出されたエスプレッソコーヒーは、厚手のカップのほうが飲み口がソフトに感じる。尤《もっと》も、西欧風の本格的なエスプレッソコーヒーを飲ませる珈琲店は、日本にあるのだろうか？　そう言えば、ヨーロッパから来日した人達が「日本にはエスプレッソコーヒーがない」と嘆《なげ》いているという話を、同僚から聞いたことを思い出した。確かに、私は一軒も知らない。

イタリアのバール［⇩後述の第6章296頁〜］やオーストリアのカフェ［⇩298頁〜］で供される本格的なエスプレッソコーヒーは、一五〜二五cc程度の分量で、口に含むとトロッとした感じを舐《な》めるように味わう濃い珈琲である。日本で普及しているシアトル系カフェで提供されているエスプレッソコーヒーは、アメリカンな薄いエスプレッソで、西欧風なエスプレッソコーヒーとは似ても似つかない代物である。

勿論《もちろん》、抽出者の技術を判断することも「一般的規則」の指標となる。

まず、誰でも簡単に分かるのは、珈琲豆の重量と抽出される珈琲液の分量が、正確に量られているか否か、である。珈琲豆の分量をスプーンで量っている店はいい加減な店だと判断して、まず間違いない。珈琲豆は種類や焙煎の違いで重量が異なる。だから、スプーンだと正確さに欠けるのである。珈琲豆は秤《はかり》を使って重さを正確に量らなければならない。

勿論《もちろん》、抽出の際、珈琲の液体分量も、計量カップなどを用いて正確に量らなければならない。どれだけの重量の珈琲豆を使って、どれだけの液体量の珈琲を抽出するのかが、正確になされる必要がある。

グラインド

抽出の直前に珈琲豆をグラインドして（挽《ひ》いて）いるか否か。

珈琲は挽いてしまえば、数時間で香味が抜けてしまうので、あらかじめ粉の状態にしてある珈琲粉を用いていれば、どんなに抽出技術を駆使《くし》しても、美味しい珈琲は作れない。

また、使用しているグラインダー（ミル）の精度で、抽出される珈琲の味は大きく変化する。摩擦熱を抑え、微粉《びふん》を少なくし、均一の粒子にグラインドできる機械を用いるのが望ましい。と言っても、なにぶん機械のレベルに依存するのだから、性能が良いものは値段も高い。

ランブルの関口一郎氏と井上製作所とで共同開発されたミルは、微粉も摩擦熱も発生しないことから「パーフェクトミル」と呼ばれ、既に販売もされているが、普通車一台分くらいの値段だから、おいそれと買えるような代物ではない。

グライドに際しては、様々な工夫をしている珈琲店も多い。摩擦熱を抑えるために、電圧器を使ってミルの回転数を低速にしたり、自前の装置やメッシュを使って微粉を取り除いたり、二つの異なるミルを使って二段階でグラインドしている店もある。

ちなみに私は、カリタ社製の三種類のミル——出張用として安価なプロペラミル、研究室では業務用のミルを小型化したナイスカットミル、自宅では業務用のシルバーカットミル——を使い分けていた。もともと自宅ではナイスカットミルを使っていたが、モンクでの修行中、どうしてもミルの精度が気になって、業務用のシルバーカットミルを思い切って購入した。

実際に比較使用してみると、ミルの精度は味のすっきり感に大きく影響することが明確になった。そうなると今度は、使用するミルごとに抽出の仕方を工夫して変えることになる。精度の低いミルを使用する際に、精度の高いミルと同じレベルのすっきり感に近い味となるように、できるだけ工夫するのである。勿論《もちろん》、工夫したところで、精度の高いミルと全く同じレベルとはならないけれども、いくらか近づけることはできる。

したがって、ミルの精度は、味に大きく影響するとともに、抽出の仕方にも変化をもたらすのである。

また、ミルには、臼歯《きゅうし》で砕くバー・グラインダーと、刃を回転させてカットするカッティング・ミルがある。ドリップ抽出に向いているのは、均質の粒にカットするカッティング・ミルで、エスプレッソ抽出に向いているのは、パウダー状に細かい粉に砕《くだ》くバー・グラインダーである。西欧の古い文献には、「擂《す》り子木《こぎ》で擂るのと/槌《つち》で叩いて砕くのとどちらが良いのか」をめぐる記述が多くみられることからも、グラインドが珈琲の味に大きく影響することは、ベロア・ポットが開発されて近代珈琲が誕生する頃には、既に知られていたのである。

追　記　二〇一一年一〇月、カフェ・ド・ランブルが「ランブル・グリッドミル」を販売した。早速、購入して使っている。挽きの調節はできないけれども、ネル・ドリップで抽出するだけであれば、微粉が出ない優《すぐ》れものである。

自家焙煎と職人

自家焙煎であるか否かも、美味しい珈琲にとっての一般的規則にかかわる重要な条件である。なぜなら、珈琲を作ることは、抽出―粉砕《グラインド》―焙煎という工程がセットになった一連の作業（198頁の**図11**を参照）であり、それぞれの工程が一連の作業として適切に関連づけられていることが一般的規則の条件だからである。

既に述べたように、抽出される直前ではなく、既に粉砕《グラインド》された珈琲粉を用いて抽出されていれば、即座に「不適切」と判定できる。

また、自家焙煎店でない、つまり焙煎作業が粉砕−抽出作業から分離・分業されている場合、抽出者が外部へと委託《いたく》した焙煎作業をコントロールできるか否かで、「適切／不適切」は決まってしまう。

焙煎を専門に行う業者・職人は、ある一定の味覚の方向性を持った粉砕−抽出という工程に関連づけられていない作業として、焙煎を行う可能性が高い。グラインドは機械の精度に依存するとしても、抽出はそれを行う人間の技術如何《いかん》にかかっているからである。珈琲の焙煎作業だけを担う者は、抽出の仕方が特定されない一般的な抽出に向けて焙煎するのであるから、追求する味覚そのものも一般的な（ユルユルの）範囲にならざるをえない。そもそも、どのような味の珈琲を作るのかという味覚の基準を自らの中に有していない者や、抽出技術を持たない者には、決して適切な焙煎はできない。しばしば、自らを「焙煎士」などと名乗り、焙煎技術に長《た》けているかのように装《よそお》う者もいるが、誰が抽出しても変わらない程度の焙煎しかできないことを自白しているとしか思えない。だから、自家焙煎珈琲店の職人の中には、自らが焙煎した珈琲豆を商品として売ることにさえ躊躇《ちゅうちょ》する人も多い。

一方、抽出者からすれば、焙煎を他者に依存することは、その他者をコントロールできる限りの（ユルユルの）仕上がりでもこだわらない（或《ある》いは目をつぶる）ことを意味している。他者を完全にコントロールすることなど不可能だからである。そうなれば、カップから抽出・粉砕・焙煎へと遡《さかのぼ》る作業工程が逆転し、既に焙煎された珈琲豆に規定される形で、抽出者が粉砕・抽出作業を行うことを余儀《よぎ》なくされる。

ゆえに、一般的規則として言えば、自家焙煎をしていない珈琲専門店は、自家焙煎珈琲店と同じ指標で評価するに値《あたい》しないし、同じく、豆だけを販売している店の焙煎は、一定の味覚の方向性を持った抽出作業と関連づけられていないがゆえに、自家焙煎珈琲店の珈琲豆と比較するに値しない。

しばしば「珈琲の味は焙煎でほとんど決まる」と言われることがあるが、真っ赤なウソである。どんな料理だって、いくら素材がよくても、調理過程のどこかで不手際があれば、とんでもない味になる。どれほど活《い》きのいい鯛《たい》を使っても、保存が不適切だったり、調理が出鱈目《でたらめ》だったりすれば、腐った鯛と大差はないだろう。

珈琲の場合、素材としての生豆《なままめ》[green beans]、焙煎(保存期間を含めて)、グラインド、抽出のいずれかの工程で不適切なことがあれば、そこの段階で不適切な味になるのは当たり前だ。コンピュータのシステムパフォーマンスと同じである。

さて、珈琲の抽出法は、まず大きく二種類に大別することができる。

珈琲粉を煮出したり湯水に浸したりして抽出する浸漬《しんし》法と、珈琲粉をフィルターで漉《こ》す透《とう》過《か》法（濾過《ろか》法）である。浸漬法には「真空式サイフォン」、「ターキッシュ」、「フレンチプレス」、「パーコレーター」などがあり、透過法には「ネルドリップ」、「ペーパードリップ」、「ウォータードリップ」などのドリップと「エスプレッソ」などがある。抽出における水温と抽出に要する時間の違いによって、それぞれの抽出法（図12）がそれぞれ異なる「味覚の方向性」を持っていると言えるだろう。

前近代的な浸漬《しんし》法を除けば、近代珈琲の濾過法は、ドリップコーヒーとエスプレッソコーヒーの二種類に大きく分けられる。まず、珈琲を飲んでみなくても抽出者を見れば、その店の珈琲のレベルは分かってしまう。

例えば、シアトル系コーヒー店の多く

図12　水温と時間による抽出法の分類

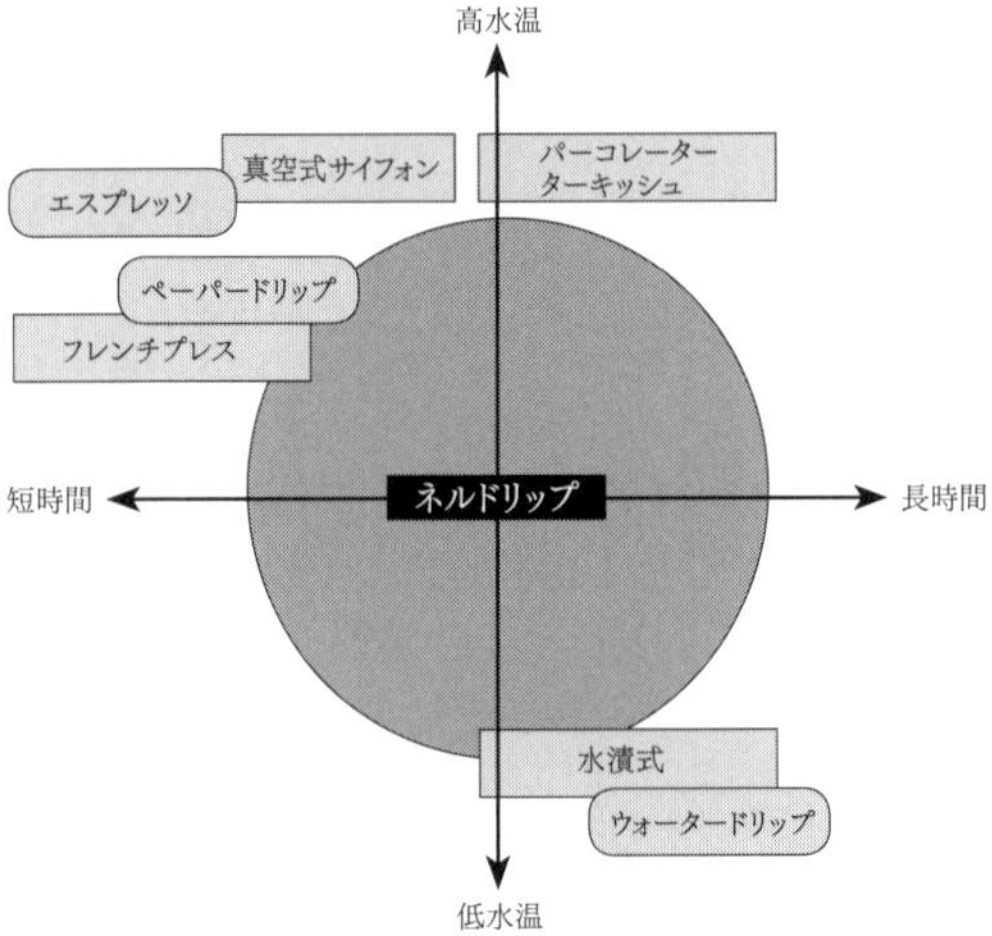

ではオートマチックのエスプレッソマシンを用いているが、抽出の是非は、ショットに要した時間で判定されている。この場合、人為的な要因がかかわるのは、エスプレッソマシンのフィルターバスケットに珈琲粉を詰め込むタンピング作業のみである。抽出者が判断できるのは、抽出されたカップ（の味）ではなく、ショットの時間の適切さだけである。つまり、アルバイトで人件費を減らせば、コストを抑え、カップの単価を下げることができる。

フルオートマチックやセミオートマチックのエスプレッソマシンでも、タンピングだけでなく、湯温や湯量を調節したり、機械自体を改造したりすることで、カップ（味）の調整が可能なのである。日本でよく目にするのは、マシンから抽出されてくる珈琲液が吹き出すように勢いよく出てくる光景だが、ミラノやウィーンで飲んだ美味しいエスプレッソコーヒーは、マシンから珈琲液がタラタラと滴《したた》るように落ちていたことを鮮明に覚えている。

ペーパードリップがネルドリップに到底及ばないことは既に述べたが［⇩190頁〜］、ネルでもペーパーでも、抽出者に抽出技術が備わっているか否かで、その店の珈琲のレベルを判定できる。ペーパードリップの場合、アルバイトの店員であっても、一定のやり方を覚えれば、比較的簡単に美味しいペーパードリップ珈琲を抽出することは可能である。

ただ、ネルドリップ抽出は、抽出者の技量が味を大きく左右する。一つの店舗に、相当に鍛《たん》錬《れん》を積んだ抽出者が複数いる場合、抽出者が違うと同じ種類の珈琲でも味が異なるから、ネルドリップ抽出は難しい。その際、味の違いは、飲む側／抽出者の好みの違いであることもあるが、技量の差であることが多い。実のところ、同じ抽出者であっても、いつも満点の味が出せるとは限らないからこそ、ネルドリップは奥が深いと言えるかもしれない。ネルドリッパー自体が、手縫いであることが多く、一つずつ微妙に異なる道具であることも、関係しているのかもしれない。けれども、いつも満点といかなくても、常にある一定のレベルで抽出できるのが職人としての技量なのだと言えるだろう。

ネルドリップ抽出を判定する一般的規則は、以下のようになる。

メニューが珈琲豆の種類だけでなく、濃度の違いで差別化されているか否か。ネルドリップ抽出は、抽出者に技量さえあれば、珈琲の濃度を自在に調節することが可能である。濃度の違いがメニューにないような店は、格好だけでネルドリップを用いていると判断してまず間違いない。

注文に応じて、その都度、一杯ずつ珈琲を抽出しているか否か。ネルドリップ抽出を用いている店の中には、櫓《やぐら》と呼ばれる金具に大きなネルを備えて、数十杯の珈琲を一気に抽出して保管し、注文に応じてそれを温め直して出すところもある。そうした店で、職人がたまたま抽出している時に居合わせると、実に見事な手際《てぎわ》で私は思わず見入ってしまうことも時々あるが、抽出したての珈琲と、抽出後数時間経過したものを温め直した珈琲とでは、やっぱり味に格段の差がでてしまう。大量にネルで抽出した珈琲は、淹れてすぐに飲めば、独特な味わいがあって魅力的である。ただ、品質が一定しているという点では、注文があってからその都度抽出している店のほうが優っている。

さて、ネルドリップの場合、様々な味覚の方向性＝美味しさを指向して、実に多彩な抽出法が存在していることから、一般的規則として誤解されている事柄も多い。

缶コーヒーのCMで「粗挽《あらび》きネルドリップ」というコピーが使われることがあるが、グラインドの「粗挽き」は一般的規則ではない。目指す味覚の方向性と抽出の仕方で、粗挽きが適切な場合もあれば、細挽きが適切な場合もある。ペーパードリップの場合は、ペーパーだと保湿性が乏しいので粗挽き過ぎると味がでないし、細挽き過ぎるとペーパーが粉で塞《ふさ》がってしまうので、中挽き〜中細挽き程度で抽出するしかない。しかし、ネルドリップの場合は、粗挽き／細挽きに制限はない。あくまで一般的な傾向としてということだが、粗挽きの場合は、湯温が高温（八〇度以上）で、抽出時間が短くなり、細引きになるに従って、中温（六〇度）から低温へ、抽出時間も長くなる。

抽出に使用する湯温は「八十度くらいが望ましい」と思われていることが多いけれども、必ずしもそうではない。実際、私は沸騰《ふっとう》させた湯の沸騰が治まったらすぐに抽出を開始することが多い。「多い」というのは、珈琲豆ごとに、若干であるが、湯温を変えるからである。湯温を自在に変えることで適意の珈琲を抽出できるのも、ネルドリップの特性である。湯温と抽出に要する時間とをかけあわせて、八〇度以上の湯で数分かけて抽出する高温短時間抽出と、六〇～七〇度以下の湯（水）で一〇分以上かけて抽出する中低温長時間抽出とに分けられるが、水温にも時間にも一般的規則はない。実際、一時間以上かけて一杯の珈琲を抽出する珈琲店も実在する。ただ、水温には原則があって、抽出途中で冷えた水温を再び温め直して使うのは御《ご》法度《はっと》で、エグミや雑味《ざつみ》の原因となる。

抽出の際、ポットからネルの珈琲粉に注ぐ湯量にも一般的規則はない。蒸らしの際には、点《てん》滴《てき》と呼ばれるように、水滴の粒が確認できる湯量を用いるけれども、それとて、一滴ずつ落としていく場合もあれば、水滴が糸のように連なる程度で落としていく場合もある。湯量にも原則があって、抽出開始時から一定であるか、次第に多くなるように注いでいかなければならず、湯量を途中から少なくしてしまうとエグミや雑味が出やすくなる。

尤《もっと》も、これまで諄《くど》くどと述べてきた一般的規則はあくまでも一般的なものであって、自ら味覚の基準を持った珈琲職人の中には、一般的規則に囚《とら》われることなく、独特なやり方で珈琲の香味を追求していく人達が沢山いる。

最後に付言すると、抽出の仕方を含めて、その珈琲が適切であるかどうかを判断する一般的規則は、一杯の珈琲を長い時間かけて飲むことである。なぜなら、珈琲に限らず、熱い飲食物や冷たい飲食物のほとんどは、大抵、ヌルくなった際に、その味の本性があらわれるからである。珈琲の場合、小説や映画などでよく「冷めて不味くなった珈琲」という決まり文句が使用されるけれども、冷めて不味くなるような珈琲は、そもそも不味かったのであり、熱い間は、飲んでも味がよく分からなかっただけなのだ。だから、珈琲を長時間かけて飲めば、自然と温度が下がり、それが適切に作られたものなのかどうかを、比較的容易に判断できる。実は、適切かどうかが判断できるだけではない。珈琲という飲物は不思議な飲物で、時間をかけて温度が下がると、驚くほど味が変化するようなものもあり、時間をかけて珈琲を飲んでみると、新たな味わい方を発見できることが間間《まま》あるのだ。

この章では「美味しい珈琲とは?」にとことんこだわって、あれこれ理屈っぽいことを考えてみた。少々諄《くど》いと感じられたかもしれない。けれども、次の章(第5章)を読んでいただければ、その理由をお分かりいただけるであろう。「美味しい」とは程遠い方向へ進みつつある現在のコーヒー文化を見直すためには、こうした理屈っぽい議論を諄すぎるくらい重ねることが必要なのだ、と理解していただけると思う。

第5章…………

スペクタクル化するコーヒー

「おいしい」への疑念

二〇〇八年五月末に、『おいしいコーヒーの真実』というドキュメンタリー映画が東京・渋谷《しぶや》アップリンクで公開された。その後、日本全国で上映され、私が居《きょ》を構える広島でも横川《よこかわ》シネマで上映されたが、公開当初は広島での上映が未定であったことと、少しでも早く観たいという思いに駆られて、六月初旬に渋谷で観賞した。

渋谷アップリンクは小規模な劇場であるが、『おいしいコーヒーの真実』の上映は盛況《せいきょう》だった。一日に数回上映されていたのに、その日の整理券が昼頃までに配付終了となるほどだった。会場に入った私は、観客に二〇歳代~三〇歳代前半の若いひとたちが多いのに、意外な感じを覚えた。コーヒーに関する映画を多くの若い人たちが観に来ている理由を、イメージできなかったのである。

『おいしいコーヒーの真実』――原題“Black Gold”――は、二〇〇五年にイギリスのFulcrum Productionsによって制作された同名のテレビドキュメンタリー[▼1]が、二〇〇七年に英米合作でリメイクされた記録映画である。その内容は、おおよそ以下の様なものである。

農作物の中で輸出入品目として世界最大の市場を有するコーヒー豆の生産国農家が、一九九〇年代~二〇〇〇年代初頭にかけて起こった国際相場の暴落によって大打撃を受けたのに加えて、先進国の大企業や中間業者による利益搾取《さくしゅ》が生産者へさらなる追い打ちをかけている。そのため、コーヒー生産に従事してきた農民たちの中には、コーヒー栽培をあきらめ、麻薬などの栽培へ切り替える人たちも現れている。こうした状況下において、アフリカ第一のコーヒー生産国・エチオピアで、コーヒーに関する不公正な取り引きを是正《ぜせい》するために生産者組合を組織した人物の奮闘《ふんとう》に密着し、生産者たちが直面している過酷な現実と、先進国・大企業の不公正な商取引の有り様を、この映画は描き出している。

けれども、"Black Gold"という原題が、どうして『おいしいコーヒーの真実』という邦題になるのだろうか？

上映主体であるアップリンクの「映画『おいしいコーヒーの真実』公式サイト」のトップページには、スターバックスをイメージさせる緑色の背景に、「トールサイズコーヒー一杯 Total ¥300」のカップが現れ、そのカップの中身が下から「コーヒー農家 1~3%（¥3~9）／輸入業者・地元の7%（¥23）／カフェ・小売業者・輸入業者90%（¥296）」と描かれている。このカップをみれば、コーヒーの生産者がいかに不当な搾取に晒《さら》されているかは一目瞭然《いちもく》である。

しかし、このホームページを閲覧《えつらん》していくと、フェアトレードコーヒーを扱っている業者や店舗を中心として、森林保護や環境問題、自然食品やエコロジーなどの情報が掲載《けいさい》されており、生産国と消費国の間にあるアンフェアな商取引の告発以上に、エコな消費スタイルが強調されているかのような違和感が生じる。おそらく、スローフードなどのエコな消費スタイルやフェアトレード商品に関心を持っている若い人たちが、この映画を観にきていたのだ。「自然食」、「無農薬」、「オーガニック」といったエコ消費への指向は、スローフード・ブームとともに、近

1―― 日本では、このドキュメントは二〇〇七年一月一六日、NHKのBS1で邦題『エチオピア　コーヒー生産国の悲劇』として放映された。

年、新しい消費スタイルとして多くの人たちに支持されている社会現象である。

確かに、コーヒーも農作物であることから、従来より、「有機」、「無農薬」などのラベルが付けられて市場に出まわる商品もあった。私が推奨《すいしょう》するOWN-ROAST〔⇩後述の第6章263頁〜〕は、スローフードと同じように珈琲を愉《たの》しむスタイル、と言えるかもしれない。けれども、不公正な商取引を告発し、フェアトレードを消費国へと促す映画“Black Gold”の内容は、どう見てもスローフードなどのエコ消費とは結びつかないのだ。そして、映画の宣伝で強調されたエコな消費スタイルのイメージに対する違和感は、「コーヒーの真実」の冒頭に「おいしい」が付された邦題に対する疑念と相まって増幅していく。はたして今、市場で提供されている珈琲を美味しいなどと、どうして言えるのだろうか？

珈琲の香味を決定するのは？

二〇〇〇年五月の東京をベースとした、UCCとキーコーヒーの「キリマンジャロ」と「モカ」の販売価格にもとづいて、辻村英之《つじむらひでゆき》氏は、喫茶店でのコーヒー一杯の価格が「生産者価格の一三〇・四二倍」になっている、と試算している〔『コーヒーと南北問題』、二〇〇四年、一八八〜一八九頁〕。とすれば、確かに映画の公式サイトに表示された「カップの中身の数字」は、決して大げさなものではないのだ。

それではコーヒーの香味は、どのように決まるのだろうか。

コーヒーの真の品質(消費者が求める有用性)は、味と香り、すなわち香味で決まる。そしてその香味は一般的に、七割が生豆、二割が焙煎《ばいせん》、一割が抽出に依存していると言う。生産国で七割の「使用価値」が付されるにもかかわらず、生産国の取り分は上記のように一・四四%に過ぎないのであり、いかに生産者・生産国にとって不当な価格形成がなされているか、実感することができよう。

[辻村英之、前掲書、一八九頁]

コーヒーの味の八割は原料の生豆で決まり、あとの二割は焙煎で決まる――とはよく言われることだが、この数字に根拠らしい根拠はなく、私としては「六割が原料で三割が焙煎、残りの一割は抽出で決まる」と、あえて言いかえたい。

[嶋中労『珈琲の鬼がゆく』、二〇〇八年、二七頁]

どちらも全くの間違いである。つまり、上記のような珈琲の香味を決定する要因に関する一般的理解は、素朴な誤りを犯しているのだ。正しい答えは、「生豆《なままめ》一〇〇％（一〇割）／焙煎一〇〇％（一〇割）／抽出一〇〇％（一〇割）」。これ以外の回答は全て不正解だ。

例えば、漁港に水揚げされた最高の本マグロを手に入れたとしても、輸送途中で腐らせてしまったり、出鱈目《でたらめ》に調理されれば、間違いなく不味《まず》い。およそほとんどの飲食物に関して言えることは、飲食に至るまでの全ての段階で、適切な手順をふんでこそ、素材そのものの味を活《い》かすことができるということである。珈琲の味に関しても、生豆－焙煎－流通－抽出などの全ての作業プロセスにおいて、それぞれの工程で最も低い位置で香味が決まるのである。

生豆にカビなどの欠点があれば、どんなに技術を駆使しても、まともな味の珈琲にはならない。実際、焙煎前と焙煎後のハンドピックで、欠点豆を見逃して取り除かずに抽出すれば、それだけで不味い珈琲になってしまう。抽出の際、蒸らしを怠ったり、湯量を出鱈目に注げば、まともな味の珈琲にはならない。だから香味を決定する潜在《せんざい》力は、生豆にも焙煎にも抽出にもそれぞれ一〇〇％あり、生豆の精製から流通を経て飲用に至る全てのプロセスで、最も低い工程の位置で香味は決まってしまうのである。尤《もっと》も、焙煎後一ヶ月以上経過すれば、ほとんどの珈琲豆は酸化してしまうのだから、保管期間の適切さも香味を一〇〇％左右する条件の一つである（フェアトレード自体を否定しているわけではないので、誤解しないでほしい。後述［⇩238頁〜］するが、フェアトレードは、コーヒー豆の香味とは別の次元の課題なのである）。

ただ、珈琲の味を誤魔化《ごまか》す仕方もある。

珈琲の味は、一般に「酸味」、「甘み」、「苦み」で表現されるが、砂糖を加えれば珈琲そのものの甘みを感じることは不可能になる。ミルクを加えれば、珈琲自体の持つ「酸味」、「甘み」、「苦み」の輪郭《りんかく》をぼかすことになる。

だから珈琲はブラックで飲むべきだ、と言いたいわけではないから、勘違いしないでほしい。ここで言っているのは、珈琲の飲用スタイルについてでなく、珈琲の味に関する判断の問題である。ミルクや砂糖を入れるのも、珈琲を愉《たの》しむ立派な飲用スタイルだ。

だから、珈琲にこだわる通《マニア》や珈琲店は、珈琲に使用する砂糖やミルクにもこだわることが多い。料理に用いる塩・砂糖・醤油《しょうゆ》・油などと同じで、珈琲に入れる砂糖もミルクも素材の一つなのだから、当たり前である。安売りコーヒーチェーン店などで、珈琲を飲んでいる人たちを観察すると、ほとんどの人たちがミルクや砂糖を入れて飲んでいる光景を目にすることから、砂糖やミルクで珈琲の味を誤魔化すことがある、と言っているのである。

また、温度で誤魔化されることもある。熱々の珈琲やキンキンに冷えた珈琲は、味がよく分からない。料理も同じであるが、熱いものや冷たいものは、味覚を鈍らせるのである。だから、珈琲の味を判断する簡単な方法の一つに、冷《さ》めてぬるくなった珈琲を飲んでみて、味が劣化したと感じたら、その珈琲は適切でないと評価してまず間違いない［⇩220頁〜］。実際、抽出が不適切な場合、飲んでみなくても、一〇分ほどおいておけば、濁《にご》ってくるからすぐに分かる。
勿論《もちろん》、熱々な珈琲を好む人が駄目だと言っているわけではない。それは好みの問題である。しかし、そういう人も、一度、時間をかけてゆっくり冷ましながら、じっくり珈琲を味わってみてほしい。そうすれば、珈琲が温度の変化につれて、香味とともに変化していくことが分かるだろう。ただし、味の変化を愉《たの》しむことができるのは、適切に抽出された美味しい珈琲に限られる。何度も言うが、少々冷めたぐらいで不味いと感じる珈琲は、もともと不味いのだ。

珈琲の味に関して、最も多くの飲用者が誤魔化されているのは、情報による認知的な思い込みによるものだと言える。つまり、広告などのキャッチコピーやパッケージを含めて、飲用者が「美味しい」という様々な情報を認知することで、「美味しい」と錯覚するのである。心理学で言うプラシーボ効果（偽薬を用いて患者に心理的な治療効果をもたらすこと）やピグマリオン効果（親や教師が子どもに対して「やればできる」と期待をかけることで期待通りの成績をもたらすこと）と同じで、要は「美味しい」と自己暗示をかけられることで、「美味しい」と思い込むのである。

実質的に珈琲の香味（美味しいか否か）を決定するのは、生豆の選別から抽出へと至るそれぞれのプロセスにおける適切さ（一般的規則）〔⇩206頁～〕にもとづく行為であるとしても、市場において現実に珈琲の香味に大きな影響を与えているのは、業者が流布《るふ》する情報によって作られていく商品（珈琲）のイメージなのである。

安全な食生活を送るためには詳細な情報が必要であるという。情報ばかり集めて、実体を見ようとしない。いったん情報に依存するようになって、自分の五感で判断する基準を失ってしまった人にとっては、自分の動物としての欠陥を補うのは情報だけしかない。

〔伏木亨『人間は脳で食べている』、二〇〇五年、七九頁〕

食品・栄養学者である伏木亭《ふしきとおる》氏が食の安全性について指摘していることは、「安全」を「美味しさ」に置き換えても当てはまる。

スペシャルティコーヒーの登場

近年、雑誌のコーヒー特集記事や珈琲店などで、「スペシャルティコーヒー」という言葉を目にすることが多くなった。

スペシャルティコーヒー（Speciality Coffee）の語源は、一九七八年のフランスでの国際コーヒー会議において、アメリカのクヌッセン・コーヒー（Knutsen Coffee）のエルナ・クヌッセン（Erna Knutsen）

によって、「特定の地理的条件がユニークな香味をもつ豆を生産する」という意味で使用されたのが始まりらしい。現在、世界のコーヒー業界で、スペシャルティコーヒーに対して最も大きな影響力をもっているのは、一九八三年に設立されたアメリカスペシャルティ協会（SPECIALTY COFFEE ASSOCIATION OF AMERICA 以下SCAA）である。

第二次世界大戦後のコーヒー需要の飛躍的急増は、コーヒー生産地を拡大するとともに、コーヒーの木を多収穫で病気や悪天候に耐えられる品種へと改良していった。しかし、コーラに代表されるような清涼飲料水が台頭し、さらに紅茶やウーロン茶を含めた茶の需要が健康ブームと共振しつつ拡大していくと、コーヒーの需要は次第に頭打ちの様相を呈してくる。そして、コーヒー生産地の拡大と品種改良による増産によって、一九九九年にコーヒー国際価格は一九九〇年の水準にまで低下し、二〇〇一〜〇二年には一九七〇年の水準を下回ることになる［全日本コーヒー協会編『コーヒー関係統計』、二〇〇七年］。

一般に言うところの「コーヒー危機[2]」が起こったのである。

スペシャルティコーヒーは、コーヒー産業界において、コーヒー危機を脱出するための救世主として登場し、その市場を徐々に獲得しつつあると言えるだろう。

けれども、「何がスペシャルティコーヒーなのか」という基準は極めて曖昧《あいまい》である。『コーヒー アンド ロースター』という小規模の自家焙煎（業）者向けに出版されたムックで、辻村英之氏はスペシャルティコーヒーを以下のように三つのカテゴリーに分類している。

①厳選《げんせん》した農園や産地からより直接的に、固定価格（ニューヨーク価格に連動しない価格）で購入された高品質豆（厳選農園コーヒー）。

②カップテスト（香味評価）で高得点を得た高品質豆。例えばＳＣＡＡ（アメリカスペシャルティコーヒー協会）の評価基準で八〇点以上の豆（超高香味コーヒー）。

③カップテストで最高得点を得た高品質豆。例えばＳＣＡＡ評価基準で九〇点以上の豆や、カップテストコンテストで「カップ・オブ・エクセレンス」や「クロップ・オブ・ゴールド」の称号を得た豆（最高香味コーヒー）。主にインターネット・オークションで取引される。〔辻村英之「スペシャルティコーヒー、フェアトレードコーヒー…。良いコーヒーの評価が大きく変わる」、『コーヒー アンド ロースター』、二〇〇五年、八九頁〕

2――「コーヒー危機」に関しては、Wild, Anthon, *Coffee: A Dark History*, W.W.Norton & Company（＝二〇〇七年、三角和代訳『コーヒーの真実』）、Luttinger, Nina & Gregory Dicum, *The Coffee Book*, The New Press（＝二〇〇八年、辻村英之監訳『コーヒー学のすすめ――豆の栽培からカップ一杯まで』）、辻村英之『コーヒーと南北問題――「キリマンジャロ」のフードシステム』（二〇〇四年）などを参照。

上記の分類をみると、三つのカテゴリーはさらに「①／②③」＝「厳選農園・産地コーヒー／カップテスト高評価コーヒー」という二種類に大別できるように思われる。

実際には、①は、農園や地区だけでなく、生豆の品種やその精製方法や選別の仕方などでさらに細かく区分され、独自の商品名が付されるなどして販売されている。農園や産地が厳選されたコーヒーとは、従来の生産国（地）による格付け――例えば「タンザニアＡＡ」、「マンデリンＧ－１」、「グアテマラＳＨＢ」など――に替わって、地区名や農園名や独自のブランド名が付されて「スペシャルティコーヒー」として市場に出されるのである。

例えば、最近、私が実際に購入した生豆を挙げれば、業者から送られてきたリストには「タンザニア キボー ムリンガ農園 ＡＡ」、「マンデリン ビンタンリマ」、「グアテマラ アンティグア ＳＨＢ アゾテア農園」のように記載されている。蛇足《だそく》だが、「キボー」とはキリマンジャロ連峰のキボー峰を意味し、高い標高で産出されたというイメージを連想させ、「アンティグア」はグアテマラの高品質コーヒーの産地、「ビンタンリマ」は〝五つ星〟の意味で、厳選されたコーヒー豆に付けられた独自のブランド名である。

各農園から――日本で言えば農協のような――生産者組合に持ち込まれた豆を選別・格付けしてから、それぞれの等級ごとにまとめて袋詰めされたコーヒー豆が、従来の生産国（地）による格付けされたコーヒーである。従来の格付けによるコーヒー豆は、多くの農園から収穫・集荷されたgreen beansが一旦一緒にまとめられた後、等級ごとに選別されて麻袋に小分けされて商品となる。したがって、複数の農園で収穫されたgreen beansが不定の割合で混合されていることから、香味という点では、それぞれの袋ごとに異なり、バラツキがでてくる。バラツキを抑えるために混合されることもあるが、それはそれで各農園のコーヒー豆が持つ特徴は、中和され個性を失うことになる。

一方、厳選農園・産地コーヒーは、同じ農園で収穫されたものや、栽培環境や条件が似た狭い地域で収穫されたものが、厳選・袋詰めの工程を経て出荷されることから、品質が一定に保たれることになる。日本の米《こめ》に喩《たと》えれば、従来の格付けによるものが「魚沼《うおぬま》産・こしひかり」で、厳選されたものは「〜村の○○さんの田圃《でんぽ》で生産されたコシヒカリ」となる。

尤《もっと》も、厳選農園・産地のgreen beansが従来の格付けによるコーヒー豆より香味が優れているわけではない。ただ、私が生豆を取り扱った経験から言えることは、厳選・農園・産地コーヒーのほうが欠点豆が少なく、味の特徴(個性)がはっきりしている、ということである。欠点豆が少ないことからは、品質が優れていると言えるかもしれないが、値段も(だいたい二割以上)高いのだから、当たり前だとも言える。

さて、辻村氏は、①を「サステイナブルコーヒー」の概念に含まれるとし、以下のように指摘している。

スペシャルティコーヒーには、農園・産地とのつながりを強め、高品質の豆を継続的に高値で取引することで、農園・産地を経済的に支援できる可能性がある。〔…〕それゆえ欧米においては、スペシャルティコーヒーは、「サステイナブル」の一つとして理解されている。一方日本では香味のみが強調され、「グルメ」コーヒーだという認識が根強い。〔辻村英之、前掲書、八九〜九〇頁〕

サステイナブルコーヒーとは、生産者と自然環境を持続的に支援するために、相応の対価を支払うことによって栽培されたコーヒーの総称である。サステイナブルコーヒーは、「オーガニックコーヒー」、「フェアトレードコーヒー」、「シェードツリーコーヒー」という、三つの要素から構成されている。SCAAのレポートでは、サステイナブルコーヒーは、「土壌を保全し、化学薬品の使用を禁じた手法で生産されているオーガニックコーヒー」、「最低販売価格が保障された小農家からなる農協を通じて供給されているフェアトレードコーヒー」、「森林で覆《おお》われた土地で、多様な生態系の保全や渡り鳥の保護に配慮して生産されているシェードツリーコーヒー」と定義されている。▼3

低(無)農薬・有機肥料で栽培されたものがオーガニックコーヒーである。

シェードツリーとは、コーヒーの木を強い直射日光から守る傘《かさ》のように植えるバナナやマンゴーといった高い樹木のことである。そして、シェードツリー環境で栽培されたものをシェードツリーコーヒーと呼ぶ。シェードツリーによる栽培は、コーヒーの収穫量が減少したり、収穫の際に機械の利用が制限されることから、コストと手間がかかることになる。コーヒーの木を直射日光から守る仕方には、コーヒーの木を狭い間隔《かんかく》で植えることで、互いの葉により多くの日陰を作るコーヒーのみの単一栽培法——「密植栽培」と呼ばれる——もある。一方、このシェードツリーの農園には多様な樹木や生物が生息することから、シェードツリーは自然に近い環境が保たれている栽培法だと評価されてもいる。

また、サステイナブルコーヒーのサステイナビリティ（sustainability）の理念は、生産者の住環境のサステイナビリティ、すなわち生態系や野生動物の保護、土壌・水資源の保全、害虫や（コーヒーの木の）病気の管理、生産に携わる労働者の労働環境と労働条件の適切性、農園で使用されている肥料・農薬の種類といった栽培環境に関する情報を消費者が追跡できるトレーサビリティなどを含んでいる。

ただ、サステイナブルコーヒーには、多くの認証協会や団体が存在し、それぞれ認証基準が異なる。申請して許可されれば販売業者は商品に認証ラベルを添付して市場に出すことができる。辻村氏が言うように、スペシャルティコーヒーは欧米ではサステイナブルコーヒー的に理

3—— Giovannucci, Daniele, 2001, *Sustainable Coffee Survey of the North American Specialty Coffee Industry*, SCAA.

解される傾向にあるのかもしれないが、一般消費者が市場に出ているサステイナブルコーヒーの認証基準を追跡するトレーサビリティはほとんどないと言えるだろう。

②には、SCAAのカップテストやコンテストに限定されなければ、生産地や消費国の業界でカップテストやコンテストは頻繁に行われており、「〜で高評価を獲得した」というふれこみで「スペシャルティコーヒー」として市場に出回ることになる。つまり、「〜のカップテスト（コンテスト）で最高点」という標示で販売されれば、スペシャルティコーヒーとなってしまい、その中味を一般消費者が判断できるような条件は全く備わっていないと言える。

旗艦《きかん》商品としてのスペシャルティコーヒー

フェアトレードコーヒーに関しては、私も少量ながらコーヒーの生豆《なままめ》を購入する消費者として、焙煎を始めた時からずっと気になっている。何が気になっているかと言えば、フェアトレードと称して売られているものを、「どこまで信じて良いのか」、或《あ》るいは「どうやってその真偽を見極めたらいいのか」が分からないのである。

じゃあ、「オーガニックやシェードツリーはどうしてそんなに気にならないか？」と問い詰められそうだが、オーガニックとシェードツリーに関しては「現時点で私には見極められない」という結論がでている。確かめようがないのである。また、「無農薬」や「有機栽培」や「自然保護」を広告で謳《うた》っているようなコーヒー豆は買わないようにしている。なぜなら、そのコーヒー自体の品質が良ければ、オーガニックやシェードツリーを殊更《ことさら》強調しなくても売れるだろう、と思うからである。むしろ、ちょっと安易かもしれないが、品質の良いコーヒー豆を求めていけば、自ずとオーガニックやシェードツリーへと辿《たど》り着けるのではないか、と開き直っている。見極める術《すべ》が思いつかないのだから仕方ない。

けれども、そもそもフェアトレードコーヒーの理念は、コーヒー豆の品質（美味しさ）とは別の次元で考えなければならない問題である。

既に欧米では、真剣にフェアトレードを進めようとする人たちから、「広報活動のためにわずかなフェアトレード・コーヒーを販売し、そこから甘い汁を吸う企業が増えていることに対して」不快感が示され、「ほんの一部のフェア・トレード製品の取り扱いにより、よい社会的イメージを得て、その他の製品の不正な調達を覆《おお》い隠してしまう」フェア・ウォッシングやグリーン（環境保全）・ウォッシュという概念が登場している、とニーナ・ラッティンジャー（Nina Luttinger）とグレゴリー・ディカム（Gregory Dicum）は指摘している［『コーヒー学のすすめ』、二九二～二九八頁］。

つまり、フェアトレードを含めてサステイナブルに位置づけてみても、スペシャルティコーヒーは、消費国のコーヒー業界にとって旗艦《きかん》商品としてブランド化された商品なのである。スペシャルティコーヒーが旗艦商品であると言うのは、実際には、スペシャルティコーヒーの市場は、コーヒー全体の市場規模からすれば、ほんの僅《わず》かにすぎないからである。けれども、それら僅かなスペシャルティコーヒーが、欧米の消費国におけるコーヒー全体の市場価格を高めるとともに、コーヒー需要の拡大に寄与する役割を果たしているのである。

こうした欧米での事情をふまえた上で、辻村氏が指摘した「日本では香味《こうみ》のみが強調されている」というスペシャルティコーヒーに対する認識をめぐる問題は、考察されなければならない。コーヒー店向けに出版された本には、「新しい時代の高品質（スペシャルティ）コーヒーの選び方」と題した記事があり、以下のように書かれている。

高品質のコーヒーを表現・表示する名称はいろいろあります。グルメコーヒー、プレミアムコーヒー、エステートコーヒーなどなど。その中で「スペシャルティ・コーヒー」は特別な意味があります。すでにアメリカのスペシャルティ・コーヒー業界では厳密に区別されているからです。地理的に異なる地域の標高や地形や自然環境は、それぞれ異なる気候を産みます。それによって、それぞれ異なる土壌を産み、その中でユニークな味・香りの特性と特徴を持ったコーヒーが算出されることがあります。これがスペシャルティ・コーヒーと呼べるコーヒーです。もちろん、その味・香りの特性と特徴は、消費者に「おいしい！」と称賛される特性と特徴であることは大前提です。そのためには、コーヒーの木の品種がアラビカの中でも「在来種」であることが重要視されます。〔…〕まず、コーヒーの木がロブスタ種との交配をされたアラビカ種ではなく、純粋なアラビカの在来種であることが絶対条件です。〔旭屋出版〔喫茶&スナック〕編集部編『コーヒ&エスプレッソの技術教本――抽出・バリエーション・焙煎』、二〇〇〇年、一一二～一一三頁〕

この記事には、サステイナブルコーヒーに関連した記述はなく、消費者に「おいしい」ことが前提とされた上で、「純粋な在来種であることが絶対条件」と書かれている。ただ、実際には、カップテストやコンテストで高得点を獲得するのに、純粋な在来種は絶対条件ではなく、品種の特定(トレーサビリティ)と均質性が要求されているだけである。それでも、業界向けのムックでこのように書かれているのは、「純粋な在来種」というのが、品質の基準として明確だからではないだろうか。つまり、曖昧《あいまい》さを払拭《ふっしょく》するためには、分かりやすい基準を示したほうが――たとえ正確でなくても――好都合なのである。なぜなら、ある程度コーヒーのgreen beansの取り扱いに精通《せいつう》した者であっても、生豆を見て品種を特定するのは非常に困難であり、まして焙煎・抽出したコーヒーの品種を特定するのは至難の業《わざ》だからである。いわんや、一般消費者で純粋な在来種かどうかなどを見分けられるような人はいないのだから、言ったもん勝ちだ。

また、コーヒー豆の小売り・喫茶店から業務用コーヒーまでを取り扱い「堀口珈琲研究所」

を主宰する堀口俊英《ほりぐちとしひで》氏は、業界向けの著作の中で、スペシャルティコーヒーの登場を次のように位置づけている。

スペシャルティコーヒーを、香味と言う観点から見た場合には、新しい評価基準が必要になります。それがカップ基準の得点です。コーヒーの品質は見直され、主観から客観的な評価の方向に向かいつつあります。「うちのコーヒーはおいしい」という主観的評価で済んだ時代は終わりを告げ、「このような理由でおいしい」という客観的評価の時代に入った訳です。

〔堀口俊英『スペシャルティコーヒーの本』、二〇〇五年、一五頁〕

ここでは、カップ基準には踏み込まない。けれども、仮にカップ基準そのものが客観的評価であるとしても、その評価は、珈琲を嗜好品として味わう飲用者が「美味しい／不味い」と感じるような類《たぐ》いのものではない。むしろ、全く関係ないと言い切ることができる。カップテストでは、グラインドしたコーヒー粉をカップに入れて上からお湯を注ぎ、カップの中を掻《か》き回して中身が落ち着いたところで上澄《うわず》みをスプーンで掬《すく》って口に含んでから吐き出す。およそ、珈琲を味わう通常の仕方と懸《か》け離れた味の評価テストが、カッピングなのである。カッピングによる品質評価とは、あくまでもコーヒー業界にとっての味覚の評価であり、業者が生豆を買い付ける際に、価格を設定するための基準にすぎない。

それでも、スペシャルティコーヒーは、その香味（美味しさ）が強調されることによって、日本のコーヒー業界における旗艦《きかん》商品として一般消費者へと宣伝されていく。
雑誌の記事から、一般消費者（飲用者）を対象としたスペシャルティコーヒーに関する記述をみてみよう。

本当においしいコーヒーとはどんなコーヒーなのだろう？　その答えは「スペシャルティコーヒー」を飲んでみれば分かる。二〇〇〇年代に入り、この特別な豆の普及によって、コーヒーの世界は一変した。ワインと同じようにテロワール（土地固有の風味特性）で選び、地域や農園ごとに個性豊かな味わいを楽しむことができるようになったのだ。

［『アエラムック Love Coffee! ——自宅がカフェになるおいしいコーヒーガイド』、二〇〇八年九月号、一四頁］

自家焙煎歴何十年の珈琲道を極めた喫茶店マスターも、居心地のいい空間を追求したカフェオーナーも、コーヒーの味にこだわると、今はスペシャルティコーヒーに行き着くみたいです。

［『BRUTUS』、二〇〇七年三月一五日号、七五頁］

だって好きか嫌いかはあるけど「とても美味しい」のかどうかはよく分からないから。というのはある意味ハズレではなかったようで、最近までコーヒー業界には一定の基準というものがなかったらしい。二〇〇〇年前後に欧米、続いて日本でもスペシャルティコーヒー協会が設立され、味と品質を相対評価できるようになったんだそうだ。てことは以前は「これがウマイんです」と力が強いとか声の大きい人の絶対判断を占いみたいに「あーそんな気します」と信じるしかない世界だったって…。晴れて客観的に美味しいコーヒーが選べるようになった今、出す店も飲む方もそれにアクセスしやすくなりつつある。

［半井裕子「Edi Front いきなりジャーナル」、『Meets Regional』二三三号、二〇〇七年、五頁］

これらの雑誌には、スペシャルティコーヒーを推進する日本のコーヒー業界（企業や珈琲専門店を含めて）による記事や広告が満載されている。ここからは、スペシャルティコーヒーを旗艦商品として消費者へ定着させていこうとする日本のコーヒー業界の強い意気込みが感じられる。

高額なコーヒー豆が　コーヒーの市場価格を高める

日本スペシャルティコーヒー協会（以下ＳＣＡＪと略記）は、一九八七年「全日本グルメコーヒー協会」として発足し、一九九九年の「世界スペシャルティーコーヒー会議」（日本大会）を契機に「日本スペシャルティーコーヒー協会」へと名称変更、二〇〇三年「日本スペシャルティコーヒー協会」として新規設立された。[4] 二〇〇七年には、年次大会「SCAJ二〇〇七」にあわせて、バリスタの世界チャンピオンを決める大会「WBC二〇〇七」も同時開催されている。年一回開催されるSCAJの年次大会は、日本におけるコーヒーイベントとしては最大規模のカンファレンスであり、日本のコーヒー業界に関連する企業・自営者たちが国内外のコーヒー業界（企業や協会など）と商談するためのパイプ作りの役割も担っている。

ここでは、SCAJの年次大会（二〇〇五〜二〇一二年）への参加経験から、日本において、コーヒーがブランド化されていく有り様を明らかにしてみたい。

SCAJの年次大会へは、会員に限定されたクローズドなイベントを除いて、入場料を支払えば誰でも参加することができる。会場は、オープン・イベントスペースと展示ブーススペースとなっていて、受付でネームホルダーを発行してもらって首にかければ、出入り自由となっている。ちなみに、「SCAJ二〇一二」の一般入場料は一、五〇〇円であったが、多くの展示ブースでは、コーヒーの試飲ができるようになっており、お土産として無料で配付されるグッズもある。私も含めて参加者のほとんどは、取引業者などから手に入れた「招待状」によって

4―― 日本スペシャリティ協会のホームページ http://www.scaj.org/ 参照。

無料で参加している人々であり、また、何らかの形でコーヒー関連の仕事と直接・間接に関係している人たちである。

まず、スペシャルティコーヒーと直接に関連するコーヒーの生豆green beansを取り扱っている協会や企業の展示ブースをみてみたい。

green beansを取り扱っている展示ブースは、大きく、以下の三つのカテゴリーに分けることができる。

① 生産国のコーヒー協会等による展示ブース
② 国内外のバイヤーによる展示ブース（海外のものが多い）
③ 国内のgreen beans取り扱い業者による展示ブース

①と②の主要な商談の対象は、トン単位でgreen beansを購入する日本の企業である。①の展示ブースは、独自のロゴやイメージキャラクターを使用するなど、各生産国が自国のgreen beansを日本に広報することも、出展の重要な目的となっている。

また、生産国の展示ブースの多くでは、生産地域や農園や品種などで分けられた複数の保温ポットが置かれ、コーヒーを試飲できたり、green beansも見られるようになっている。生産国のコーヒー協会にとっては、輸入国中、世界第三位の日本の市場において、自国のgreen beans

をブランド化し、そのブランド力を高めることは、必至の課題なのである。

例えば、私が最近入手したgreen beansを数十キログラム（kg）単位で小口販売している日本の業者の価格表（ほとんどはスペシャルティコーヒーにカテゴリー化されるコーヒー豆の価格表）をみると、約百種類のgreen beans一kg当たりの価格の大半が六〇〇〜一、二〇〇円であるのに対して、日本で最強のコーヒーブランドとなっているジャマイカ産の「ブルーマウンテンNo.1（以下ブルマンと略記）」には一kg当たり五、〇〇〇円近い価格が設定されている（二〇一四年六月現在）。確かに、ブルマンは、香りがよく、甘・酸・苦・渋味のバラスがとれた良質のコーヒー豆である。けれども、香味の点からみて、ブルマンが他のコーヒー豆と比較して、特段に「美味しい」とは言えないのも事実である。ブルマンには偽物も多いと言われている。「ブルーマウンテンは生産量の数倍以上の量が日本で消費されている」という噂は、業界関係者なら誰でも知っている。実際、SCAJの展示ブースで「ブルマンが品薄の時は、うちの産地のコーヒーがブルマンとして使われることが多いんだよね」と声をかけられたことは、一度や二度じゃない。

もともと、味のバランスが格段に良く、ブレンドする必要のないブルーマウンテンが、他の豆とブレンドして販売されることが多いのも、日本のコーヒー消費市場の特徴である。何とも勿体《もったい》ない話である。

また、ブルマンに次いで高い価格（数年前は四、〇〇〇円余り）が設定されていた「ハワイコナ（以下コナと略記）は、一kgあたり五、〇〇〇円近くまで値が上がっている（二〇一四年六月現在）。「SCA

J二〇〇九」の展示ブースでサンプルとして無料でもらった「ハワイコナ・エキストラファンシー」を一度だけ自分で焙煎したことがあるが、ブルマンとは対照的に、コナはフレーバーと酸味が独特で、強い個性を持った良いコーヒーである。どうしても評価がコナに甘くブルマンに辛《から》くなってしまうのは、私がバランスの良い味より個性の強い味を好むからだ。

実のところを言えば、ブルマンもコナも、生豆の状態ではほとんど欠点豆が見当たらないほど良質のコーヒーで、個人的な好みでしか優劣はつかないのである。尤《もっと》も、ブルマンとコナがいかに素晴らしいコーヒーであっても、よほどのことがない限り、私がそれらを買うことはない。理由は単純明快、高いからである。ブルマンやコナを買うのなら、同じくらい良質なコーヒーで、キログラム当たり千数百円くらいまでの豆を買う。そのほうが色んな種類のコーヒー豆を焙煎し味わうことができるから、資金に乏しい私はどうしてもそうなってしまうのだ。

コーヒーの場合、それぞれの種類ごとに独特の香味があり、味覚（美味しさ）のレベルと販売価格との間には、何の関係もないのである。即《すなわ》ち、美味しいからといって必ずしも高いわけではないし、高いから必ず美味しいわけでもない。勿論《もちろん》、どうしてもブルマンやコナが飲みたければ、稀少《きしょう》なコーヒーだから少々高くても仕方ない。ただ、単なる稀少性だけで価格が上がるのでなく、稀少性にブランド力が加わることで、高額のコーヒー豆が誕生するのである。

例えば、パナマのラ・エスメラルダ（La Esmeralda）農園のゲイシャ（Geisha）種というコーヒーは、二〇〇四年の国際オークションにおいて最高価格で落札されてBest of Panamaとなって以来、スペシャルティコーヒーとして近年最も注目を集めている。ちなみに、「ゲイシャ」という名は品種名で、芸者とは何の関係もないが、日本では名前の面白さも人気の要因となっている。もともとゲイシャ種もエチオピア産アラビカ種の一種で、エチオピアのゲイシャ地区で自生していたことが品種名の由来となっている。パナマのゲイシャが注目されるまでは、さほど高い価格で売買されていたわけではない。しかし、一旦《いったん》注目されると、その価格は一気に上昇し、今、ネットで調べてみると、キログラム当たり八、〇〇〇円余りの価格が設定されている。

SCAJ2010では、パナマのゲイシャ種をコロンビアへと移植して収穫に成功したコロンビアのゲイシャも、展示ブースで試飲することができたが、価格を訊《たず》ねるとやはり、キログラム当たり「八、〇〇〇円ぐらい」ということだった。試飲した感想だが、パナマもコロンビアもゲイシャは、他のコーヒーを圧倒するほど強いフルーティさを持ちつつも飲みやすい、良質な香味を持ったコーヒーだった。ただ、キログラム当たり八、〇〇〇円出して私が買うか？と問われると……。しかし、もし私が自家焙煎珈琲店をやっていたら、顧客を獲得する旗艦《きかん》商品として購入を真剣に考えるだろう。

余談だが、ゲイシャより遙《はる》かに高額なコーヒー豆として、通《マニア》の間に知られているのは、インドネシア産のコピ・ルアック（Kopi Luwak）である。インドネシア語で「コピ Kopi」はコーヒー、「ルアック Luwak」は麝香猫《ジャコウネコ》のことである。「山猫コーヒー」と呼ばれて、かつては通《マニア》の間で幻の珈琲として珍重されていたが、映画『カモメ食堂』〔⇩14頁〜〕に登場したことで一般にも知られるようになった。最近では、インドネシア語のままにコピ・ルアックと呼ばれることが多い（この豆については第7章で再び触れる〔⇩358頁〜〕）。

このコピ・ルアック、もともとはインドネシアのコーヒー農園で、熟したコーヒーの実を食べるジャコウネコの糞《ふん》の中に消化されずに残る種から、コーヒー豆を精製したものである。現地で飲まれていたコーヒーが独特な香味を持つことがヨーロッパでも知られるようになり、今では通常のコーヒーの数十倍で取り引きされている。何でも、ジャコウネコの体内で消化される際、化学反応によってコーヒー豆が熟成され、独特な香味が作り出されるという。尤《もっと》も、現在は、ジャコウネコを檻《おり》に入れてコーヒーの実を食べさせ、糞を集めて生産している豆が大半であるが、それでも生産量は極めて少なく、ネットで調べてみると、キログラム当たり約二〇、〇〇〇〜三〇、〇〇〇円の価格が付けられている。私も馴染みの自家焙煎店で一度飲んだことがあるが、一杯の値段は三、〇〇〇円だった。その店のマスターによれば、「常連のお客さんのリクエストがあったから少量だけ仕入れた」とのことで、三、〇〇〇円の価格だと、仕入れのコストを考えるといくらも利益は出ないだろう。数年前、外資系高級ホテルで一杯四、五〇〇〇円とか五、〇〇〇円とかで提供され、話題になっていた。実際に飲んでみると、コピ・ルアックは、他のどのコーヒーに似ているということがない独特な香味をもっていて、「なるほど、高値が付くはずだ」と納得した。

糞から精製されるコーヒーは、コピ・ルアック以外にも、ブラジルの鳥コーヒーや猿コーヒーなどが知られている。猿コーヒーは、存在こそ伝えられているものの、日本の珈琲通《マニア》がブラジルまで探しに行って、見つけられなかったというエッセイを読んだ記憶がある。実は、つい最近知ったのだが、フィリピンにもアラミドコーヒー（Alamid Coffee）と呼ばれるコピ・ルアックがある。現在、マニラ首都圏にある「フィリピンのウォール街」と呼ばれる副都心マカティのカフェで、アラミドコーヒーは一杯二、〇〇〇円（九〇〇ペソ）くらいで販売されているそうだ。アラミド（Alamid）は、シベェ（Civet）と呼ばれるジャコウネコの糞から精製したコーヒー豆を指す言葉である。ネットで調べてみたら、マカティのカフェでアラミドコーヒーは、焙煎された珈琲豆が二一〇グラム二、〇〇〇ペソで販売されていた（二〇一二年当時）。セブ島では、ジャコウネコを観賞しながら、アラミドコーヒーを飲ませるカフェもあるようだ。「こいつのウンチから精製した珈琲か」と思いをめぐらせながら味わう珈琲は、さぞかし強烈な薫《かお》り＝ニオイだろう。

ただ、ルアックの糞のニオイを実際に嗅いでみると、何ともフルーティで良い匂いがするから不思議である。SCAJ二〇一二では、台湾の業者が、ベトナムのアラビカ種を人工飼育のルアックに与えて作ったコピ・ルアックを大々的に宣伝していたが、試飲してみると、ちゃんとコピ・ルアックの香味がして、ビックリした。まだ、「日本での取り扱い業者は決まっていない」とのことだったが、どのくらいの価格で販売されるのかが気になるところである。

高額と言えば、UCC上島珈琲が『日本経済新聞』（二〇〇九年四月九日付）に出した全面広告「ブルボンポワントゥ100グラム7350円」をみて驚いた人は多いだろう。このブルボンポワントゥなるコーヒーは、マダカスカル島の東にあるレユニオン島（旧ブルボン島）で発見されたブルボン種の突然変異体で、一九世紀初頭に絶滅した種を、UCCとフランス政府が再生・復活させたコーヒーであり、二〇〇七年より販売されている。[5] 新聞広告によれば「三、〇〇〇セット数量限定」とあり、広告代などのコストを考えれば、それだけではとても採算が合うような代物ではない。

尤《もっと》も、ゲイシャにしろ、コピ・ルアックにしろ、仮に単体での採算が合わなくても、コーヒー業者が高額のコーヒー豆を宣伝することに力を注いでいるのは、それら商品に、コーヒー価格全体を高額水準へと牽引《けんいん》する役目を期待しているからである。これまでブルマンやコナなど、従来のブランドコーヒーによって、日本の喫茶店における珈琲一杯の価格は、ロンドンと同程度ほど、世界一高水準を維持してきた。果たして、スペシャルティコーヒーは、これまでのブルマンやコナなどが果たしてきた旗艦商品としての役割を引き継ぎ、新しいブランドとして、市場に定着するのだろうか？

コーヒーのスペクタクル化

近年、スペシャルティコーヒーは、極《ご》く一部の通《マニア》の間では知られるようになってきているものの、一般の消費者には、ほとんど知られていない。SCAJの年次大会を見ても、その規模は、年々縮小傾向にある。つまり、スペシャルティコーヒーがブランド化されるための条件が整っていないのである。その原因を一言で述べれば、「スペシャルティコーヒーに関する消費コードが確立していない」ということにつきる。消費コードと言うと、少々難しく感じるかもしれないけれども、要は、消費者がモノを選択する際に用いる予備知識（商品知識の体系）だと考えればいい。産地や地域、品種、有機・無農薬などの生産方法、収穫の仕方や精製方法、特定農園などのトレーサビリティ等々を総合的に判断して、選択消費を行えるような商品知識の体系が消費者に浸透していかなければ（学習されていなければ）、消費コードは確立しない。したがって、先述の「旗艦《きかん》商品としてのスペシャルコーヒー」の節［⇩238頁〜］で述べたように、そ

5―― ブルボンポワントゥの再生・復活に中心的な役割を果たした川島良彰の著書『コーヒーハンター』（二〇〇八年）も参照されたい。

の定義自体が曖昧《あいまい》なまま乱立し、市場へと溢れ出しているスペシャルティコーヒーが、単独で新しいブランドとして定着していくことは、かなり難しいだろう。

ブルーマウンテンやハワイコナなどの単品の旗艦商品とは違い、スペシャルティコーヒーには夥《おびただ》しい種類のコーヒーが存在しており、しかも毎年その数は増えていく。カップコンテストで高評価を獲得する農園だけをとってみても、毎年多くの生産地でコンテストが行われているのだから、優秀農園のコーヒーは増加することはあっても、減ることはない。

実際、自家焙煎珈琲店のマスターや、焙煎した珈琲豆を販売しているロースターなど、業界人たちの間でも、スペシャルティコーヒーに対する評価は、百家争鳴《ひゃっかそうめい》の状況にある。私も生豆を購入する際、明確な消費コードを備えているわけではなく、生産地と地域を基本にして味の特徴をつかまえようとしているが、これだけ種類が多くなると、当たるも八卦《はっけ》当たらぬも八卦と、勘《かん》に頼った選択になっている。それでも辛《かろ》うじてできることは、少々割高でも、まずは一〇kg程度の少量で購入してみて、気に入ったものを追加で買い足していくことだ。本章の最後でも述べるが、実は、色んな種類のgreen beansを少量で購入できるようになって、これまでになかった珈琲の愉《たの》しみ方ができる状況になったのだ（OWN ROASTERたちの増殖［⇩260頁～］）。

さて、green beansは、珈琲を飲用する一般の消費者に達するまでに、ロースターによって焙煎されて珈琲豆として商品化されるか、或《ある》いは喫茶店や珈琲専門店などを含むカフェで抽出されてカップ（飲料珈琲）として商品化される。カフェで飲む場合でも、焙煎された珈琲豆を購入して自宅やオフィスで自分で淹《い》れて飲む場合でも、一般消費者に対しては、カフェなどを媒介したコーヒーのイメージが大きく影響することになる。そのわけを見ていこう。

SCAJの年次大会における展示ブースで、参加者の目を一際《ひときわ》引くのは、コーヒー機器に関連する国内外業者の出展ブースである。これらの機器の大半は、小規模店舗用の機器である。たとえば、展示されている焙煎機の多くは、自家焙煎コーヒー店や焙煎コーヒー豆販売店用の小型焙煎機（ショップロースター）である（⇩92頁の図5参照）。近年、ショップロースターは、コンピュータ制御装置を備えてデジタル機器化されるとともに、焙煎時間短縮のための高速化、焙煎度合《どあい》見極めのオートマチック化など、ハイテク化が進んでいる。機械としての効率や機能はさておき、こうしたショップロースターは、店舗内で消費者に見られるために、洗練されたデザインが施されるようになっている。見せるための機械としてデザイン化が進行しているのは、業務用ミルも同様である。

消費者へ見せる、という点では、一九九〇年代後半のシアトル系カフェの登場によって、日本でも一般的になりつつある業務用エスプレッソマシンのデザインは、展示会場において飛びぬけて目立つ存在である。モダンと近未来的なスピード感とが融合した幻想的世界を感じさせるデザインは、機械を操作することよりも、機械を見せることに力点が置かれている。加えて、これらのエスプレッソマシンの多くには、ブランドごとに、ユニークなロゴが機械と一体化するようにデザインされ、消費者に一目でブランドの違いが分かるように差別化されている。

焙煎機やエスプレッソマシンに限らず、近年、コーヒー機器のデザイン化は進行しており、それらがお洒落《しゃれ》なカフェ空間を構成するアイテムとして、一九九〇年代後半からのカフェ・ブームを支えていったのである。▼6

日本のコーヒー業界において、スペシャルティコーヒーを旗艦《きかん》商品としてブランド化していくためには、小店舗のコーヒー店が果たす役割は重要である。ただ、コーヒーの香味をもって、スペシャルティコーヒーをブランド化していくのは、実際のところ不可能である。なぜならば、そのためには、コーヒーを飲用する消費者のほとんどが、コーヒーに対する味覚の基準（一般的規則）を備えなければならないからである。しかも、市場で流通しているコーヒー豆が大手のロースター企業によって焙煎されている以上、大半のコーヒー豆は流通の過程で（コーヒー豆の販売店やカフェに届くまでに）酸化してしまうのだから、ほとんどの消費者にとって、その香味を見極めることなど、そもそも不可能である。だからこそ、スペシャルティコーヒーを旗艦商品としてブランド化していくためには、小店舗用のコーヒー機器のデザイン化によって、高級コーヒーのイメージ作りをしていくことが必要不可欠となるのである。つまり、香味ではなく、「特別な物語＝イメージ」によって、スペシャルティコーヒーは演出されなければならないのだ。一般消費者に対して、カフェなどを媒介としたコーヒーのイメージが、大きく影響する理由がここにある。

フランスの映画作家・革命思想家ギー・ドゥボール（Guy Debord）によれば、現代社会においては、「生の全体がスペクタクルの膨大な蓄積として現れ」、「かつて直接に生きられていたものはすべて、表象《ひょうしょう》のうちに遠ざかってしまった」という。人々は演出されたイメージ（表象）によって振りまわされることになる［『スペクタクルの社会』、二〇〇三年、一六頁］。スペクタクル化した社会では、物事の質自体がイメージによって媒介された結託《タイ・アップ》のもとで評価・決定されることになる。

もはや消費者にとって、コーヒーの品質＝価値は香味ではない。コーヒーが提供されるイメージこそが、商品価値としての「品質」を決定していくのである。それは、優秀なバリスタやサイフォニスト▼7の競技会で、主たる審査基準が「味覚」ではなく、「手際《てぎわ》の良さ」と「演出」であることに照らしても、明らかである。そして、これらの競技会で優勝したチャンピオン

6―― シアトル系カフェを象徴するスターバックスが店内を全面禁煙にすることで、女性をコーヒー店に集客することに成功したことは、一九九〇年代後半にカフェ・ブームが起こる大きな要因の一つであった。一九八〇年代に急増していくファースト・フード店を含めた他の外食産業に押され、男性客中心だった従来のコーヒー店や喫茶店が店舗数を減らしていったのに対して、一九九〇年代後半からは、シアトル系カフェとお洒落系カフェが、外食産業における女性客の集客シェアを拡大していったのである。

7―― バリスタはエスプレッソマシンを用いてコーヒーを抽出する職人、サイフォニストはサイフォンコーヒーを抽出する職人である。

が鳴物入《なりものいり》で都市の表通りへ出店するカフェも、スペシャルティコーヒーを演出するイメージとして、コーヒーのスペクタクル化の片棒を担《かつ》ぐことになる。コーヒーのスペクタクル化が進行していく時代は、コーヒーの品質自体をイメージへと抽象化し、まっすぐに香味＝美味しさを味わおうと試みる体験から人々を遠ざけ、プレゼンテーションされた「香味＝美味しさ」を、人々へと押しつけていくのである。

瓢箪《ひょうたん》から駒

スペシャルティコーヒーという商品《カテゴリー》の登場は、珈琲の「香味＝美味しさ」を演出されたイメージ（表象）へと抽象化し、「香味＝美味しさ」をまっすぐに味わおうと努める感覚（一般的基準）を人々から遠ざけていく一方で、意外な効用ももたらした。小規模店を重視する業界の傾向が、農園や品種などの条件で細かく分類されたgreen beansを、数キログラムという少量単位で販売する業者の増加をもたらしたのである。誰でも簡単にいろいろなgreen beansを手に入れられるようになったのである。コーヒーのスペクタクル化による弊害《へいがい》を埋めあわせることはできないものの、新しい珈琲の愉《たの》しみ方を可能にしたのである。

市場に出回っているスペシャルティコーヒーのgreen beansは、実際に香味の点で比較してみると、スペシャルではない一般の産地別等級のコーヒーよりも必ずしも優れているとは言えない。つまり香味の点からは、優れている＝美味しいものもあれば、そうでもないものもある。けれども、スペシャルティコーヒーに共通しているのは、green beansにほとんど欠点豆がなく、見栄えが良いということである。自分でgreen beansを焙煎しているOWN ROASTERたちにとっては、欠点豆が少ないだけでも、スペシャルティコーヒーを選択する利がある。欠点豆を取り除くという面倒なハンドピック作業を軽減してくれるからである。また、これまで一トン余りのgreen beansを購入してきた私的な経験から言えることは、「スペシャルティコーヒー」と標示されたgreen beansには、購入時の期待――支払った金額に相応するレベル――に届かないような香味のコーヒー豆はあっても、酷《ひど》い味のコーヒー豆を掴《つか》まされたことは、これまでのところない。コーヒーのgreen beansは、不思議なことに、見栄えが良いものに特別酷《ひど》い＝不味いコーヒーは少ないのである。ただ、見栄えが悪い、見た目が美しくない不細工な生豆であっても、それがとびっきり美味しいコーヒーだったりするから、green beansを見極めるのは本当に難しい。

また、green beansを少量単位で購入できるようになったのと並行して、日本では近年、小型焙煎機の需要が徐々に拡大しつつあるという［永嶋万州彦、二〇〇三年］。自家焙煎珈琲店や焙煎豆小売店だけでなく、趣味で焙煎する珈琲通《マニア》のOWN ROASTERたちが増加しつつあるからである。

少量でもgreen beansを購入できるようになった今、その気になりさえすれば、誰でも自分で焙煎を始めることができる。焙煎機を手に入れることができなくても、フライパンさえあれば、コーヒーの焙煎は可能である。二〇〇七年一二月に亡くなった自家焙煎珈琲の名店「もか」の標 交紀《しめぎゆきとし》店主のように、仕入れた焙煎豆をフライパンで煎《い》りなおしたコーヒーが評判になって、自家焙煎に覚醒《かくせい》し、名人と呼ばれるまでになった珈琲職人もいるのである。▼8 実際、私の身近でも、商売とは無関係に自分で焙煎している人が何人かいることを知り、正直驚いている。

OWN ROASTERたちにとって、スペシャルティコーヒーの登場は、これまで難しかった、オルタナティブな珈琲の愉《たの》しみ方を提供した。その愉しみ方とは、「コーヒーの変化を愉しむ」と言ったらいいだろうか。同じ産地のgreen beansでも、農園や品種、土壌や精製方法が異なれば、味が全く変化すること。green beansは、収穫されてから保管期間が経過するとともに、焙煎後の味も変化していくこと。焙煎度合いの違いで、コーヒーの香味は実に多彩な変化をみせること等々……。green beansを一般の人たちが買うことが困難な時代には、到底叶《かな》わない夢のような世界が開かれたのだ。

コーヒーの変化を愉しむことは、無限の広がりをもっていると言えるだろう。アメリカの味覚で標準化されたカッピングテストの評価点など、コーヒーの変化を味わう至福の愉しみには、絶対に及ばない。

また、こうした愉しみに目覚める人たちがいくらかでも増えつつあることは、近代を象徴する嗜好品《しこうひん》としてのコーヒーに纏綿《てんめん》して離れない「暗黒の歴史」[9]を、いくらか浮き彫りにする光明となりえないだろうか。「暗黒の歴史」とは、コーヒー文化が世界へと広まっていく過程で、植民地化、奴隷化、差別などの社会的不公正を生み出し、現在でもコーヒー生産国に貧困や差別などの不公正な問題をもたらしていることを意味している。

映画“Black Gold”では、『おいしいコーヒーの真実』という邦題が演出するイメージ――「スローフード」、「エコ」――とは大きく異なり、コーヒーの生産者たちの窮状《きゅうじょう》を訴え、不公正な取引を是正《ぜせい》すべく奔走《ほんそう》するエチオピアの生産者組合の苦闘が描かれていた。こうした生産者たちによる活動の成否は、消費する側の人々の活動に大きく関わっている。しかし、消費する側の活動をフェアトレードという商業的な取引に限定してしまうことは、結局、先進国の企業倫理（演出されたイメージ＝表象）に、生産者たちの運命を委《ゆだ》ねてしまうことになりはしないだろうか。

もし、少量のgreen beansを商業目的ではなく、採算性など度外視した、趣味で消費するようなOWN ROASTERたちが増加し、それらOWN ROASTERたちの周りにコーヒー通《マニア》たちが集《つど》う

8――吉祥寺の「もか」と標交紀に関しては［嶋中、二〇〇五／二〇〇八］、［森光、二〇〇八］などを参照。

9――コーヒーの「暗黒の歴史」に関しては［Wild, 2004＝2007］参照。

ようになり、そうした消費者たちが消費国で消費者組合のような活動を立ち上げ、直接に生産国組合とフェアトレードできるような状況を切り開くことができれば……。コーヒー業界のフェアトレードコーヒーに起こっているウォッシング〔⇩239頁〕にも、一定の歯止めをかけられるのではないだろうか。

　コーヒーのスペクタクル化へと対抗する術《すべ》があるとしたら、演出されたイメージに支配された感覚を、他者からの批評に晒《さら》されるような自分自身の感覚（普遍的規則）として取り戻すために、直接にコーヒー豆green beansと向き合うべく、OWN-ROASTを指向するOWN ROASTERが増殖していくことだと思う。スペシャルティコーヒーの登場によって「瓢簞《ひょうたん》から駒《こま》が出る」なんてことも、起こりうるのだ。

追記　二〇一二年九月某日、「最高品質のgreen beansが少量から手に入れられる」という情報を頼りに、半信半疑で教えられた珈琲店に行ってみた。そこで、良質なgreen beansを見極める一つの方法をようやく見つけた。それは、生豆の匂いを嗅いでみることである。見た目に差はなくても、良質なgreen beansは、生豆の状態で香りが違うのだ。

第6章

極私的珈琲行脚

在家焙煎修行 ——OWN ROASTERの誕生

モンクにおける珈琲修行[1]を一応終えた私だったが、三ヶ月の間に何とか身につけられたのは、ネルドリップによる珈琲の抽出技術だけだった。焙煎は週に一度、日曜日に教えてもらっただけで、その手順こそ分かったものの、「焙煎技術を身につけた」などとは到底言えるようなものではなかった。実のところ、端《はな》から自分で焙煎するつもりなどなかったのである。だから、

修行も終盤に差し掛かった頃、吉田マスターから「店に予備の焙煎機が一台あるから自宅でやってみないか」と言われた時は、正直戸惑《とまど》った。

モンクで使用している焙煎機は、業務用としては一番小型の部類に入る「一キロ釜」[2]である。とはいえ、重量は四〇キログラム近くもあり、立派な機械である。ギリギリ一人で持ち上げられるものの、そんな工業機械みたいな塊《かたまり》を、郊外の狭い敷地に長期ローンを組んで、やっとこさ建てた自宅へ持ち込むなど、正気の沙汰《さた》ではない。人工的に区画された宅地に住宅が密集しているような所で、焙煎をするなど到底不可能だと思われた。けれども結局、生来の物好きが祟《たた》って、取り敢えずモンクから焙煎機を拝借して、自宅へ持ち帰ることにした。

折角《せっかく》のマスターからの申し出を無下《むげ》にするのもどうかと思ったし、一旦やってみてから「やっぱり無理でした」とマスターに言って、返却すればいいという腹積《はらづ》もりだった。

けれども、いざ始めてみると、「やってできないことはなさそうだ」という考えに変わるまでに、二ヶ月とはかからなかった。

まず、焙煎機の格納庫として、プレハブ小屋の空いている場所を使ってみたら、数年前に廃棄した自転車を置いていたスペースに、あろうことか、すっぽりと収まってしまったのだ。

次に、庭で焙煎できるように、ガス会社に配管工事を依頼してみたら、思っていたより安い費用ですぐに工事してくれた。尤《もっと》も、後で考えてみれば、ガスを利用してガス代を支払うことになるわけだから、費用が安かったのも、すぐに気安く工事に来てくれたのも、当たり前だったのかもしれない。

ホームセンターで、売り場にあった一番長いガス管と、焙煎機に設置する器具を買ってきたら、まるで誂《あつら》えたように、庭で焙煎するのに丁度良い具合になった。

まあ、ここまでは思いのほか首尾良く進んだけれども、問題はここからだ。ご近所外で焙煎するとしても、住宅地で真っ昼間から、焙煎機をまわすわけにはいかない。ご近所様の洗濯物にニオイでもついたら申し訳ない。だから、焙煎を始めるのは、隣近所の家々から洗濯物が取り込まれて、日が落ちてからだ。そうなると難しいのは、煎《い》り上がった珈琲豆を焙煎機から出すタイミングをどうやって見極めるか、ということになる。モンクで教わった焙煎は、珈琲豆の色を判断して、釜《かま》から出すタイミングを目で見極めることが最も重要なポイントだった。再びホームセンターで、小さなクリップライトを買ってきて、焙煎機にクリップで挟《はさ》んで取り付けてみたところ、暗闇でもなんとか珈琲豆の色を判断できるようになった。蛍光灯を使えば、もっと明るさを確保できるかもしれない。しかし、珈琲豆の微妙な色を判別するに

1―― モンクでの珈琲修行に関しては、本書第2章［⇩64頁〜］、及び［中根、二〇〇五］参照。

2―― 焙煎機は、一度に焙煎できる生豆の最大量で「〜キロ釜」と呼ばれる。例えば「一キロ釜」なら、最大一kgの生豆を焙煎できる焙煎機を意味する。

は、白熱灯を使うしかないから、少々暗くたって仕方ないと諦《あきら》めることにした。

どうにか自宅で焙煎する準備を調《ととの》えると、次に、焙煎技術を身につけるにはどうしたらいいのかという、それまで棚上げにしていた肝腎《かんじん》の課題に、あれこれ頭を悩ませた。モンクでの修行は、ネルドリップの抽出法が中心で、こちらは何とか身につけたような気になれたものの、焙煎に関しては機械の取り扱いや手順が分かっただけで、焙煎したコーヒー豆も「グアテマラSHB」だけだったのだ。

そこでまず、モンクで扱っている全ての豆を自分で焙煎して、その珈琲豆をマスターにみてもらうことにした。当時、モンクで扱っていたのは、「グアテマラSHB」、「タンザニアAA」、「ホンジュラスHG」、「コロンビア・スプレモ」、「マンデリンG－1」、「ジャワロブスタWIB－1」の六種類であった。これらの豆を焙煎してモンクへ持ち込み、マスターから「及第点」をもらうことを当面の目標としたのである。在家《ざいけ》焙煎（OWN-ROAST）修行の始まりである。

実のところ、自宅で焙煎を始めた当初は、失敗の連続だった。

焙煎中に電気のブレーカーが落ちた。焙煎機の熱源はガスだが、釜の回転ドラムと風式の冷却器はモーターだから、洗濯機と同時に焙煎機をまわすと、容量オーバーになるのだ。

また、突然雨が降ってきて、慌《あわ》てて焙煎機を小屋へと避難させねばならなくなったこともあった。

さらには、焙煎中、「なんかガス臭い」と思ったら、強風に煽《あお》られ、焙煎機の火が消えていたこともあった。外だからガス爆発や中毒の心配はないとしても、すぐに気づかなかったらどうなっていたかと思うと、何とも恐ろしい。

こうしたアオカン焙煎[3]ならではの大失敗もあれば、オーバーローストでコーヒー豆を真っ黒な炭にしてしまう基本的な失敗もしばしば……。

まあ、この手の失敗は、一度二度と繰り返せば、自然と回避する術《すべ》を知っていく。けれども、肝腎の焙煎度合を見極められるようになるのは、そう簡単にはいかなかった。最初、モンクで焙煎した豆を見本として、焙煎の際に見比べながら見極めようと試みたが、全く駄目だった。やってみて初めて分かったのだが、焙煎した豆は、時間が経過するにつれて、その色も微妙に変化していくのである。つまり、見本は役に立たないのである。

「何か別の目安はないか」と考えた挙げ句、「記録をとる」という当たり前な方法に行き着いた。焙煎した後で珈琲豆の目方を量り、焙煎前の生豆の重量で割り、記録をつけていくのであ

3――　寄せ場で日雇労働者たちは、野宿することを「アオカン」と言う。野外を意味する青天井の「青」と、中国の古い伝奇『邯鄲の夢（枕）』の「邯」との合成語「青邯（アオカン）」から、野外で居眠りすることや野宿することを意味する言葉となった、という説が有力である。ちなみに、野外での性行為も「青姦（アオカン）」と言われる。

る。これが一般に「歩留《ぶどま》り」と呼ばれていることは、随分経ってから、珈琲に関する書物を読み漁《あさ》っていくうちに知った。例えば、生豆一kgが焙煎後七九三g（グラム）になったなら、歩留まりは七九・三％となる。

焙煎した豆をモンクへ持って行き、マスターから「もっと浅く」、「もっと深く」、「火力が強すぎる」などとコメントしてもらい、記録した「歩留まり」と照らし合わせて、次に焙煎する際、修正していく。この繰り返しを続けた。

ある日、モンクへ焙煎した豆を持って行くと、「店の厨房《ちゅうぼう》に入って自分で抽出するよう」に言われ、抽出した珈琲を二人で試飲《しいん》した後、マスターからこう言われた。

　このあたりが限界でしょう。もう何も教えることはありません。後は、自分の珈琲を追求していって下さい。

モンクで扱っていた全ての種類のコーヒーを焙煎して及第点をもらうまでに、一年余りが経過していた。それはちょうど、一％以内の歩留まりで焙煎の見極めをコントロールできるようになった頃だった。

モンクから拝借した焙煎機は、三ヶ月も経たないうちに、マスターに頼み込んで譲《ゆず》って貰《もら》い、もう手放すことなど到底考えられないようになっていた。

かくして、珈琲職人になるつもりなど更更《さら》なく、単なる物好きで業務用焙煎機を保有し、自分で飲む珈琲を自ら焙煎するOWN ROASTER〔⇩260頁〜〕が誕生したのである。

会員制珈琲倶楽部を始める

焙煎機を手に入れると、一週間か十日に一度くらいの頻度《ひんど》で焙煎したいと思うようになった。そこで問題なのは、焙煎した珈琲豆をどうするかだ。モンクから譲り受けた焙煎機は、業務用焙煎機としては最も小型の部類に入る「一キロ釜」だが、珈琲店で使用するものだから、たとえ小さくても、一度の焙煎で八〇〇g（グラム）余りの珈琲豆が煎《い》り上がる。一回の焙煎にかかる時間は、おおよそ三〇〜五〇分（コーヒー豆の種類や状態、気温・湿度などによっても異なる）だが、焙煎を終えた後、釜の余熱を冷却するのに小一時間ほどかかる。焙煎機を小屋から庭へ出すのもそれなりに手間がかかるから、一旦始めたらせめて三回か四回くらいは焙煎機をまわしたい。しかしそうなると、二〜三kg（キログラム）の珈琲豆が煎り上がってしまう。一人で使用するには、ちょっと多すぎる。だからといって、自分で費消《ひしょう》する分だけを焙煎していては、そんなに回数はできないから、焙煎技術を鍛錬《たんれん》するには物足りない。折角《せっかく》、自分専用の焙煎機を手に入れたのだから、可能な限り色んなgreen beansを焙煎してみたい。

そこで、大学の同僚を中心に、身近な人たちへ自分で焙煎した珈琲豆をサンプルとして配り、気に入って頂ければ会員になってもらい格安で頒布《はんぷ》する、という会員制珈琲倶楽部を立ち上げることにした。ありがたいことに、すぐに数名の会員が集まり、焙煎した珈琲豆の引受先を確保できた。一年ほど経過すると会員も定着し、自宅で焙煎して供給可能なギリギリの頒布量に達した。ようやく、この会員制珈琲倶楽部に名前をつけてもよかろうと思えるようになった。できることなら、既存の珈琲店や喫茶店と被《かぶ》らないような名前にしたい。悩んだあげく、Kaffeekranz "Tasse"にした。"Tasse"は、「取っ手のついた碗《カップ》」〔⇩163頁〜〕のこと（ちなみにKaffeetasseは珈琲碗《コーヒーカップ》の意）だが、Kaffeekranzのほうは、「Kaffee＝珈琲」＋「Kranz＝輪」という我流の造語である。

ただただ存分に焙煎したいという我《わ》が儘《まま》から捏《でっ》ち上《あ》げた会員制倶楽部だが、他人を巻き込む形で始めてしまうと、自由気儘《きまま》という訳にはいかなくなった。

言うまでもなく、珈琲は嗜好品《しこうひん》の代表格である。国語辞典を引いてみても、嗜好品とは「栄養のためでなく、味わうことを目的にとる飲食物」〔『大辞林』〕、「栄養摂取《せっしゅ》を目的とせず、香味や刺激を得るための飲食物」〔『広辞苑』〕とあり、「酒・茶・コーヒー・タバコ」などとなっている。

ただ、この「嗜好品」という日本語に相当する欧米語や中国語はないようだ〔雑賀恵子『快楽の活用』、ちくま新書、二〇一〇年、七頁〕。

高田公理《たかだまさとし》氏は、「嗜好品」という日本語について、以下のように述べている。

それは近い将来、「津波 tsunami」「交番 koban」「鮨 sushi」「うま味 umami」などと同様、日本語由来の「世界語」になる可能性が大きい。
〔高田公理「嗜好品文化研究への招待」、『嗜好品文化を学ぶ人のために』、二〇〇八年、四頁〕

高田は、嗜好品の属性として、「生存に不可欠でない」、「好き嫌い＝嗜好を反映する」、「ないと寂《さび》しい」、「心身に好ましい効果をもたらす」、「人との出会いを円滑にする」を挙げている。まさに珈琲に対する一般的なイメージにぴったりである。一般的なイメージだと言うのは、私のイメージとは違うからだ。颯爽《さっそう》とカウンターでエスプレッソを立ち飲みしてカフェから立ち去っていくバール文化[4]を創り出したイタリア人は、「コーヒーがないと死んでしまうのです」と真顔《まがお》で言うが、私だって「珈琲が飲めないような世界ならもう生きていく気がしない」

4――バール（Bar）については本書296頁で後述する。また、バール文化に関しては〔島村、二〇〇七〕も参照。

と思っている――実際あと一〇年くらいでコーヒー豆が全く入ってこなくなっても、私一人だけなら一生ぶん足りる量のコーヒー豆をストックすべく、手筈《てはず》を整えつつある。たとえ「生存に不可欠でない」としても、「ないと寂しい」と嘆《なげ》いて済ませられるなら、本当の意味で嗜好品とは言えないだろう。

高田によれば、嗜好品という用語を用いた最も古い用例の一つは、森鷗外《もりおうがい》（一八六二～一九二二年）の短編小説にあるそうだ。

> 藥《くすり》は勿論《もちろん》の事、人生に必要な嗜好品に、毒になることのある物は幾《いく》らもある。世間の恐怖はどうかするとその毒になることのある物を、根本から無くしてしまはうとして、必要な物までを遠ざけようとするやうになる。要求が過大になる。出來《でき》ない相談になる。恐怖のために精力《せいりょく》を無用の處《ところ》に費してゐると考へたのであった。〔…〕大抵自分々々の狹い見解から、無遠慮に他を排して、どうかすると信教の自由などと云ふもの丶無かつた時代に後戻《あともどり》をしたやうに、自分の迷信までを人に強《し》ひようとする。それを聽《き》かないものに、片端から亂臣賊子《らんしんぞくし》〔悪事をはたらく者のこと〕の極印を打つ。〔…〕若《も》しそれが地盤を作つてしまふと、氣《き》の利いたものは面從腹誹《めんじゅうふくひ》〔うわべでは服従するように見せて腹の中では悪く言うこと〕の人になる。
>
> 〔森鷗外「藤棚」、『太陽』第一八巻九號、一九一二年、三一七～三一八頁〕

鷗外の言うように、嗜好品とは、それを嗜好する人間にとって、他人からあれこれ言われても、どうしようも「出来ない相談」なのだ。「社会に生きる人間にとって、生きるとは遅かれ早かれ自分をすり減らすことである」〔⇩23頁〕と喝破《かっぱ》したバルザックに肖《あやか》って、「生きるということがどうせ自分をすり減らしていくことにほかならないのであれば、とことん面倒臭く生きてやる」と啖呵《たんか》を切ってみたい〔⇩25頁〕。

珈琲好きもマニア化が進行すると、美味しさが一定レベルに達しない香味の珈琲は、口にできなくなるから不思議だ。嗜好品とは、その人なりの嗜好が進めば進むほど、どうしようも「出来ない相談」となっていくのだ。

他人の嗜好品をお世話するような会を立ち上げてしまったのだから、珈琲豆を切らすようなことがないように気をつけて、定期的に焙煎するようにしなければならない。それでも、出張が続いたり、梅雨や秋雨が長引いて焙煎ができず、会員の依頼に応えられないと、何となく責任を感じて、申し訳なく思ってしまう。商売＝仕事でやっているわけでもないから、職業義務などあろうはずもない。おそらく、珈琲豆のストックが切れかかると、何とも落ち着かない気分へと沈んでいく自分と重なるのだろう。

会員制珈琲倶楽部を立ち上げることによって、自由気儘《きまま》に、という勝手な願いは「出来ない相談」になったけれども、思う存分に焙煎をしたいという思いは叶《かな》った。

ロブスタ種をめぐって

さて、珈琲倶楽部Kaffeekranz "Tasse"では、会員に頒布《はんぷ》した珈琲豆の種類を記録し、後に感想を聞き、会員ごとの嗜好《しこう》を把握するようにしている。ほとんど全ての会員（その家族を含めて）に、好みだけでなく、苦手なものもあるから面白い。一度に二種類の珈琲豆を配付するようにしているが、苦手なものを外した上で、できる限り、二種類のうち一つは好みに合ったものを渡すようにしている。

好みが真っ二つに分かれるのは、まず、ロブスタ種（正式にはカネフォラ種／通称「ロブ」［⇩181頁～］）である。「ロブは苦手」と言う人と、「ロブが大好き」という人に二分される。

現在、世界で流通しているほとんどのコーヒーは、アラビカ種（学名Coffea arabica）とカネフォラ種（学名Coffea canephora）という、大きく二つの品種に分けられる。もう一つ、リベリカ種（学名Coffea liberica）があるが、こちらは全体の数パーセントに過ぎない。一般の市場で、「グアテマラ」、「キリマンジャロ」、「モカ」、「マンデリン」、「コロンビア」などと言われているのは、全てアラビカ種のコーヒーのことを指している。ロブスタ種は、滅多に珈琲専門店のメニューで見かけることはないが、モンクでは「ジャワ・ロブスタWIB－1」は欠かすことのできない重要な珈琲である。

あるシンポジウム（二〇〇五年）で、東京・吉祥寺《きちじょうじ》「もか」の標交紀《しめぎゆきとし》〔⇩260頁〜〕氏は、フロアから「ロブスタ種に関してはどうでしょう」と質問されて、次のように応えている。

私はロブスタを使っております。こういうと、自家焙煎をやっておられる方はみなビックリします。しかしその豆を隠し味にして、ある豆にちょっとだけ入れるんです。そうすると、その豆が持っているクセ——石ころのガリッとしたような味がするんですが、その欠点をみごとに消してくれる。ですから私は、ロブを使っております。

〔嶋中労・標交紀・田口護・関口一郎「日本の自家焙煎を切り開いた男たち」、『コーヒー文化研究』12、五四頁〕

ヨーロッパでエスプレッソコーヒーを主流としている国のカフェでは、ほとんどの珈琲がロブスタとアラビカのブレンドコーヒーである。ヨーロッパのエスプレッソと同様、標氏も、ブ

5——二〇〇五年七月一五日に日本橋ひょうご倶楽部において開催された「東京セミナー」で、登壇者は、嶋中労、標交紀、田口護、関口一郎。このセミナーの内容は、「日本のコーヒーを切り開いた男たち」として『コーヒー文化研究』12号（日本コーヒー文化学会、二〇〇五年）に、嶋中労によってまとめられた記事が掲載されている。

レンドするのにロブスタを混ぜて使うことの効用を話している。モンクでも、ロブスタを混ぜたブレンドがあるにはあるが、標氏が言うような「ちょこっとだけ入れる」のではなく、ベースとしてロブスタをたっぷり使ったブレンドである。モンクには、ブレンドどころか単品として「ジャワ・ロブスタＷＩＢ－１」が堂々とメニューに鎮座《ちんざ》しているのである。私は、モンク以外で、通常のメニューに単品でロブスタを入れている珈琲店に、まだお目にかかったことはない。ただ、神田にあった自家焙煎珈琲店Ｌ〔⇩101頁〜〕のマスターから、「ロブを焙煎してるんだったら、一度ランブルのロブを飲んでみろ」と言われて、ランブルに行ってはみたものの、ロブはメニューになかったことがあった。私は、Ｌのマスターが何かを勘違いしたのではないかと考え、今度Ｌへ行ったら確認してみようと思った矢先、Ｌは突然閉店してしまった。さらに、先述の会合で、カフェ・ド・ランブルの関口一郎氏は、同じ質問に以下のように答えたのだから、Ｌのマスターが勘違いしたに違いないという私の思い込みは、さらに強まった。

　私にロブスタ種のことを聞かれても、扱ったことがありませんので、何ともお答えしようがございません。悪しからずどうぞ。〔嶋中労・標交紀・田口護・関口一郎、前掲書、五三頁〕

　しかしこの後、あるところからカフェ・ド・ランブルの古いメニューをコピーした紙（図13）を手に入れて、Ｌのマスターが言ったことは勘違いなどではなかったことが判明した。現在のランブルのメニューならば、WEB上に公開されているので、出回っていても不思議はない。しかし、いま手元にあるランブルのメニューの末尾には、「AUG. '81」と記載されており、いったいどんな経路を辿って、このコピーが私のところへきたのか、全く覚えがない。しかし、肝《かん》腎《じん》の謎は、このメニューの「ストレート（単種）コーヒー・リスト」の一番上に、紛れもなく「ジャバ（ロブスタ）」と載《の》っていることである。さらに謎が深まるのは、関口氏はなぜ「扱ったことがありません」と答えたのか。忘れているのか勘違いしたのか。それはありえない。以下はあくまでも私の推測（の一部）である。

　おそらく、関口氏は、ウソだと分かる相手に対して、何かメッセージを伝えたのではないだろうか。そのシンポジウムのフロアには、コーヒーを生業《なりわい》としている人も沢山いたが、ロブを「扱ったことがない」というウソをウソだと見抜いた人は、ほとんどいなかっただろう。しかし、登壇《とうだん》者の中には、それが確実にウソだと分かる人物が一人だけいる。標氏である。シンポジウムにおける標氏の発言に触発された関口氏が、聴衆に分からないように応酬《おうしゅう》したのではないか、というのが私の推測である。

　しかし、推測で見当が付くのは、関口氏が触発された標氏の発言▼6についてまでで、どうして関口氏がロブを「扱ったことがない」と言ったのか、また、それが両氏にとってどんな意味があったのか、肝腎のことは今もって全く判らない。

ストレート（単種）コーヒー・リスト

	S	W
グリーン・ラベル		
ジャバ（ロブスタ）		
ペル		
ホンジュラス		
オレンジ・ラベル		
エル・サルバドル		
キューバ		
コスタリカ		
ニカラグア		
メキシコ		
ブラウン・ラベル		
ブラジル（サントス）		
ブラジル（ファゼンダ）		
コロンビア（スプレモ）		
モカ（エチオピア高地産）		
ドミニカ（オルド）		
スマトラ（アラビカ）		
ブラック・ラベル		
モカ（エキストラ　マタリ）		
タンザニア（キリマンジャロ）		
グアテマラ		
コロンビア（オルド）		
セレベス（トラジャ）		
ゴールド・ラベル		
ハワイ（エキストラ　コナ）		
コロンビア（ジャイアンツ）		
グアテマラ（ジャイアンツ）		
ブラジル（ジャイアンツ）		
ジャマイカ　高地産（"ブルー・マウンテン"）		

営業時間　平日 12時～10時まで　　日・祝 休業

珈琲だけの店　**カフェ・ド・ランブル**

中央区銀座[redacted]

（銀座松坂屋の裏通り　新橋寄り）　　AUG. '81

COFFEE ONLY MENU

濃厚ブラック

S W

No. 3 カフェ・ノワール 中カップ・ブレンド ……………………

ストレート …… （コーヒー・リスト）

No. 6 ドウミ・タッス 小カップ・ブレンド ……………………

ストレート …… （コーヒー・リスト）

薄いコーヒー

No. 2 ブレンド・コーヒー 普通カップ（ミルク付） ……………………

No. 4 ストレート・コーヒー 普通カップ（ 〃 ） ……………………

No. 5 カフェ・オ・レー （モーニングカップ） ……………………

No. 8 カフェ・ウフ （卵黄入りコーヒー） ……………………

ランブル オリジナル（C＝コールド）

C No. 7 ブラン・エ・ノワール"琥珀の女王" ……………………

ミルクを浮かしてシャンペン・グラスで召し上がるシャレタ・コーヒー

C No. 9 マサグラン（ブラック・コーヒー）カクテルグラス ……………………

C No.10 ランブレッソ （低温抽出の濃いコーヒー）……………………

No.11 カフェ・ロワイアル（コニャック付） ……………………

No.12 〃 ・グロリア（コワントロー付） ……………………

C No.13 ウオーター・ドリップ（水出しコーヒー） ……………………

C No.14 カフェ・ア・ラ・グラス（コーヒーリキュールをかけたアイスクリーム）……

C No.15 コーヒー・リキュール ……………………

C No.16 コーヒーリキュール・プリン ……………………

C No.17 〃 ・シャーベット ……………………

コーヒー豆とドリップ用器具

珈琲豆 ブレンド／ストレート 100g ……………………

琺瑯引コーヒーポット （オリジナルランブル製） ……………………

手挽コーヒーミル ……………………

ドリップ用枠付布フィルター 小（1～2人用） ……………………

〃 〃 大（3～6人用） ……………………

ドウミ・タッス・カップ （ランブル製）C/S 有田焼 ……………………

瓶詰コーヒー"プチ" 100cc （甘味） ……………………

〃 〃 70cc（濃厚 無糖） ……………………

図13 カフェ・ド・ランブルの古いメニュー（「AUG.'81」の記載あり、住所と電話番号は塗り潰した）

精製方法と香味の違い

さて、話を戻そう。

世界一のコーヒー生産国がブラジルであることは誰でも知っているが、第二位がベトナムであることは、日本ではあまり知られていない（グラフ8・9）。おそらく「ベトナム産のコーヒーを飲んだことがあるか」と人に訊《たず》ねても、多くの人は「ない」と即答《そくとう》するだろう（尤《もっと》も「ベトナムコーヒー」と言うと、練乳《れんにゅう》と混ぜて飲む、ドロドロに濃い珈琲やそれを作る専用の器を、思い浮かべる人はいるかもしれない）。しかし実際には、日本にも相当な量が輸入されているのだから、多くの日本人は、ベトナム産のコーヒーを飲んだことがあるはずなのである。ただ、それはインスタントコーヒーの原料、缶コーヒーの原料となっているので、それと気づかないだけなのだ。ベトナム産は近年、コーヒーの生産量を世界第二位まで一気に増やしてきたが、そのほとんどはロブスタ種である。一方、ブラジルの方は、アラビカ種が主流である。

ロブスタ種は、アフリカのコンゴが原産と言われ、アラビカ種と比較して、病害虫に強く、高温多湿の気候にも適応し、低湿地でも栽培できることから、アラビカ種の不向きな地域で栽培されている。▼7 また、ロブスタは、栽培も簡単で手がかからず、収穫量も多い。それゆえ、ア

グラフ8　国別コーヒー生産量（2010／2011年）　単位 1,000袋／1袋＝60kg

全日本コーヒー協会資料より作成
（米国農務省［USDA］統計）

A＝アラビカ生産国
R＝ロブスタ生産国
A・R＝アラビカを主とする両品種生産国
R・A＝ロブスタを主とする両品種生産国

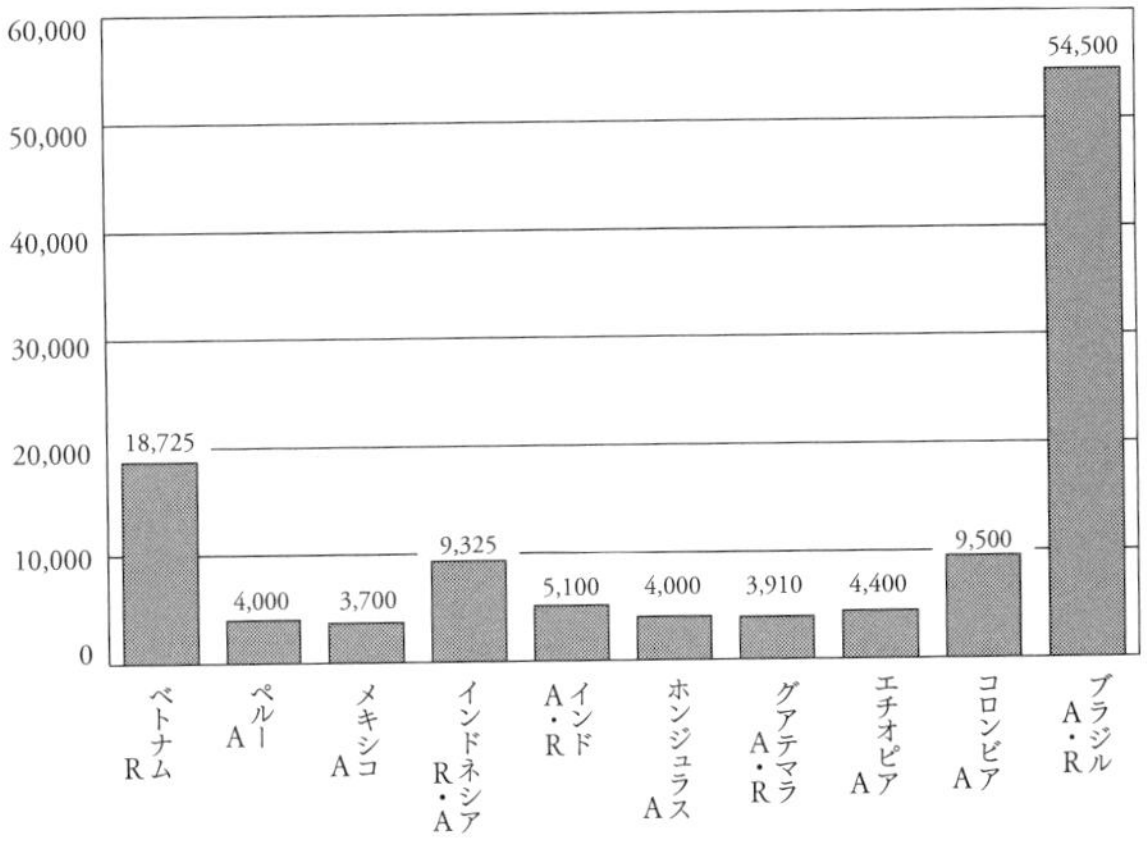

グラフ9　国別コーヒー生産量の推移（2001-02～2012-13年）

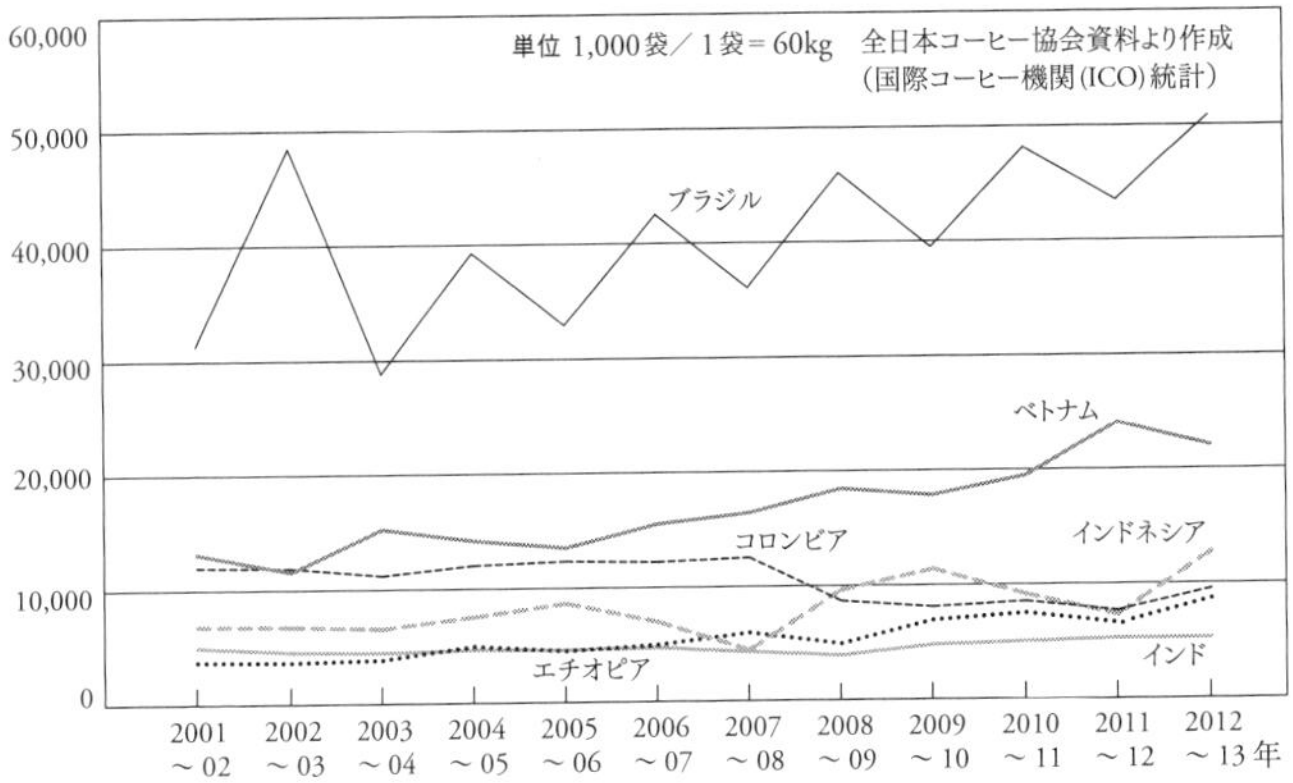

ラビカと比較して、green beansの値段も安いことから、ロブスタは「低級」とか「品質が劣る」など揶揄《やゆ》されることも多い。安いのは確かであるが、アラビカと比較して「香味が落ちる」と見下すのは、適切な評価の仕方ではない、と私は考えている。なぜならば、ロブスタとアラビカは、それぞれ全く異なる香味を持ったコーヒーだからである。

私にとって、ロブスタが欠かすことのできないコーヒーであるのは、その香味が、アラビカと比較して独特な特長を持っているからだ。強い独特な苦味とコクのある甘味を持つロブスタは、珈琲らしいコーヒーである。「泥臭い」味と表現されることもあるが、それは決して「泥のような臭いや味」を意味するのでなく、「野暮《やぼ》ったい」味を意味しているのだろう。確かに、悪く言えば「田舎くさい」、「洗練されていない」コーヒーとなるが、良く言えば「素朴で」、「骨太な」、「どこか懐《なつ》かしさ」を感じるコーヒーがロブスタなのである。比喩《ひゆ》に淫《いん》するならば、「幼き頃に無心で飲んだ田舎汁粉のようなホッとする香味がロブスタコーヒー」となる。ミルクや砂糖との相性が抜群で、アイス珈琲や珈琲ゼリーなどを作る際には、冷たさや他の素材の味に負けない珈琲らしさを発揮するロブスタは、アラビカでは代替《だいたい》できないのである。

ロブスタが香味の点でアラビカに劣るのは、香りが若干弱いことと、香りと酸味に然《さ》したる特徴がないことだろう。これらの点で、ロブスタ種は、アラビカ種のように生産地別で香味の差別化をはかることが難しい。

ロブスタの中で最も高品質なのは、インドネシアのジャワ島で生産されるジャワ・ロブスタWIB－1である。「W.I.B.」とは、オランダ語West Indische Bereiding（西インド諸島式精製方法）の略で、水洗式精製《せいせん》方法（washed）を意味している。ちなみに「-1」はグレードのことで、ナンバー1を意味しているが、ナンバー2というグレードの豆はまだ見たことがない。

水洗式は豊富な水と設備を必要とし、精製過程で手間がかかり、生産コストが高くつく。だから通常、値段の安いロブスタは、ジャワ島以外では乾燥式（naturalともunwashedとも言う）で精製される。W.I.B.に対して乾燥式には、O.I.B.（Oost Indische Bereiding東インド諸島式精製方法）という名称もあるが、実際の商品としてはお目にかかったことはない。ナチュラルで精製されたものは「インドネシアAP－1」という商品名で呼ばれる。A.P.とはAfter Polishの略で、「磨《みが》きつやを出した」という意味である。インドネシアでは、ジャワ島以外でもロブスタが生産されているが、ジャワのWIB以外のロブスタに、島や地域の名が付いたgreen beans商品はあまり見かけない。やはり、「ジャワロブ」と呼ばれるジャワ・ロブスタWIB－1は、ロブスタの中でも別格なのである。

先に、水洗式は生産コストが高くつくと書いたが、アラビカの場合、水洗式が乾燥式や半水

6——興味のある方は、嶋中労・標交紀・田口護・関口一郎「日本のコーヒーを切り開いた男たち」（前掲書所収、二〇〇五年）を参照あれ。

7——日本コーヒー文化学会編『コーヒーの辞典』（二〇〇一年）

洗式（semiwashed）と比較して、必ずしも香味や品質の点で優れているとは言えない。実際、生産地（国や地域など）の気候などの条件で精製方式が異なり、その精製方式の違いが香味の差別化へとつながっている。

しかし、私が実際に取り扱ったことのある乾燥式の「ベトナム」、「ウガンダ」、「タンザニア」のロブスタに関して言えば、香味を差別化するほどまで、味の違いを大きく感じることはできなかった。つまり、ジャワロブの香味が頭抜《ずぬ》けているのは確かであるが、それはあくまでも品質の高低の違いを感じただけで、嗜好としての香味の違いを感じることはできなかった。

しかし、アラビカ種の場合、同じ地域で生産されたgreen beansであっても、精製方法で、嗜好的な香味が大きく異なるものもある。

例えば、エチオピア南部シダモ産のgreen beansでは、水洗式の「シダモ2」のほうが乾燥式の「シダモ4」より高級とされ、価格にも差がある。しかし、嗜好的な香味が大きく異なるので、上品な香味を持つ「シダモ2」よりも、野性的な香味の「シダモ4」を好む人も多い。

話のついでに、少々マニアックな体験を書かせてもらおう。精製方法の違いによるブランド作りの実際（とその弊害《へいがい》）を知っていただくための補筆でもある。

ＳＣＡＪ二〇一〇で、日本のある輸入業者さんから、インドネシア・スマトラ島リントン地区産で乾燥式（natural）によって精製されたgreen beansのサンプルをいただいた。見た目はお世辞にも良いと言えないが、焙煎して飲んでみてビックリ、精製方法でこんなに味が変わるのかと驚いた。リントン産のコーヒーは、私が最も好きなコーヒーの一つで、結構多くの業者による green beans のブランドを飲み比べてきたが、これほどガツンとくる香味の特長を出すリントンは初めてだった。

通常の水洗式では、収穫後に異物などを取り除いて選別したコーヒーチェリーを水槽《すいそう》へ入れ、未熟豆を水に浮かせて除き、底に沈んだ成熟豆を果肉《かにく》除去機にかけて（パルピングと言う）、発酵《はっこう》槽に入れて発酵させてヌメリを取る。その後、水槽で水洗してから日光や乾燥機で乾燥させたパーチメント（生豆の周囲を覆《おお》っている殻《から》〔⇩104頁の図7〕）を脱穀《だっこく》して生豆を取り出す。半水洗式では、水洗式の発酵槽行程《こうてい》と水洗行程はないが、パーチメントのまま乾燥させてから脱穀するのは同じである。

しかし、「スマトラ式」と呼ばれる独特な精製方法は、収穫したコーヒーチェリーの果肉をパルピングしてから水洗いし、パーチメントの状態で天日乾燥した後、脱穀して生豆の状態にして、再び天日乾燥させてアサラン（asalan）と呼ばれる原料＝green beans に仕上げる（図14）。脱穀してから生豆の状態で再び天日乾燥させるのは、収穫期が雨季に重なるスマトラの気候に対応するためだと考えられている。このスマトラ式精製方法によって、「マンデリン」というブランド名を冠したスマトラのコーヒーは、一目でそれと分かるほどの独特な濃い青緑色をした green beans となる。勿論《もちろん》、スマトラ式精製方法が、見た目だけでなく、他のコーヒー豆にはないマンデリン独特の香味を作り出すのは言うまでも無い。そのスマトラで、しかもアチェ地区と並んでマンデリンの高級豆産地として双璧《そうへき》をなすリントン地区で、わざわざ乾燥式のリントン・ナチュラルなるgreen beansを作り出そうという試みは、最近始まったばかりである。

スペシャルティコーヒーという世界市場を意識し、消費国の輸入業者からのオーダーに応じて、スマトラ式、水洗式、半水洗式、乾燥式といった精製方法を自在に使い分ける業者が現れたのである。収穫期が雨期に重なるスマトラで、コーヒーチェリーを野ざらしで天日乾燥すれば発酵《はっこう》臭が出てしまうため、高級豆を作り出すことは一般には難しい。そこで、インドアのテニスコートを巨大化したような乾燥場（図15）を建設することで、雨などの天候に左右されず、乾燥式で高級豆を生産することを可能にしたのである。通常、乾燥式は、未熟豆や死に豆[8]の混入が多くなると考えられているが、それは設備に乏しくコストや手間を省いた場合の話で、選別がきちんとされていれば、乾燥式で香味が劣化することはない。この乾燥式で精製されたリントン・ナチュラルは、先に述べたように、見た目は通常のマンデリンとは到底思えないような外見であるにも拘《かか》わらず、果実としてのフルーティさが強烈であるという点では、スマトラ式を超えた香味である（むろん、嗜好的には好き嫌いが分かれるだろう）。見た目が悪いから香味も落ちるとは限らないから、green beansを見分けるのは本当に難しい。結局、焙煎して飲んでみなければ分からない、と私は半《なか》ば諦《あきら》めている。

スペシャルティコーヒーのような、香味の差別化による市場が拡大しつつあるアラビカ種は、

図14　天日乾燥されるコーヒー豆

図15　巨大な屋内乾燥場（ワハナ農園）

今後、産地や品種だけでなく、精製方法によるブランド作りも進んでいくだろう。逆に、香味の差別化による市場が確立していないロブスタ種は、さらなる品質の劣化が危惧《きぐ》される。市場において低価格で取引されるロブスタの生産には、手間とコストをかけられないからだ。小農家が中心で生産されているインドネシアのロブスタは、その多くが、完熟するのを待たずに未熟豆で収穫されてしまうために、品質が劣化していると言われもする（スマトラの輸出業者さんの話）。「もっと色んな産地の美味しいロブスタを味わってみたい」という私の勝手な思いが叶《かな》えられそうもないのは、消費する側の市場で、ロブスタを勝手に低級と決めつけているからかもしれない。

自家焙煎珈琲店巡《めぐ》りの始まり

モンクでの珈琲修行を終えた後、自家焙煎珈琲店巡りを始めることにした。それは、追求すべき「自分の珈琲」を探すためである、と言えば、少々大袈裟《おおげさ》になるけれども、結局、この自家焙煎珈琲店巡りをきっかけとして、私はより深く珈琲に関わるようになっていった。名だたる珈琲職人の多くは、自分の珈琲を探して、他の珈琲店へ足を運んでいるし、モンクのマスターからも「店を始める前、珈琲店巡りをした」という話を聞いていたので、当然、自分もそうするべきだと望んでもいた。最初は、本業の出張のついでに、関東や関西を中心に珈琲店をまわるだけだったが、次第に、自家焙煎珈琲店巡りのほうが本業のようになっていった。

ところで、「自家焙煎」という言葉は、いつ頃から使われるようになったのだろうか？日本の文献をあたってみたが、どうも敗戦前ではなさそうである。私が発見できたもので最も古いのは、一九五五年に出版された井上誠《いのうえまこと》〔⇩161頁〜〕の『珈琲』である。

まず井上は、コーヒーの輸入が正式に認可されていない敗戦後の日本で、アメリカの缶詰珈琲[9]が流行した現象を、以下のように記録している。

> 罐詰《かんづめ》珈琲と云えば、終戦直後から数年の間は、純粋珈琲を代表したもののように、一般に思われていたこともあつた。そして珈琲店のカウンターの棚には、罐詰を堆高《うずたか》く積むことが、店の信用になるとされていた。〔…〕焙煎珈琲はそういう人気に煽《あお》られて、一

8――「未熟豆」は完熟する前に収穫された実から精製された生豆を指し、「死に豆」は焙煎しても色がつかずに白っぽいまま炒り上がる豆を指す。どちらも、発酵臭に近い異臭を出す。

9――この缶詰珈琲は、当時、ポンド表示だったことから「ポンカン」と呼ばれるのが一般的だった。

時は、罐詰を模範にしていると思われた程だつた。

〔井上誠『珈琲』、一九五五年、二〇八頁〕

敗戦後の闇市《やみいち》では、アメリカ軍から流出した怪しげなコーヒーを飲ませる露店《ろてん》があって、行列ができていたことはよく知られている。戦時期に消えたコーヒーに飢えていたのだから、味などどうでもよかったのだろう。しかし、缶詰が「店の信用になる」ほどとは、驚きである。またここで、井上は「焙煎珈琲」という言葉を使っているが、後に見るように、それが自家焙煎珈琲店で焙煎された珈琲を意味しているようである。

それにしても、模範とされた缶詰珈琲はどうなったのか。

焙煎珈琲が声価《せいか》を取り戻したのは、その新鮮さの生気が、罐詰に比してはるかに優れていることが敗戦珈琲を飲み馴れた口に認められるようになつたからである。珈琲店の棚から罐詰が徐々に、徐々に消えはじめ、全く消え去つた時には、空罐さえそのあたりに置くことを、恥とするようになつていた。

〔井上誠、前掲書、二〇八～二〇九頁〕

興味深いのは、缶詰を駆逐《くちく》したのは、焙煎直後の活きいきとした「新鮮さ」だったということである。古く酸化したコーヒーが市場に溢《あふ》れている現在の日本を考えると、敗戦後間もない頃、新鮮な珈琲を愛飲した日本人の多くは、意外にまともな舌を持っていたのかもしれない

（実の所、当時、珈琲を愛飲《あいいん》する人たちは限られた層だったのだろう）［⇩61頁］。模範とされた缶詰珈琲が店の信用から恥へと変わった時点で、「自家焙煎」という言葉が登場する。

> 店の信用は、大半珈琲にかかつて来たと云《い》つてもいい。真剣に考えるところでは、小さな店でも、手廻《てまわ》しを備えて自家焙煎をし、各産地の単品や配合を見せはじめるようになつたことも、戦後の特色を表わす一つの傾向となつて行つた。［同書、二一〇頁］

井上が「戦後の特色を表す」というのは、「戦前の喫茶店では、実際の仕事場は多く裏に設けられていた」からである。敗戦後になって、客の目の前で、焙煎から抽出までを見せることが、他の珈琲店との競争に生き残る術《すべ》の一つとなったのである。おそらく、このあたりから「自家焙煎珈琲店」というカテゴリーが作られたのではないか。現時点では、まだ私の推測に過ぎない。敗戦前にも、「自家焙煎珈琲店」と呼びうる店がいくつもあったはずであるが、「自家焙煎」というカテゴリーが現れる前に、消えてしまったようである。

現存する自家焙煎珈琲店の中で最も古いのは、本書で何度も登場する銀座のカフェ・ド・ランブル［⇩83頁〜］で、一九四八年の創業である。モンクで珈琲修行をする前から、ランブルへは何度か行ったことがあったけれども、自分の珈琲を鍛錬《たんれん》する「ランブル詣《もう》で」は、修行後に始まり、そして現在まで続いている。

神田にあった自家焙煎珈琲店L［⇩101頁〜］のマスターから、「ランブルに行ったら、全ての作業手順を見渡せるように、カウンターの一番奥に陣取《じんど》れ」、「昔はカウンターに珈琲屋ばかりいて、店員が珈琲豆を天秤《てんびん》にかけようと背を向けた隙《すき》にオペラグラスで秤《はかり》の目盛を盗んでた」と聞かされたことは先に書いた［⇩83頁〜］。私も空いていればカウンターの一番奥を定席とするようになったが、さすがにオペラグラスを持参して行ったことはない。尤《もっと》も、私がランブルへ詣でるようになった頃には、店員さんに訊《たず》ねれば、大抵の事は何でも気軽に教えてくれた。実際、コーヒーリキュールの作り方なんかは、「抽出法」から「珈琲豆の分量」、「使用しているラム酒の銘柄」まで丁寧に教えていただき、たいへん重宝している。「ここまでオープンにして大丈夫か？」と思うほどで、実際、ランブルがオリジナルで開発したものをチャッカリ拝借している珈琲店は多い。

例えば、ランブルの「琥珀の女王《ブラン・エ・ノワール》」というメニューは、濃厚に抽出した珈琲を、砂糖を入れたカクテルシェーカーを使って氷の上で回転させて一気に冷やし、カクテルグラスに注いだ珈琲の上からミルクを浮かべて飲む珈琲である。この「琥珀の女王」というメニュー、他の珈琲店でもしばしば見かけるだけでなく――メニューのネーミングぐらい自分でできないのかと思うが――、「琥珀の女王……当店オリジナル」と堂々とメニューに載《の》せている不心得な店に出くわした時は、啞然《あぜん》とした。

また、抽出時に湯加減を自在に調節しやすくするために、湯の注ぎ口が特殊な形状となっているポットも、他の珈琲店でも真似したポットがオリジナルと銘打《めいう》って販売されていたが、二〇〇五年に『通販生活』で「ランブルポット」として販売されてからは、インテリアショップなどでもランブルポットとして陳列されているのを見かけるようになった。

ランブルがオープンすぎるほどオープンなのは、「美味しい珈琲を多くの人が飲めるようになればいい」という、関口店主の意思が反映されているからであろう。同時にそれは、「真似されても全然大丈夫、絶対真似できないから」という自信に裏打ちされている。

自家焙煎珈琲店では、green beansを選別して仕入れることから、焙煎・抽出して「カップ＝商品としての珈琲」を作り出すまでの過程が、一店舗内で行われる。そのプロセスで、全てを同じように行うのは、不可能だ。正確に言えば、客に提供する珈琲のレベルを下げれば可能だろうが、ひたすら「美味しい珈琲」を作ろうとする限り、実質的に不可能なのである。とりわけても難しいのは、green beansの選別（保管・エイジングを含めて）と、焙煎だろう。全く同じgreen beansを仕入れても、保管・エイジングの過程でコーヒーの生豆は変化していくし、焙煎のほうも、たとえ同じ機械を使ったとしても、数値データだけでは同じようにコーヒー豆に火を通せるわけではないからだ。

カフェ・ド・ランブルが、自家焙煎珈琲店の中で、他店を圧倒するオリジナルな存在であるのは、その珈琲の美味しさや、トップランナーとして走り続けている歴史的功績だけでなく、関口一郎店主《マスター》を中心として、常に複数のスタッフによって通《マニア》のための店が営まれてきたことにある。日本のマニアックな珈琲店が、大抵、店主《マスター》一人が焙煎から抽出までを行っているのは、珈琲の香味の水準を一定に保つためである。複数のスタッフが珈琲を抽出して、香味を一定の水準に（しかも高度なレベルで）保っていくのは、よほどスタッフを鍛錬《たんれん》しない限り難しい。この事実に気づいて驚愕《きょうがく》したのは、自家焙煎珈琲店巡りを始めてから、数年経った頃である。

珈琲店《カフェ》のジレンマ——如何《いか》に客を選別・排除するか

自家焙煎珈琲店巡《めぐ》りを始めるとはいっても、では、カフェ・ド・ランブルの他、どの珈琲店に行けば良いのか？　喫茶店は年々減少しているとは言え、一人の人間が行くとなると、自家焙煎珈琲店だけに限定しても、凄《すご》い数である。

そこでまず、モンクのマスターに、マスターが巡った店で「これっ」という店を、何軒かピックアップしてもらった。それから、珈琲関連の専門雑誌やWEB情報に頼りつつ、知り合いから「美味しいと感じた珈琲店」を聞き出したりもした。論文と称して、珈琲を題材とした駄文を公表すると、地方新聞社より「珈琲をテーマにコラムの連載《れんさい》」という仕事が舞い込み、新聞にエッセイを書くと、ちょっとした講演やラジオ番組の依頼も飛び込み、それらを見たり聞いたりした人たちからも、珈琲店の情報が集まるようになった。

尤《もっと》も、最初は、「手当たり次第」と言っていいような仕方で、自家焙煎珈琲店を巡っていたが、中には「自家焙煎とは看板だけ」という珈琲店も数多くあり、多くの時間と労力を無駄にした。それでも、百店舗ぐらい巡ったところで、素朴な発見があった。私はそれを「カフェのジレンマ」と呼んでいる。

一般に、飲食店では、客一人当たりが平均的に支払う金額（客単価）をもって、店舗内の席数が何回転するかで、売り上げを見積もる。だから、客は、安くて旨《うま》いものを食べようとすれば、少々忙《せわ》しくて窮屈で不快でも仕方ないと我慢し、逆に、落ち着いた場所で快適に旨いものをと思えば、それ相応の出費を覚悟する。けれども、これはカフェでは通じない。


「居心地を良くすれば席の回転数が下がるし、居心地が悪ければ客はこない。」

——カフェのジレンマ

珈琲店は珈琲を商品として売る店だとしても、客は、珈琲だけでなく席／空間を占拠《せんきょ》／消費することに金を払う。小店舗の自家焙煎珈琲店は、客単価の基礎となる珈琲一杯の値段をいくらにするかが、店の盛衰《せいすい》を決することになりかねない。その点、安売りの大規模コーヒチェーン店は、大量に売ることで利益を得るシステムになっているから、テイクアウト販売も含めて、原価と人件費などを含めたコストとの関係で、珈琲の売値を決めれば良い。だから、小店舗の珈琲店や喫茶店が、安売りチェーン店と競合しようと試みても、無駄である。大量仕入れ大量販売が可能なチェーン店による価格競争はコストを削減すれば事足りるが、小店舗では、コストを削減するということは儲《もう》けを下げることに直結してしまうからだ。零細《れいさい》喫茶店主が「スタバにどうやったら勝てるのか」という問いを発した途端、既に敗北しているのである。

尤《もっと》も、イタリアのようなバール文化が社会に浸透していれば、小店舗でも大手チェーンに対抗できるかもしれない。バール(Bar)とは、イタリアのカフェにある立ち飲みカウンターのことで、カフェとして席を持たないバールだけの店舗もある。イタリアでは、地域ごとに法律によって、バールで提供するエスプレッソコーヒーの値段が定められている。だから、老舗《しにせ》有名店カフェ――ローマの「カフェ・グレコ」、ベネツィアの「カフェ・フローリアン」や「グラン・カフェ・リストランテ・クアドリ」など――には、バールという看板はあっても、店内にバール＝立ち飲み場がない。珈琲の値段が法律で決まっているのは、「珈琲を飲むことが人間の権利だ」という、イタリア文化の賜物《たまもの》である。

実際、イタリアの警察官は、真っ昼間のパトロール勤務中であっても、いかつい制服のままで、堂々とバールで珈琲を飲んでいるから凄《すご》い。ただ、バールでは注文したもの以外、水も出ないので（水は販売されている商品なので）、たいていの客は、注文した珈琲が出されると、サッと飲んで店をあとにする（テイクアウトしていく客も多い）。ちなみに、バールでの珈琲一杯の値段は一ユーロ前後で（二〇一〇年七月）、しかもスーパーに併設されているようなバールで飲んでも、まともに飲める珈琲が出てくるのには驚きだ。酸化していない珈琲を飲むために、街中を血眼《ちまなこ》になって探し回らなければならない日本とは大違いだ。シアトル系カフェがイタリアに進出できないのは、法律で規制されているからではなく、バール文化に対抗しても、とても勝算が見込めないからだろう。

　また、イタリアの本格的なエスプレッソを飲み馴れたイタリア人が、アメリカンなエスプレッソを受け付けるとも思えない。イタリアやオーストリアのエスプレッソは、普通サイズで僅《わず》か一五〜二五cc（立方センチメートル）程度で、ドッピオ（ダブル）でもたいてい五〇ccもないくらいの少量であるが、ネルドリップ珈琲のデミタス（通常一五〜二〇g（グラム）程度の珈琲豆で五〇cc抽出した濃厚な珈琲）よりも、さらに濃厚な珈琲である。珈琲の濃さにも、文化的な嗜好や個人的な好みがある。日本では、本格的なエスプレッソを飲ませる珈琲店を、私はいまだ発見できずにいる。日本人の多くは「濃すぎて飲めない」と感じるらしい。

　逆に、ヨーロッパの本格的なエスプレッソに馴《な》れてしまうと、アメリカンなエスプレッソは、ただ水をコーヒーで汚したものとしか感じられない。アメリカで愛読者の多いクレオ・コイルによる「コーヒーハウス・ミステリー・シリーズ」▼10には、コーヒーチェーン店のコーヒーを

〝swill〟と表現して酷評《こくひょう》する場面が何度も登場するが、〝swill〟とは「残飯や台所のクズ、或《あ》いはそれらが入った台所の捨て水」のことである。同シリーズを訳している小川敏子《おがわとしこ》氏は、〝swill〟に「汚水」という日本語を当てているが、何とも適切な訳語である。

ただ、ヨーロッパで唯一、伝統的なカフェのスタイルを貫いているオーストリアでは、シアトル系カフェが進出し、「中高年層を中心とした層が伝統的カフェ／若年層がシアトル系」という棲《す》み分けになっているそうだから、消費スタイルだけでなく、味覚の一般的な嗜好も変わりやすいということかもしれない。そうであれば、日本でも本格的なエスプレッソを飲ませる珈琲店がでてくれば、一般的な嗜好も変わるかもしれないと期待できそうなものだが、露《つゆ》ほどにもそんなふうに思えないのはどうしたものだろうか。

話を戻せば、自家焙煎珈琲店のように小店舗の喫茶店やカフェが生き残っていくためには、安売りチェーン店とは違うモノをウリとすることで、競合しない店を営む以外に勝算はない。高品質な珈琲でも居心地の良い空間でも良さそうだが、事《こと》はそんなに簡単ではない。客にとっては、ただ美味しい珈琲であるだけでは快適に珈琲を飲めるわけでもないし、居心地の良い椅子やインテリアで快適な空間を演出しただけでは「美味しい珈琲を味わう」条件が整ったとは感じられない。問題は客層である。

どれほど美味しい珈琲であっても、どんなに豪華な店舗空間であっても、他に不快な客が存在するだけで、途端に店も珈琲も色褪《いろあ》せてしまう。だから、その店に相応《ふさわ》しくない客を如何《いか》に選別し排除するのかが、小店舗の珈琲店が生き残るために重要なのである。集団で入ってきた客を「その人数は無理です」と断ることはできたとしても、入ってきた客を「店に相応しくないから」と追い返すわけにはいかない。だから、自家焙煎珈琲店の中には、初めての客が入りにくい扉になっていたり、注文の仕方が分かりにくいメニューになっていたりと、わざわざ客に対して様々なハードルを設けている店も多い。そんな店では、「分からないから教えて」と殊勝《しゅしょう》な心がけで素直に店主（員）に訊《たず》ねれば、温かい接客で迎えられることも多いが、半可通《はんかつう》を振りまわす輩《やから》や、店に相応しくないと判断された者には、「ここまでするか」という仕打ちがなされることもある。二度と店に来て欲しくないからである。尤《もっと》も、馴《な》れない客にわざと冷たく接する店もあるが、それは「是非、ハードルを越えて常連になって欲しい」という店の潜在《せんざい》した期待が別の形で顕《あらわ》れた素振《そぶ》りかもしれない。

常連といかないまでも、その店の客として馴れてしまえば余裕も生まれよう。場違いに足を

10 —— クレオ・コイル（Cleo Coyle）は、マーク・セラシーニとアリス・アルフォンシの夫婦合作のペンネームで、コーヒーハウス・ミステリー・シリーズは、第一巻“ON WHAT GROUNDS”が二〇〇三年にThe Berkley Publishing Groupより出て以来、二〇一二年一二月時で一二巻までが出版されている。日本では「コクと深みの名推理」シリーズとして、『名探偵のコーヒーのいれ方』が二〇〇六年に出た後、二〇一四年四月時で一一巻まで邦訳されている。

踏み入れてしまった者がメニューを見て青ざめている姿や、知ったかぶりの輩が冷たくあしらわれる光景を横目で見ながら、「またか」とにんまりする悪趣味な優越感に浸《ひた》ることもできるわけで、それはまたそれで、通《マニア》ならではの、意地悪な愉《たの》しみの一つかもしれない。

フィリップ・マーロウの流儀で

敢えて訊《き》かれなければ、美味しいラーメン屋は他人に教えないようにしている。客が増えたことで、味が落ちるかもしれないからだ。

大学生の頃、飛び切り旨《うま》いラーメン屋が大阪・難波《なんば》にあった。半分屋台《やたい》のような店舗で、カウンターには取り放題のキムチが置かれていて、そこでラーメンを食べて帰りの地下鉄電車に乗り込むと、その車両にニンニクの臭いが充満するほど強烈な味なので女性には敬遠されたが、夜になると男たちがいつも行列を作っていて、とにかく旨《うま》かった。

数年経つと、近所に何軒か支店を出したが、支店のほうは並ばずに入れても一向に旨くないから、本店には相変わらず行列ができていた。

それから数ヶ月後、一気に本店の味も支店と同じレベルに下がった。ラーメンの場合、麺《めん》は相当生産してもたいてい大丈夫だが、スープのほうは、時間をかけないとコクがでないから、量産するのには、塩や科学調味料で誤魔化すのが手っ取り早い。大阪・ミナミの一等地で、複数の店舗を構えていれば、相当な場代が必要になり、味よりも商売を優先せざるをえなかったのかもしれない。一定地域内に集中して複数の店舗を展開しているのだから、一店舗だけに客が集中するよりも、旨いと評判になった看板を使って、各店舗にバランス良く客を配分するほうが儲《もう》かるからだ。或《ある》いは、看板ごと店名を別の業者へ売り払ったのかもしれない。

一定の水準を維持しているラーメン屋は、たいてい一日何杯と決めていて、スープがなくなれば店舗を閉める。ラーメン屋だけでなく、飲食店にはそういう類《たぐ》いの店が少なからず存在する。

自家焙煎珈琲店巡りを始めて、先のラーメン屋と似たような事情で、珈琲の味が落ちていく場面を何度も目《ま》の当たりにした。典型的な事例を一つ紹介しよう。

それは、東京でもファッショナブルな街として取り沙汰されることが多い超一等地にある店でのことである。

その店は、モンクのマスターから「一度行ってみるといい」と教えられて通うようになった。深煎りの焙煎で、湯を注ぐ際、ネルを上下しながら回転させるという抽出法だった。その抽出の仕方に興味を持ったのである。また、焙煎の度合が深煎りで、当時、自分で焙煎した珈琲にどことなく味が近いと感じてもいた。

五、六回通っただろうか。ある日、店に行くと、いつも抽出をしているマスターがおらず、店員が抽出をしていた。カウンターが満席だったので、厨房《ちゅうぼう》が見えるテーブル席に陣取《じんど》り、注文を取りに来るのを待つふりをしながら、カウンター内の抽出作業を凝視《ぎょうし》することにした。店は急に混み合ったばかりで、客の多くには、まだオーダーした飲み物が出ていない。すると、さらに数人の客が来店して、最後の空席も埋まった。その瞬間、見てはいけないものを見てしまった。

抽出をしていた店員が、新規の客へちょっと視線を向けた後、ポットをネルから外し抽出を中断して、カップを暖めるために湯を注いで、我に帰ったようにすぐまた抽出を再開した。「うわぁ、台所仕事だ」という感が真っ先に浮かんだが、何も台所仕事を馬鹿にしているわけではない。自分(家族)の都合に合わせて、自身が選択して行い、その結果を自分(家族)で受け入れるというのが、台所仕事の論理だ。もし別の家族がそれを気に入らないなら、その気に入らない者がそれを行うべきなのが台所仕事だ。もうちょっと手間暇《ひま》かけるのがいいのか、サッとすませて別の仕事や愉《たの》しを優先させるのかは、自分自身の判断で結果が受け入れられれば何も問題は無い。けれども、業としての接客には、それは通じない。混み合っていても、決して目の前の客を早く捌《さば》こうなどとしてはいけない。焦っているときほど、十分すぎるほど時間をかけようと心掛けるのが、プロフェッショナルの仕事だ。

一杯一、〇〇〇円近くする珈琲を注文するような客は、間に合わせで作ったような珈琲を飲みにくるわけではない。どんなに待たされても、まだかまだかと苛《いら》苛していても、自分の番になって、納得の一杯にありつくことができさえすれば、それで十分満足できるのだ。

この日の出来事は、レイモンド・チャンドラー（Raymond Chandler 一八八八～一九五九年）が作品“*The Long Goodbye*”の中で、伝説の探偵フィリップ・マーロウに珈琲を淹《い》れさせているシーンを連想させる。この作品は、清水俊二《しみずしゅんじ》（一九〇六～一九八八年、映画評論家・翻訳家）と村上春樹《むらかみはるき》（一九四九年～、小説家）による別々の日本語訳が出ていて、珈琲の淹れ方に関する限り、両方あわせて読んだ方がイメージしやすいので、少々諄《くど》くなるのを承知で、二つとも引用する。

私は一人で勝手にしゃべって、裏の台所へ行った。湯をわかして、コーヒーわかしを棚からおろした。管《くだ》を濡らし、コーヒーをはかってコーヒーわかしの上の部分に入れると、湯が沸騰しはじめた。熱い湯を下の部分に入れて、火にかけた。上の部分をのせて、しっかり締まるようにひねった。〔…〕コーヒーわかしが沸騰しそうになった。私は火を弱くして熱湯が上《のぼ》ってゆくのを見つめた。ガラスの管の先に泡がたまった。火を強くして湯を管のなかに上らせ、すぐまた火を弱くした。それから、コーヒーをかきまぜて、蓋《ふた》をすると時間計《タイマー》を三分に合わせた。ずいぶん几帳面《きちょうめん》じゃないか、マーロウ。いや、コーヒーはいつものとおりに沸かさなければならないからね。たとえ、おそろしい形相《ぎょうそう》の男の手に拳銃が握られていようとも。〔…〕コーヒーが底にたまって、はいりこんだ空気に泡がぶつぶつできていたが、やがてしずかになった。私はコーヒーわかしの上部をはずして、台の上にのせた。

〔清水俊二訳『長いお別れ』、一九七六年、三八〜四〇頁〕

その手の戯れ言をひとしきり並べ立ててから、私はテリーをそこに残して、奥にあるキッチンに行った。湯を火にかけ、コーヒーメーカーを棚から下ろした。ロッドを水で濡らし、コーヒーの粉を量ってトップの部分に入れた。〔…〕下段の容器にお湯を入れ、炎の上に置いた。そこにトップの部分をかさね、ひねって固定した。〔…〕コーヒーメーカーはぶくぶくと音を立て始めていた。私は炎を弱くし、湯が上に上がっていくのを見ていた。ガラス管の底の部分にいくらか湯が残っていたので、火力をさっと強くして上に押しやった。そしてすぐにまた火を弱めた。コーヒーをかきまわし、蓋をした。それからタイマーを三分に合わせた。細部をおろそかにしない男、マーロウ。なにをもってしても、彼のコーヒー作りの手順を乱すことはできない。拳銃を手に目を血走らせた男をもってしても。〔…〕コーヒーはすっかり、下に落ち、いつものせわしない音を立てて、空気が中に入り込んできた。コーヒーはごぼごぼと泡立ち、やがて静かになった。私はコーヒーメーカーの上の部分を外し、水切り台の上に置いた。

〔村上春樹訳『ロング・グッドバイ』、二〇〇七年、四〇〜四一頁〕

サイフォン式で漏斗《ろうと》内の珈琲粉を三分も沸騰させるのはどうかと思うかもしれないが、ここではそれが重要なわけではない。窮地《きゅうち》に立ったマーロウが乱された自身のリズムを取り戻し、事態を打開すべく静かに奮闘《ふんとう》する様を、マーロウにいつものとおりの手順を乱すことなく珈琲を淹れさせることで、チャンドラーは絶妙に描き出しているのである。珈琲という嗜好品が人間にもたらす効能を深く理解していないと、このような記述はできない。

おそらく、店が混み合ってきて窮地に立たされた店員は、抽出を中断し、咄嗟《とっさ》に必要のない余計な動作をした結果、折角の珈琲が台無しになってしまったことを理解していないのだろう。珈琲の抽出は、楽器を奏《かな》でる演奏と同じであることは、先に述べた通りである［⇩68頁、84頁〜］。抽出を途中で止めてしまえば、音が途切れるように液体の流れも止まり、その味をちぐはぐなものにしてしまうのである。ネルを回転させながら上下する抽出法は、店のマスターから教わっただけで、そうしなければならない理屈までは教えてもらわなかったのかもしれない。案の定、出てきた珈琲は、エグミと雑味《ざつみ》が混濁《こんだく》したような、まさに〝swill〟だった。ああ、焙煎は問題ないのに、なんて勿体《もったい》ない。

その日から一年ほど経ってから、再びその店を訪れるとやっぱり、マスターが抽出する珈琲もすっかり〝swill〟へと変貌《へんぼう》していた。それでも、客足が途絶えることはないのだから、商売としては問題ないのである。しかし、その客たちが、当の珈琲を駄目にした（している）のは、紛れもない事実である。勿論《もちろん》、間に合わせの珈琲など飲みたくない、と私のようにロング・グッドバイを決め込んだ常連客もいたに違いない。

少々きついことを書いたが、これはあくまでも「美味しい珈琲を飲みたい」という、我《わ》が儘《まま》な嗜好《しこう》の側に立ってのことだ。

もし、自分がこの種の店を営んでいたら、きっとあんなものではすまないだろう。

おそらく少なく見積もっても店舗家賃は数十万円。客単価一、〇〇〇円と皮算用しても、一〇〇人で僅《わず》か一〇万にしかならない。店を休日にしても、営業時間外でも、家賃が減ることはないのだから、借りてしまえばギリギリまで営業したい。自分の体力と気力が続く限りと思っても、冷静に考えれば、自分が体調を崩した途端、店ごとロング・グッドバイになるのは必定、こうした個人経営の宿命からは逃れられない。とすれば、人を雇って、任せるしかない。焙煎は全て自分でやっておいても問題はないが、抽出を他人任せにするとなると、その技術を教え込まなければならない。でも、他人に技術を覚えさせるのに、いったいどれだけの時間と手間がかかるのか。手塩にかけて育てた途端に「辞めます」って言われてもどうしようもない。いっそ、ネルドリップなんて難しいのはなしにして、ペーパーでいいんじゃないか、覚えるのは簡単だし……。待てよ。それでも人件費がかかるのはどうしようもねえ。だったら、いっそ機械にしたほうがミスしないし、第一、人間と違って煩《わずら》わしさがないからいいや……。でも、何でそこまでして珈琲屋しないといけないんだ？

冗談はこのくらいにして、本題に戻ろう。

美味しい珈琲を淹れるためには、フィリップ・マーロウのように、どんな状況でも手順を乱すことなく、己のスタイルを貫かねばならないのだ。勿論、美味しい珈琲を飲みたいのなら、客の側も店の状況をみて、少々待たされても極上の一杯が出てくるまで、黙って辛抱すべきなのは言うまでもない。

余熱を冷ますから使うへ

ある日、大学の職員さんから「知り合いの植物園の園長が先生に珈琲のことで相談したいことがあるそうだ」と言われ、数日後、園長さんが研究室に訪ねてきた。話を聞いてみると、その植物園では「園内の植物で収穫して食することができるものは、入園者へ還元することを方針としており、温室で育てているコーヒーの木から収穫した実《チェリー》を独学で精製《せいせい》して焙煎してみたところ、何度やっても焦げてしまって思うようにいかないが、どうしてか？」という相談だった。答えは簡単。その園長さん、「焙煎後に、コーヒー豆が持つ余熱を冷まさなければならない」ということを知らなかっただけなのだ。手動で焙烙《ほうろく》を使って焙煎しているとのことだったので、「焙煎後すぐに珈琲豆を大きめのザルかなんかに入れて、団扇《うちわ》で扇《あお》ぐか、ヘアードライヤーの冷風で余熱を冷ませば良い」とアドバイスした。あれから、首尾良くいっただろうか？二〇一一年春にもその植物園では、「焙煎して珈琲を飲む」というイベントが開催されたようだから、おそらく大丈夫だろう。

多くの自己焙煎珈琲店を巡って、本当に色々なことを学ばせてもらった。中でも、多くの店のマスターたちから言われたことは、「焙煎後の珈琲豆を早く冷ます」という手際《てぎわ》だった。

ショップロースターと呼ばれる小型の業務用焙煎機［⇩92頁の**図5**］には、たいてい焙煎機自体に、焙煎後の珈琲豆を冷ますための風式の冷却器《クーラー》が付属している。私の保有している古い焙煎機でも、同じである。その構造はいたって簡単で、焙煎が終わった珈琲豆を釜《かま》から出すと、下に備えてあるザル（冷却箱とも呼ばれる）に落ちるようになっていて、そのザルの下の空洞部からモーターで風が掃除機のように吸い込まれるのである。上から下へ向かって新しい空気が吸い込まれ、ザルに上がった熱い珈琲豆の余熱を冷ますという、何とも原始的だが上手《うま》くできた機械である。

珈琲の焙煎では、この余熱を冷ますことを推測して焙煎の見極めが行われるために、見極めを厳密に行おうとすればするほど、手早く冷ますことが重要になってくるのである。教えてもらったやり方は、三つほどだ。

まず、焙煎するgreen beansの量を少なめにすること。冷やす豆が少ないのだから、冷却器の機能は高まる。

次に、ヘアドライヤーを使って、冷風を強化すること。結構、この方法を実施している店が多い。

さらに抜本的なやり方として、備え付けの冷却器に見切りをつけて、専用の冷却器を導入すること。文句ない方法だ。

折角教えてもらったが、どうしてもピンとこないというか、納得できなかった。どの方法も、余熱を冷ますことを推測して見極める、という原則は変わらない。これらの方法は、見極めを楽にするために、手間を増やしたり機器を導入したりするやり方であり、職業で生業《なりわい》としているのならそうもしようが、素人《しろうと》のOWN ROASTERには、もっと別のやり方があるのではないかと思ったのである。尤《もっと》も、焙煎を重ねるうちに、私の見極め方が、目視による色の判別にほとんど頼らない、という特殊な手法になりつつあったことも、関係していたのかもしれない。

自宅の庭で焙煎を始めた当初は、焙煎機にクリップライトを取り付けて見極めていた［⇩265頁～］。しかし、ライトを点《つ》けたままにしていると虫が寄ってくる。しかたなく、ライトをほとんど消した状態にしておいて、最後の見極めの際だけライトを点けるように、やり方を変えていったのである。

さらにもう一つ、見極めのやり方を変える要因になったのが、手廻しの焙煎機の導入である。この間に、台所のガスコンロでも使える手動式のサンプル・ロースター[11]（図16）を購入していて、それを使って焙煎してみた。しかし、右手でドラムを廻しながら、スプーンを握った左手を釜の中に突っ込んで煎り具合を判別するなどという器用な仕種《しぐさ》は、私には難しかった。そのため、手動の焙煎機を使う場合は、回転する釜の中でコーヒー豆が立てる音と、釜《かま》から出てくる煙の匂いとが、焙煎が進むにしたがって変化していく気配に注意を集中して、目視せずに見極めをするというやり方をとったのである。

ただし、手動式のサンプル・ロースター

図16　手廻しの焙煎機

には、勿論《もちろん》、冷却器など付属していない。冷却の方法は、二つのザルを底で重ね合わせて、上のザルに焙煎後の珈琲豆を入れ、上からプラスティック製のサーキュレーターを被せることにした。何度も繰り返しているうちに、意外にも、目視しなくても焙煎の度合をある程度コントロールできるようになっていた。こうしたサンプル・ロースターを使って、目視せずに焙煎を見極めるという鍛錬《たんれん》法は、吉祥寺《きちじょうじ》・もかの標《しめぎ》氏が弟子たちに課していたやり方だと知ったのは、最近になってからである。なるほど、今思えば、サンプル・ロースターをある程度使いこなせるようになってから、以前よりも焙煎そのものを理解できるようになった気がする。

余熱を冷ますという難題を巡って結論を出せないまま、私の関心は別の方向へと向かっていった。ランブルの関口氏が焙煎した珈琲をめぐって、モンクの吉田マスターとあれこれ議論していた時、吉田氏より「関口先生の焙煎は無駄がない」、「余計なものを加えないから素材が活《い》きる」と言っていたのを聞いたからである。素材を活かして熱を通すとはどういうことなの

11―― サンプル・ロースターとは、主として生豆を購入する際、試しにgreen beans少量（通常一〇〇～五〇〇㌘程度）を焙煎するための小型焙煎機のことで、テスト・ロースターとも呼ばれる。ガスバーナーや冷却器を備えたショップ・ロースターを小型化したものもあれば、手動式でドラムを回転させるだけの簡素なものまで、その種類は様々である。

か？　green beansを別の料理の素材に見立てて考えてみることで、何かヒントが見つからないだろうか。今から思うと、我ながら何とも突飛な発想をしたものだ。

それからというもの、素材に熱を通す料理のことばかり考えるようになり、珈琲とは全く無関係の料理店を意識的にまわるようになった。珈琲に一番近い料理というと、真っ先に「油の音で揚《あ》げ具合を見極める天麩羅《てんぷら》職人」が浮かんだものの、一流の天麩羅屋に通うような分不相応なこともできない。同じ揚げ物でB級グルメだと「豚《とん》カツ屋」ということになり、名店と呼ばれる東京の豚カツ屋をまわってみることにした。それ以外にも、美味しいと評判の「お好み焼き屋」、「鯛《たい》焼き屋」、「鰻《うなぎ》屋」などへも行ってみたが、やっぱり最初にヒントを発見したのは、豚カツ屋だった。

その店は、映画監督・小津安二郎《おづやすじろう》（一九〇三〜一九六三年）が贔屓《ひいき》にしていたことでも有名な老《しに》舗《せ》で、ヒレカツを専門としている豚カツ屋である。ヒントは、そのヒレカツの揚げ方にあった。しかし店が開発したと自負している「二度揚げ」[12]のことではない。ヒントは、二度揚げした後にあったのである。

豚カツの二度揚げは、一度目は高温の油で素早く、二度目に低温の油でゆっくり揚げるため、カツが出てくるまでに結構な時間がかかる。まだかまだかとカウンターで二度揚げが終わった豚カツを見て、「やっと食える」と思ったのだが、揚がった豚カツは、網の上に置かれたままで中々でてこない。それをみていて、「ハッ」と気づいた。網の上に置かれた豚カツの下には、低温油が入った鍋《なべ》があった。つまり、ただ揚げたまま放っているのではなく、低温油で二度揚げした後、揚げ鍋の上に置いて低温でさらに熱を通しているに違いない。だから、網の上に一定時間置かれてから客に出されても、豚カツは熱いままなのだ。恐るべし老舗豚カツ屋の技に脱帽と感謝……　熱は使うものだ。

　余熱を冷ますと考えるからあれこれ複雑になって難しくなる。逆に、余熱を使うと考えれば、随分《ずいぶん》と簡単になる。冷ますと使うの間に何が違うのか？　煎《い》り上がりを推測して焙煎の見極めを行うこと自体は、何も違わない。けれども、考え方を変えるだけで、結果が変わるのだから不思議だ。「余熱を使う」と考えられるようになって、焙煎の見極めが随分とスムーズにできるようになり、「素材を活《い》かす」という焙煎に、ほんの少しだけ近づけたような気がする。

　再び余談だが、焼き上がった鯛焼きを鉄板の焼型から出した後、お腹を下にして鉄板の上に一定時間立たせて、余熱を通してから売っている店もある。厚手の生地に低温で火を通すため

12――　豚カツの二度揚げは、一度目に高温の油で表面を固め、二度目に低温の油でゆっくり火を通す。因みに、珈琲の焙煎でも、green beans の水分を飛ばしてから一旦釜から出して冷ました後、もう一度焙煎する「二度煎り」と呼ばれる手法がある。

だと思われるが、生地がしっかりしているのに食感が柔らかく絶品で、たいてい店の前に行列ができている。

魅惑《らんかく》の卵殻手《で》

自家焙煎珈琲店を巡るうちに私は、何人ものマスターたちが珈琲への並々ならぬ思いを抱いていることを知り、それをどのような言葉で表現できるか、とあれこれ考えを巡らせてきた。するとある日、「珈琲の出し方はたしかに一つの芸術である」[13]〔寺田寅彦「珈琲哲學序說」〕という文章が浮かんできた。並外れた思いが込められた珈琲は、客として味わうだけの者にとっては「たかが珈琲」かもしれないけれども、それを創る職人にとっては「自分の作品」なのだ。だから、珈琲店主の多くは、珈琲碗《コーヒーカップ》にもこだわる。抽出した珈琲を器に注いでようやく、作品が完成するからである。

使用する珈琲碗で、味も変化する。エスプレッソならば、厚手の器のほうが口当たりが良い。ドリップであれば、注いだ珈琲が外側から透けて見えるぐらい薄い器のほうが、断然味をシャープに感じることができる。時々、百貨店の食器売り場で、エスプレッソ・カップとドゥミタス・カップの表示が間違っているのを目にしたこともあった。見分け方は簡単で、厚手がエスプレッソ用で薄手がドュミタス用だ。また、珈琲碗の内側は、白でなくてはならない。白くなければ、珈琲の色を愉《たの》しむことができないからである。濃度だけでなく、コーヒー豆の種類ごとに、抽出された珈琲の色は微妙に違うから面白い。

珈琲に憑《つ》かれてから、私も良い珈琲碗を探して時々、百貨店の食器売り場、東京・合羽橋《かっぱばし》の道具街や、大阪・千日前《せんにちまえ》の道具屋筋《どうぐやすじ》などを歩きまわっていた。そして、全くの早合点で、大間違いをしたことをきっかけに、私の珈琲碗探しは中断した。是非とも欲しいと思う理想的な珈琲碗に出逢ったのである。第3章［⇩165頁〜］でも触れた「卵殻手《らんかくで》」である。

二〇〇八年に、ランブルが創業六〇周年を記念してオリジナルの薄手のドゥミタス・カップを作って、店で使うだけでなく、商品として販売した。そのカップが長崎の窯元《かまもと》でつくられたという情報を得て、WEBで検索しているうちに、「超薄手の磁器を再生した職人が長崎県の三川内《みかわち》にいる」という記事を見つけて、「これに違いない」と盲信《もうしん》してしまったのである。

勿論《もちろん》、勘違いの大間違いも甚《はなは》だしい。陶磁器どころか焼物自体に関して全くの無知であっ

13―― 寺田寅彦の珈琲随筆に関しては、先述の本書・第3章110頁以下でも言及している。

たことを差し引いても、自分の馬鹿さ加減を思うと恥ずかしくなる。ランブルで売られていたドュミタス・カップは一客三、七〇〇円、決して安いわけではないが、常識的に考えれば、名のある職人が創った磁器が、そんな値段で売られるはずがないことは明らかだ。けれどもこの時は、馬鹿でよかったのである。

ＷＥＢで、その職人が「佐世保《させぼ》市三川内町の五光窯《ごこうがま》という窯元《かまもと》の藤本岳英《ふじもとがくえい》氏という人物で、二〇〇六年に卵殻手《らんかくで》と呼ばれる磁器を再現することに成功した」と知ると、いてもたってもいられなくなり、厚かましくも藤本氏ご本人へ電話して「作品を見せて欲しい」と御願いしたところ、快く承諾してもらった。実は、初めての電話で、珈琲と磁器の話でお互い盛り上がってしまい、「卵殻手」や「三川内焼」はおろか、焼物の知識など全くないまま、出張で長崎へ行く予定に合わせてアポをとってしまったのである。

卵殻手とは、藩主から「箸《はし》より軽い器をつくれ」という命を受けた平戸藩《ひらどはん》御用窯の名工たちによって開発された、海外輸出向けの薄手の珈琲茶碗やワインカップなどで、藩は一八〇四年、長崎に平戸藩物産会所を設けて、それらの製品を輸出した〔⇩165頁〕。

卵殻手は、ヨーロッパでegg-shellと呼ばれ、貴族などの富裕層に珍重され、大英博物館にも「平戸焼」として展示されているという。日本でもマニアに珍重され保有されているが、ほとんどは、ヨーロッパから里帰りしてきたもののようである。

しかし卵殻手は、第一次世界大戦（一九一四年）の勃発《ぼっぱつ》によって、急速に需要がなくなり、三川内焼の職人からも、その製作技法がいつの間にか失われてしまった。

約百年後、その卵殻手を再生することに成功した藤本岳英氏は、自らを「陶工士」と名のる。私は、藤本氏から教えてもらうまで全く知らなかったのだが、現在の磁器陶芸家たちで「土をつくることから焼物を製作する人はいない」そうだ。磁器陶芸家は、専門の業者から陶土を仕入れ、それを使っているのである。それに対し藤本氏は、自ら陶石を探し出して採掘し、それを砕いて陶土にして、轆《ろく》轤《ろ》をまわし、絵付けをして、窯で焼くから「陶工士」なのだ（ちなみに、現在、卵殻手の絵付けは、奥様の藤本江里子氏が担当している）。

卵殻手の再生にあたって、藤本氏は、かつての職人たちが遺《のこ》した技法に関する古文書を解読して、卵殻手の原料となる陶石を発見

図17　卵殻手の珈琲碗

した。解読したというのは、当時の職人たちが技法を記録する際、「技《わざ》が盗まれないように本当のことは書いていない」から、「絵解きのように」読み込むしかなかったからである。尤《もっと》も、「古文書の絵解きは愉《たの》しかった」と語る藤本氏は、心底嬉《うれ》しそうな顔だった。

さて、実際に卵殻手を手にとって見せてもらうと、その薄いことと軽いことは、まさに驚愕《きょうがく》の磁器だった。ただ、二度目に五光窯を訪れた時、じっくり卵殻手を観賞していて、この器の素晴らしさは、単に薄いことや軽いことだけにあるのではなく、三川内焼独特の「白色」にあることに気づいた。私が見たのは、二つの違う白色だったが、どちらもなんとも言いようがないほど深い味わいがある（勿論、画像度が高いカラー写真でも表現するのは不可能である）。

藤本氏は「北大路魯山人《きたおおじろさんじん》（一八八三〜一九五九年）の言葉が陶芸家を駄目にした」と言う。

「器は料理の着物である」と言った魯山人が、陶芸家を駄目にしたと思ってるんですよ。「この器に（料理）を盛ってみろ」っていう気概《きがい》のある職人がいなくなってしまったんですよ。

私が土産に持参した珈琲豆を江里子氏が丁寧に淹れてくれて、あろうことか卵殻手に注いで出していただいた。それを口につけて「自分で焙煎した珈琲が卵殻手で飲めるなんて」と感極まった後、「どう贔屓目《ひいきめ》にみても珈琲が器に負けてるでしょう」という冷静な自分が戻ってきた。

そして、いつか五光窯で、自分で納得のいく珈琲を淹れて、藤本夫妻に「この珈琲のために卵殻手を創って下さい」と御願いしようと思った。究極の珈琲碗＝卵殻手に盛るに相応《ふさわ》しい珈琲を目指して、珈琲行脚はまだまだ続く。

補記　二〇一一年九月、藤本夫妻に御願いしていた卵殻手が出来上がってきた（先の図17）。

謎のラール

大阪・西田辺《にしたなべ》にあるチケという珈琲屋は、自家焙煎店ではないが、「クレオール」という独特な珈琲をメニューに置いていた。チケは学生時代に先輩から教えられた店だが、三、〇〇〇円近くするクレオールを始めて飲んだのは、大学に職を得て広島へ引っ越し準備をしていた頃だった。抽出の仕方は勿論《もちろん》ネルドリップだが、「二度淹れ」という特殊な抽出法で、抽出した珈琲で、新しい珈琲粉を使って、もう一度ドリップする。すると、頗《すこぶ》る濃厚なのに、信じられないほど口当たりのマイルドな珈琲＝クレオールが出来上がる。

モンクで珈琲修行をした後、チケのクレオールのような濃厚でマイルドな珈琲を自分で淹れてみようと、あれこれ珈琲の文献を調べていたら、三浦義武《みうらよしたけ》〔⇩160頁〜〕という人物が浮上した。一九〇一年に島根県の三隅町《みすみ》（二〇〇五年浜田市に合併）で生まれた三浦義武は、世界で初めての缶コーヒーを発案し商品化したことで有名である。「ミラ・コーヒー」と名づけられた世界初の缶コーヒーを発売するにあたって、一九六五年七月に司馬遼太郎《しばりょうたろう》（一九二三－一九九六年）は以下のような宣伝用チラシの文章を書いている。

〔三浦義武の夢〕

三浦義武氏は、すでに昭和十年代にコーヒー通として巨名を得ている。その後、この不思議な味覚の世界に憑かれ、歳月と精力をその研究ひとすじにそそいだ。その研究歴の長さ、味覚の精妙さ、味覚の化学的把握のふかさという点で、どの国にもこれほどの人物はあるまい。

われわれは、絵画においては富岡鉄斎《とみおかてっさい》、陶芸においては柿右衛門を誇るがごとく、コーヒーにおいてかれを世界に誇っていいであろう。

（昭和四〇年七月）

〔司馬遼太郎『司馬遼太郎が考えたこと　エッセイ1964.10～1968.8.3』、二〇〇一年、七三頁〕

珈琲通《マニア》の間では、缶コーヒーだけでなく、三浦義武は、日本で初めてネルドリップを用いて珈琲を淹れた人物として高く評価されており、白木屋《しろきや》デパートで開催〔⇩161頁〜〕された「三浦義武のコーヒーを楽《たの》しむ會《かい》」（一九三五〔昭和一〇〕年に発足）には、ランブルの関口一郎氏も参加していた。また、三浦が「気が向いた時だけ他人に飲ませた」と言われている「ラール」という濃厚な珈琲は、幻の珈琲として今も語り継がれている。

井上誠《いのうえまこと》〔⇩161頁〜、289頁〜〕の『珈琲物語』（一九六一年）によれば、「カフエエラール」という名を付けたのは小説家・片岡鉄兵《かたおかてっぺい》（一八九四〜一九四四年）ということになっている。ただ、珈琲研究家で知られる井上は、三浦もラールもあまり評価していないような書き方をしている。

> 一ポンドぐらい粉の入る何個か、或いは何十個かの濾過《ろか》器に、それぞれパイプを取りつけ、蒸気と熱湯を送って侵出させるのだが、その時には動力で家鳴り震動するというような、はなし《ママ》であった。〔…〕私はその話を聞いた時、すぐ、嘘でなければ取るに足らない話だと見抜いた。何故といって、コーヒーのような変化の多い物を抽出する極致の方法は、手の中にこそあれ、器械に委ねたりすることはできない。特に、大量生産というわけではなく、たかが百人や二百人に飲ませるくらいのものを、器械の能力を借りなくては出来ないとあっては、コーヒーのたて手だというわけには行かない、と思えた。〔…〕三浦にしても、せっかく名声を得ながら何時の間にか消えた〔…〕三浦は松江《まつえ》の郷里へ帰った筈《はず》だが、会がなくなってから一度も顔をみせない。〔井上誠『珈琲求真』、一九七八年、四七二頁〕

このように井上は、三浦の珈琲を軽視するともとれる発言をしているのみならず、三浦本人についても「何時の間にか消えた」、「松江の郷里へ帰った」など誤解した文章を書いている。博多《はかた》にある自家焙煎珈琲店・珈琲美美の森光《もりみつ》宗《むね》男《お》氏は、井上と三浦の間に「何かとらぶるがあったのだろうか?」と書いた後、井上が三浦を引き継ぐ形で戦後に白木屋で「コーヒーを樂《たの》しむ會《かい》」を再開したことを記している〔「ネル・ドリップ珈琲の魁　三浦義武を追って」、二〇〇二年、四頁〕。森光氏が指摘しているように、両者がライバル関係であったことは間違いないだろう。

三浦に関しては、一九五一（昭和二六）年三月三一日付け『石見タイムズ』[14]（二一二號）に、「コーヒー界の權威《けんい》　アメリカ的日本人・三浦さん」という見出しで、浜田《はまだ》市でこの年に開店した「ヨシタケ」（図18）がすっかり根を下ろし、近く益田《ますだ》町でも「コーヒーを樂しむ會」が結成されるという記事があり、「浜田に過ぎた名物と云《い》ったら市民に叱《しか》られるか」と結ばれている。戦後、数年しかたたないうちに、

図18　当時の「ヨシタケ」

少なくとも地元ではその珈琲に関して、かなりの評判になっていた三浦だが、何故か東京では「何時の間にか消えた」とか「家業のうどん屋を継いだ」等々……という誤情報で受け取られていたようだ。

さて、司馬遼太郎による宣伝文まで使って三浦が売り出した世界初の缶コーヒー・ミラは、国鉄の鉄道共済会などで販売され、その売れ行きは良かったらしい。では、なぜミラは消えてしまったのか？

どうも「回転資金が不足して撤退《てったい》せざるをえなかったのだ」という話である。

さて、先に引用した文について、井上の明らかな勘違いというか誤算は、そもそも三浦は「百人や二百人に飲ませるくらいのもの」として自分の珈琲を考えていなかった、という箇所である。「コーヒーのたて手」としての三浦について、浜田で三浦と一緒に仕事をしていた人から「缶コーヒー・ミラを作る際、三浦は自身で約七〇杯の珈琲を抽出する巨大なネルを使って自分でドリップしていた」という話を聞いて、私は驚いた。缶コーヒーを、ネルを使ってハンドドリップで抽出して販売しようなんて、おそらく現在でも考える人はいないだろう。採算

14――一九四七年年七月に浜田市で創刊されたタウン誌『石見タイムズ』は、「理想主義的小新聞」ともいわれている。石見タイムズに関しては、［吉田豊明『伝説の地方紙「石見タイムズ」――山陰の小都市浜田のもうひとつの戦後史』、二〇〇四年］を参照。

を度外視したとしても、その手間を想像しただけで気が遠くなる。だから、三浦が考えていた珈琲は、井上を含めて常識的なスケールに収まらないような、そう喩《たと》えるならば、鄭永慶《ていえいけい》［⇩121頁〜、125頁〜］の可否茶館《かひさかん》［⇩121頁〜］のごとく、オッぺケぺーな夢のようなものだったのである。

さて、私が三浦義武に関心を抱いたのは、缶コーヒー・ミラではなく、濃厚な珈琲＝ラールのほうだ。それは、小島政二郎《こじままさじろう》［⇩160頁〜］がラールについて書いた以下のような文章を読んだからである。

殊に、白木屋で飲ませてくれたラールというコーヒーのうまさと言ったら、類がなかった。夏だったので、ブラックのまま冷やしてあったが、香《か》が消えずにいて、濃くって、コーヒーのもっているうまい要素が全部出ていた。私と片岡とはグラスに二杯飲んだが、いゝブランデーにでも酔ったように酔った。コーヒーに酔ったなんて、あとにも先にもこの時きりだ。

「ラールばかりはネルの袋では作れません。これだけは特殊の器械を使います」

三浦君はそう言っていたが、最後まで種明かしはしなかった。

［小島政二郎『食いしん坊1』、一九八七年、一四四頁］

飛び切り濃い珈琲を飲むと酔《よ》ったような気分になる、という経験については、すでに第3章でも述べた〔⇩116頁〜〕。私は、この小島氏の文章に加えてその後、ネルを使った二度淹れでラールを再生したという、珈琲美美の森光宗男氏の文章（「ネル・ドリップ珈琲の魁　三浦義武を追って」）を読むことになる。そして、その酔ったようになる珈琲を自分でも作ってみようと思いたった。しばらくの間、あれこれ試行錯誤を重ね、「ラールというのは恐らくこんな珈琲だったんじゃないか」と見込めるものが完成（?）した。

私の方法はこうである――まず、ウォーター・ドリップ（水出し）〔⇩198頁の図11〕で、約四時間かけて濃い水出し珈琲を作り、それを沸騰する直前までポットで加熱する。その後、新しい珈琲粉をネルに入れ、四〇分程度かけて一滴ずつ「加熱した水出し珈琲」を落として抽出する、というやり方である。ただ、この方法で抽出した珈琲は、温め直すと香味がひどく落ちてしまうので、抽出した珈琲を冷やしてから飲むようにしていた……はたして、これがラールなのか？

確かめてみたいという思いが募《つの》り、浜田市に実家のある知人に「実家に帰ったら図書館に行って、三浦義武という人物もしくはラールという珈琲に関して何か文献が残っていないか調べてみてほしい」、「また、家族や近所の人で、ヨシタケで珈琲を飲んだり、何か知っている人がいないか訊《き》いてみてほしい」と御願いした。数ヶ月後、その知人から「文献はなかったが、図書館の職員さんから三浦義武を研究している学芸員さんを紹介してもらった」という連絡があった。

早速、三浦義武を研究しているという、石正美術館《せきしょう》（浜田市三隅町）の学芸員だった神英雄氏《じんひでお》（現在は浜田市世界子ども美術館）に連絡を取ってみたところ、「義武のラールを実際に飲んだことのある人たちがいるので、集めますから来て下さい」ということで、石正美術館の喫茶室をお借りして試飲会を行うことになった。当日は、三浦義武を慕《した》う浜田の人たち一〇数人が集《つど》い、ちょっとした「コーヒーを樂《たの》しむ會《かい》」となった。

集った人たちの中には、ヨシタケで実際にラールを飲んだことがある人も数人含まれていた。試飲《しいん》してもらったところ、「ラールではない」ことがあっさりと判明した。私の全くの勘違いだったのだ。同じく、森光氏が再生したという珈琲も（たぶん）勘違いの産物だったのである。

明らかな勘違いは、ラールとは、砂糖が入った甘い珈琲だったのである。森光氏も私も、小島政二郎の『食いしん坊』における「夏だったので、ブラックのまま冷やしてあった」という記述に惑《まど》わされたのだ。「ブラック」は普通、砂糖もミルクも入っていない珈琲だと解釈してしまうが、食通だった小島は、珈琲に関しては通《つう》とは言えない人物であったらしく、ミルクが入ってない珈琲を砂糖が入っていても「ブラック」――砂糖を入れても色はほとんど変わらないから間違いとは言えないけれど――と書いたのだ。

また、「夏だったので、冷やしてあった」のではなく、そもそもラールとは冷やしたまま飲む珈琲だったのだ。しかも、飲んだことのある人たちから聞いたところでは、「普通のアイス珈琲よりもはるかにつめたく冷やした珈琲だった」そうである。

さてまず、私の（おそらく森光氏もそうだったと思うが）根本的な間違いは、ラールを珈琲通《マニア》が嗜好《しこう》する類《たぐ》いの珈琲だ、と決めてかかったことにある。ラールは――通《つう》や通《マニア》に限らず――誰が飲んでも「美味しい」と感じるような珈琲だったのである。だから、ランブルの「ランブレッソ〔⇩119頁〕」や、後述するチケの「クレオール〔⇩319頁～〕」や、ザ・ミュンヒの「スパルタン〔⇩335頁～〕」など、珈琲をトコトン飲みつくしてきた通《つう》にとってだけ「美味しい」と感じられるような通《マニア》向けの珈琲とは違い、ラールは大衆的な嗜好《しこう》を持った珈琲だということになる。

そして、「ラールは器械でしか作れない」と三浦が言っていたことを小島も井上も記述しているのに、ハンドドリップでラールを抽出できると勘違いしたことも、大きな間違いの一つだった。

ところで、三浦尚さんは浜田の「ヨシタケ」に度々呼び出された。が、義武は気がむいたり、特別な日にラールを出したが、厨房《ちゅうぼう》にそんな機械はなかったという。つまり後には、ネル・ドリップでラールをつくることを発見したのではなかろうか？

〔森光宗男「ネル・ドリップ珈琲の魁　三浦義武を追って」、『コーヒー文化研究』9、二〇〇二年、一五頁〕

三浦尚《みうらなお》氏（義武の甥）による「厨房にそんな機械はなかった」という証言で、私も森光氏もてっきり、ネルでラールを抽出できると思い込んだ。ヨシタケの厨房にも店の中にも、「そんな機械はなかった」という証言は、間違いでも記憶違いでもないだろう。けれども、おそらく機械は、ヨシタケの店とは別の場所にあったのである。

浜田で三浦やヨシタケを知る人たちは、「ヨシタケのすぐ近くに、別棟の実験室・作業場があった」と言っている。ヨシタケの近くに住み、三浦から「よく鰻《うなぎ》を食べに行こうと誘われたり、店から手招きされてラールを飲まされた」という人からは、「その作業場からは、時折ガチャガチャという物凄《ものすご》い音がした」、「ラールを飲むと、食欲がなくなるだけでなく、不思議と何もする気力がなくなった」と教えられた。

そして、三浦と一緒に缶コーヒー・ミラを売り出す仕事をしていた別の人は、ラールを作る際、「他の珈琲と抽出や焙煎が特別違うわけではない、特別なのはその後」と言い、そして耳打ちに「先生、○○っていう機械を使ってみなさい」と小声で言うと、ニッと笑って去って行った。「○○という機械」は、知ってはいるが、珈琲とはおよそ関係ないような機械である。また、そんな機械をどうやって使うのかも、化学知識のない私には分からない。

さてここからは、「謎のラール」に関する私の勝手で未完成な推理である。

ラールを飲んだ人たちが口を揃《そろ》えて言うのは、「ラールは香りが他の珈琲と違い、格段に強くて、器に注いだ途端ラールだと分かる」ということである。しかも、ラールの分量は、小さな御猪口《おちょこ》に入る僅《わず》かな量（一五〜二〇cc）だということだ。

こうした証言と、ラールに関して書かれたものをあわせて考えれば、まず、飛びきり濃い珈琲であったことは、間違いない。しかも、砂糖が相当入った、甘い、非常に冷たい珈琲である。三浦は、珈琲に砂糖を入れずに飲む人間を「通《つう》ぶっている」と小馬鹿にしていて、ホット珈琲を飲む客達には氷砂糖を入れて「（甘すぎて）飲めなくなるまで飲め」と薦《すす》めたそうだ。また、ラールを飲むと酔ったような気分になったり、食欲がなくなったりするのは、飛びきり濃厚な珈琲であることを示しており、しかもそれをギンギンに冷やしても甘く感じたのだから、入っていた砂糖の量を考えると、途方もなく濃厚な飲み物だったはずである。「不思議と何もする気力がなくなった」というのも、序章で引用したバルザックの記述〔⇩21〜23頁〕をみれば、合点がいく。

挽《ひ》いてよく圧搾《あっさく》したコーヒーを無水〔科学用語でごく少量の水ないし全くの水無し〕でいれ、冷たいまま、すきっ腹に飲むのである。〔…〕虚弱な体質の人のなかにはコーヒーを飲むと軽い脳充血を起こす者もいる。こういう人たちは潑剌《はつらつ》としてくるどころか気《け》だるくなり、コーヒーを飲むと眠くなると言う。

〔バルザック『風俗研究』、一九九二年、一七〇〜一七三頁〕

ラールは、ただの濃い珈琲ではなく相当の砂糖も入っていたのだから、飲んだ人間の身体《からだ》にかかる負担も大きかったのだろう。そんな濃い飲み物を飲んでしまうのは、美味しいからこそだ。口当たりの良いカクテルを飲んでいるうちに、気づいたら足が立たなくなるくらいベロンベロンになってしまうような感じに似ている。

それほど濃厚であるにも拘《かか》わらず、飲んだ人が一様に「美味い」と絶賛するラールは、売り物ではなかった。なぜか？　おそらく、ラールは、とても採算の合うような珈琲ではなかったのだろう。三浦は、商売に関心がなかったわけでないのだから、売り物として採算が合えば、ラールを売り出さずにいたはずがない。缶コーヒー・ミラを作るのに、自らネルドリップで抽出するような男が、珈琲を作るのに手間暇を惜《お》しむことは、到底考えられない。

とすれば、三浦は、ラールを「気が向いた時にだけ人に飲ませた」のではない。おそらく、白木屋《しろきや》で開催した「三浦義武のコーヒーを樂《たの》しむ會《かい》」においい

図19　三浦義武氏

ては、人目を引くために披露《ひろう》したのだ。そもそも、三浦はラールを作ろうとしてラールを開発したのではなく、全く違う目的＝別の珈琲を開発していた途上で、たまたまラールが出来上がったのではないか。

そう、おそらくラールは、缶コーヒー・ミラを作るために欠かすことができない原料のような珈琲だったのである。無論、勝手な推測にすぎない。けれども、こう考えれば、「○○という機械」も、缶コーヒーとなら無関係でないように思われるのである。

もし推測通り、三浦が「ラールからミラを作り上げた」としても、「ミラからラールの謎を解《と》ける」とは、とても言い切れない。ミラの実体も分かっていないのだから、むしろ謎は深まってしまったのかもしれない。しかし、謎が深まれば深まるほど、三浦義武という稀代《きたい》の珈琲人（図19）への関心が高まっていくから、面白い。

さて私見では、コーヒー文化における三浦義武による最大の功績は、世界初の缶コーヒー・ミラでも、幻のラールでも、元祖ネル・ドリップでもない。山陰の小さな町・浜田において今でも、ヨシタケで珈琲を飲んだ人たちや義武を慕《した》う人たちが集《つど》い、「もっと酸味があったような」、「もっと焙煎が浅かった」、「当時はこういう珈琲が流行《はや》りだった」などと盛り上がる会合が持てる、高度なコーヒー文化を育成して遺《のこ》したことこそは、三浦義武という人物の最大の功績だと思うのである。

追　記　二〇一一年八月。神英雄氏より「義武と一緒にラールを作ったことのある人がいる」と連絡があり、義武の縁戚《えんせき》にあたる三浦晴江《みうらはるえ》氏にお会いして、お話を聞かせてもらった。晴江氏は、ラールの作り方を詳細に覚えておられて、その抽出の仕方が明らかになった。晴江氏から教えていただいたラールの作り方は、簡単に書くと、こんな具合である。

直径三〇センチほどの大きな筒《つつ》のような櫓《やぐら》に、巨大な綾織《あやお》りの片面起毛《きもう》のネルを三重巻きにして端《はし》を紐《ひも》で縛り、櫓の下に片手鍋《なべ》を置く。ネルに二キログラム（kg）の珈琲粉を入れて、ヤカンから水を加え、二本の棒でひたすら攪拌《かくはん》する。かなり時間が経つと、ネルから片手鍋に珈琲の液体が落ち始める。

その始めに落ちた珈琲がラールである。対して、通常の珈琲は、何度も水を加えて淹れていく、とのことだった。

この方法だと、機械ではないが、かなり大がかりの仕掛けが必要となる。また、完全にラールが解明された訳ではない。使用する珈琲豆をどのように焙煎したのか、などなど。

一体、二kgの豆からどれだけの分量を抽出したものがラールなのか？

また、珈琲に砂糖をどのようにして溶かしたのか？

砂糖に関しては、神英雄氏より興味深い情報がもたらされた。「ヨシタケ」で缶コーヒー「ミラ」を抽出していた女性から「砂糖を混ぜたという記憶はない」という話が聞けたのである。

とすれば、これまた推測になってしまうけれども、おそらくは巨大なネルの中に、コーヒー粉と砂糖は最初から入っていた、と考えるのが自然だろう。
さらに、神氏が二〇一二年一二月に発表した論考の中に、ラールを再生するための重要な手がかりが記されている。

長男浩の妻、三浦由美子氏は、「我が家に義父（義武）が訪ねて来た際、仕事から帰ると、カフェ・ラールをつくって待っていてくれました」っと教えてくれた。もちろん、この家にラールを淹れるための大がかりな器械などない。

〔神英雄「三浦義武――コーヒーに人生を捧げた石見人」、『コーヒー文化研究』19、二〇一二年、二九頁〕（括弧内筆者）

義武が他家へ訪れてもラールを作ることができたとすれば、器械どころか大がかりな仕掛けさえも用いることなく、淹れることが可能だった、ということになる。私のような、趣味でコーヒーを焙煎しているOWN ROASTERが、一度に二kgもの珈琲粉と巨大な櫓とネルを使って実験することは容易ではないけれども、ラールが他家の台所で淹れることが可能だったとすれば、今後も試行錯誤を重ねていくことができるではないか。
まだまだ、解明していかなければならないことは多いけれども、ようやく、ラールを蘇《よみがえ》らすための足掛かりがつかめたような気がする。

それは夢の分や

――想定外の創作珈琲

かつて大阪市・西田辺《にしたなべ》にあるチケ〔⇩117頁～〕を教えてくれた先輩が、こんなことを言っていた。

その珈琲屋はめちゃめちゃマニアックやでぇ。普通じゃねえわぁ。珈琲飲もう思うたら、「今から一時間後にいくから淹れといて」って電話してから行くんや。

大阪・八尾《やお》市にあるその店の名は「ザ・ミュンヒ」。店主・田中完枝《たなかかんじ》氏が一人で営んでいる自家焙煎珈琲店である。「ザ・ミュンヒ」という店名は、田中氏が所有しているドイツ製の「ミュンヒMunch」というビンテージバイクに由来している。田中氏は、オランダ製のビンテージバイク「バンビーンVan Veen」も所有していて、二台のバイクを一ヶ月ごとに交替で店の中に展示している。

両バイクとも日本に数台しか残っていない貴重な代物のようだが、店には他にも、交換用の真空管が既に製造中止のオーディオアンプ、中原中也《なかはらちゅうや》（一九〇七－一九三七年）のサイン入り詩集本、バブル期にオークションで一、五〇〇万円で落札したという古マイセンの珈琲碗三点セットなどが置かれている。店で使用する珈琲碗はマイセンか古伊万里《こいまり》、グラスはバカラと決まっているそうだ。とはいえ、近寄り難いほどの高級品が陳列《ちんれつ》してあるようには思えないほど屈託《くったく》のない佇《たたず》まいがあり、どこかしら独特な雰囲気を醸《かも》し出している店内である。このザ・ミュンヒという店の雰囲気を言葉で説明するのは難しい。「想定外の珈琲店」という表現しか思い浮かばないほど、ユニークな店であることだけは確かである。

メニューに載《の》っている珈琲の価格を見ただけでも、この店が想定外だということが分かる。珈琲は一、〇〇〇円くらいのものからあるけれども、三、〇〇〇円以上する珈琲が、さも平然と並んでいるという、何とも普通でないメニューなのである。

そのメニューの中でも「スパルタン」と命名された珈琲は、一kg（キログラム）の珈琲豆を使って一〇〇cc（立方センチメートル）の珈琲を一時間近くかけて抽出するという、特濃《のうこう》珈琲である。そのスパルタンには、さらに特別なメニューも用意されている。抽出したスパルタンを、ウィスキーをエイジングする木製の樽《たる》に入れ、凍結しない温度を保つ特殊な冷蔵庫で一〇年間熟成《じゅくせい》したメニューである。価格は一杯四〇、〇〇〇円となっている。「珈琲一杯に四〇、〇〇〇円」という価格だけでも驚きだが、「五〇、〇〇〇円で売らないと採算がとれない」のが実情らしい。もっと度肝を抜かれたのは、「二〇年間熟成させたものを一〇万円で売りたい」という話で、店で一緒に算盤《そろばん》を弾《はじ》いて「ギリギリで採算合うやろ」と言う田中氏に、私が「マスター、冷蔵庫の電気代が出てないで」と指摘すると、彼はすかさず「それは夢の分や」と言い放った。

田中氏は、一般の珈琲を「標準珈琲」と言い、自分のオリジナル珈琲を「創作珈琲」と呼ぶ。彼によれば、標準珈琲とは、珈琲豆を中挽き~粗挽きにして、八〇℃以上の湯を使用して、ネルドリップで五分間以内で抽出した珈琲を意味している。それに対して、創作珈琲とは、珈琲豆を中細挽きにして、六〇℃以下の湯を使用して、四〇分以上かけてネルドリップで抽出する珈琲を意味している。

実際に、創作珈琲の抽出を見せてもらったが、珈琲粉に湯を落とし始めて、ネルから珈琲液が一滴落ちるまでに二〇分以上の時間をかけ、珈琲を抽出し終わるまでに一時間近くかかる。

田中店主は言う。

僕はねぇ、珈琲屋っていうのはここまでやらなあかんと思う。ただ単にねぇ、焙煎が上手に出来てね、ようするにまぁええ豆が、コンクールに入賞したような、今流行《はやり》のそういう豆を買《こ》うて、ええ焙煎でけて、全てそれで満足してる店がほとんどなんですよ。結局、それをいかに加工して、いかに一杯の珈琲にしていくかゆうとこまでみなやってない。アマチュアもプロもでけへん世界、そういう本物の世界、夢の世界みたいなもんがあるんやと思うんですよ。

［二〇〇六年四月一二日］

さて、一杯四〇、〇〇〇円の熟成スパルタンはどんな味なのか？　勿論《もちろん》、私風情《ふぜい》がおいそれと飲めるはずもない。そこで、半年熟成したスパルタンを飲ませてもらったところ、私は、珈琲に関する認識を改めることになった。それは、珈琲というよりワインに近い、果実酒のような味だった。すなわち、熟成スパルタンを飲めば、「珈琲の原点は果物である」とはっきり分かるのである。

そして、珈琲の「美味しさ」を探究するという点でも、この熟成スパルタンは、私にとって想定外の味だった。正直に言って、珈琲としての既存の「美味しさ」という範疇《はんちゅう》では理解できないのである。田中氏によれば、抽出したスパルタンを熟成させて、ワインのような味を出すためには、「ニュークロップでなく、オールドビーンズ〔⇩172頁〜〕を使用しなければならない」そうだ。一定の手順を踏んでこそ、目指すべき味の珈琲が出来上がるという点で、熟成スパルタンは、その究極の形の一つだと言えるだろう。ザ・ミュンヒの常連客たちは、「次第にこの味が癖《くせ》になる」と言う。

田中氏は、「気になる珈琲屋があれば、どこでも原付バイクで行く」と言い、実際、私が行脚《あんぎゃ》した珈琲屋のほとんどを知っていた。マスターに劣らず、ザ・ミュンヒの常連客たちも、想定外の珈琲通《マニア》である。というのは、私が店を訪れてから、モンクのマスターから「ザ・ミュンヒのお客さんがまたみえましたよ」と何度か言われて、驚いたからである。「関西から広島までわざわざ珈琲飲みに来る物好きがいるか」と呆《あき》れた瞬間、もう一人の自分から「お前が始めたんだろうが」と突っ込みが入った。

そして、モンクのマスターから「どうやらミュンヒのマスター、うちに来たみたい」、「話は交わしてないけど」、「私も近いうちにミュンヒに行ってきます」とのこと〔二〇一一年四月二八日〕。

ザ・ミュンヒの常連客がモンクに置いていった新しいメニュー冊子には、一五年熟成させたスパルタンが七五、〇〇〇円という価格で掲載されている。田中店主の「二〇年間熟成させたスパルタン」という夢が叶《かな》うまであと少し、私も近いうちにまたミュンヒに行って、夢の珈琲について語ってこよう。

明日になったら、全く別のことを言っているかもしれない

自分の珈琲を追求してあちこちの珈琲店を行脚していると、下村湖人《しもむらこじん》〔一八八四〜一九五五年、小説家・教育家〕が遺《のこ》した名言を度々思い出す。

人の顔さえ見れば教えを乞いたがる人がいるが、そういう人には何も教えてやることはないし、また、人の顔さえ見ると教えようとする人からは何も学ぶことはない。

珈琲通《マニア》の世界では「ランブル系」という言葉が当たり前のように使われている。ただ、ランブル系というのが何を指すのかは明確ではない。ランブル系と言われる珈琲店はいくつもあるのに、ランブルの支店とか系列店とかは一店舗もないからだ。関口一郎氏を「関口先生」と呼ぶ人たちはいても（モンクのマスターも「先生」と呼ぶので私もついそう言ってしまうのだが）、関口氏が「弟子を公認した」という話は聞かない。

ランブルのホームページを見ていて、「ランブルで13年修行したマスターが自家焙煎のコーヒー専門店を始めました」という情報が掲載されていることに気づき、早速、東京の東駒形《ひがしこまがた》にあるカフェ・スタイル・コジロウを訪れることにした。

「ランブル詣《もう》で」で始めてから、ランブル系と呼ばれている珈琲店はいくつも廻《まわ》ってみたけれども、正直なところ、それらの珈琲店には、ランブルの珈琲との連続性というか方向性というか、そういったものは全く見えてこなかった。珈琲の味が全く違うのである。そして、私自身も、ランブルで珈琲を何度も飲みながら、「どうしたらこんな隙《すき》の無い焙煎が可能なのか」が全く分からなかったのである。実際、ランブルで珈琲を飲む度に、自分の珈琲を諦《あきら》めるという繰り返しが続いていた。どうしたらあんな味になるのか、という方向性さえ摑《つか》めなかった。「ひょっとしたら、誰も関口氏の珈琲を継承できないのではないか」という諦念《ていねん》にさえ取り憑《つ》かれた。しかし、その誤りは、カフェ・スタイル・コジロウで珈琲を飲んだ瞬間に払拭《ふっしょく》された。

その珈琲には、ランブルのそれとの連続性と方向性が、はっきりと現れていたのである。

コジロウの小島浩一郎《こじまこういちろう》店主《マスター》は、現在、ランブルを実質的に取り仕切っている林不二彦《はやしふじひこ》氏を「師匠」と呼ぶ。ランブルとコジロウとは、珈琲店としてみた場合、様々な点で異なっているどころか、対照的と言ったほうが分かりやすい。

まず、ランブルが世界有数の高級な繁華街・銀座《ぎんざ》にあるのに対して、コジロウは東京の下町・東駒形にあり、商業地というより住宅や零細《れいさい》工場などが混在している場所である。近隣にやたらと「もつ焼き屋」が多いのは、かつてこの地域に繊維工場が多かったことから、工場労働者がたくさんいた名残《なご》りかもしれない。

また、ランブルが銀座に相応《ふさわ》しい老舗《しにせ》バーを彷彿《ほうふつ》させる重厚な店構えであるのに対して、コジロウは、下町に建てられた目を引くほど軽やかな外観であり、客が一〇人ぎりぎり入れるぐらいの店内も、ポップなカフェバーといった趣《おもむ》きである。

両店の特徴が最も異なるのは、ランブルが関口店主や林氏を中心とした複数の職人たちによって営まれているのに対して、コジロウは小島店主一人が運営しているところだ。この点では、むしろランブルが極めて稀《まれ》な存在であって、コジロウのほうが典型的な自家焙煎珈琲店に近いと言えるだろう。私は、ランブルで修行中だった頃の小島氏も知っていたけれども、コジロウのマスターは、同じ人物とは思えないほど違った印象に見えた。それは、ランブルにいた時の小島氏が個性的でなかったわけでは決してない――『コーヒーに憑かれた男たち』の中でも「ポットの持ち方からして変則的」〔鴨中労、一五三頁〕と記述されている――。ランブルでも何度か小島氏と話をしたことがあったが、その印象が全く違ったのである。尤《もっと》も、私は、ランブルでは関口氏や林氏をはじめとして、他の職人さんたちとも滅多に珈琲に関する話をすることはない。ランブルという店の雰囲気を知るために、以下の文章を読んでもらおう。

このコーヒーの凄《すご》さに気付く人は無に等しい。疑問の何故、どうして?……は、見て習い、盗み見て学び、味わい、それらを積み重ねながら会得《えとく》してほしい。

〔種味の焙炒珈房「「ドウミ・タッス」観察記」、『珈琲と文化』81、二〇一一年、五三頁〕

まるでLのマスター〔⇩101頁~〕が再来したかのようである。この引用を踏まえれば、ランブルでおいそれと珈琲の話など持ち出すことができないことは、お分かりいただけるだろう。その点、コジロウは、小島氏ひとりきりということもあり、他の客がいなくなったところを見計らって、恥知らずな質問をしても、教えてもらえるという気軽さがある。

実際、コジロウへ足繁《あししげ》く通って顔を覚えてもらえるに至って、色々なことを教えてもらっている。無論、「教えてもらっている」と言っても、あくまでも客としての立場であり、「相談にのってもらっている」と言うほうが正しい表現かもしれない。しかし、小島氏の言葉が、私の珈琲に関する考え方を大きく変えたのは事実である。それは、二つある。

一つ目は焙煎のやり方である。私が焙煎のイメージに関して、その「見極め方」について小島氏に訊《たず》ねた際、「ハゼには拘《こだわ》らず、コーヒー豆の構造をイメージして、それを壊さないように膨《ふく》らませる」という話が返ってきた。この話を聞いて、それまでどうしても「二回目のハゼ」に拘っていた私は、思い切ってハゼを意識しないようにした。焙煎機の釜《かま》の中でまわるコーヒー豆が膨《ふく》らんでいくことをイメージして焙煎する、という方法に変えたのである。正直、私の焙煎技術の改良はまだまだ途上であるけれども、小島氏の話を聞いてから、確実に前へ向かっているという手応えを感じられるようになった。そして何よりも、ランブルとコジロウに共通する珈琲の連続性と方向性とが、かすかな輪郭《りんかく》として捉えられるようになった。

二つ目は考え方、というか姿勢のようなものである。小島氏の以下の言葉を聞いた私は、珈琲の味覚を追求していく際の姿勢のようなものが、大きく変わった。

私なんてまだまだ全然ですよ。明日になったら、全く別のことを言っているかもしれない。

［二〇一〇年六月五日］

おそらく、物事（普遍的規則）を追求していくというのは、小島氏のこの言葉に尽きるのではないか。とことん突き詰めた理や技であっても、それ以上のもの（他者）に出くわした時、新しさを受け入れる器量を持てるように、常に開かれた姿勢で臨《のぞ》むこと。だからこそ、コジロウの珈琲は、ランブルとの連続性や方向性を保ちながらも、コジロウの珈琲として、確実にオリジナルな方向へと進んでいることが、はっきりと分かるのである。

再び変化したモンクの珈琲

自分の目指す珈琲を求めて、モンクから行脚《あんぎゃ》の途に就いた私にとって、如何《いか》にモンクとは違う珈琲へと辿り着くのかが、一番の課題だった。営業的な店舗という形では、到底叶《かな》わないような「珈琲の愉《たの》しみ方」を追求してみたいという思いは、当初からあった。そこで、次のようなスタイルでやってみることにした。

当時、モンクでは、「グアテマラＳＨＧ」、「マンデリンＧ－１」、「ホンジュラスＳＨＧ」、「タンザニアＡＡ」、「コロンビア・スプレモ」、「ジャワ・ロブスタＷＩＢ－１」といった、代表的な産地の一般的なgreen beansだけを扱っていた。そこでまず、一般的なgreen beansをできるだけ避けて、スペシャルティコーヒー〔⇩231頁～〕のような、品種や農園などがトレースできる特殊な生豆を中心に扱うことにした。尤《もっと》も、私のようにほんの僅《わず》かな消費量では、一般的な等級のコーヒーよりも、特殊なもののほうが少量で購入しやすいという背景もあった。通常、green beansは一袋が約六〇kg（キログラム）か七〇kgで、一般の等級だとたいてい一袋単位でしか購入できない。しかし、スペシャルティコーヒー・ブームによって、生豆を一〇kg単位で簡単に購入できる店が増えつつあったのである。とは言っても、レアなgreen beansを見つけてしまうと、やっぱり一袋で買いたくなる。自宅に届いた六〇kgの麻袋《あさぶくろ》は、何とか持ち上げられたけれども、七〇kgだとどうにも持ち上がらず、玄関から引きずって部屋へ運び入れている。

そして、モンクを含めて一般の自家焙煎珈琲店のほとんどは、オールドコーヒー［⇩172頁～］をやっていない。エイジングしても味が良くなる保証のないリスキーな豆で、しかも保管場所などのコストが高くつくオールドコーヒーは、商売として考えれば、採算を合わせるのが難しいのである。そうであるなら私は、飽くまでも趣味に徹することを指向するOWN ROASTER［⇩260頁～］として、購入したgreen beansの三割をエイジングすることにした。駄目でもともとである。たとえ全部無駄になっても、最初から採算などを度外視した趣味なんだから問題はない。ただ、オールドコーヒーの場合、エイジングの結果が出るまでに、どんなに早くても一〇年以上は優に必要だから、自分の年齢を考えれば、一生かけて結果を見極めることになるだろう。

モンクの珈琲が変化していることに気づいたのは、二〇〇六年の春頃だった。最初は、気の所為《せい》かとも思ったが、店へ行く度《たび》に味が変化していくのだから、間違いない。明らかに、焙煎のやり方を変えたのだ。その味の変化を言葉で表すと、「珈琲の種類ごとに、味の輪郭《りんかく》がよりシャープになり、奥が深くなった」と形容すればいいだろうか。吉田店主《マスター》に訊《き》いてみると、「焙煎の際、熱効率を良くし、見極めを厳しくした」結果だと言う。さらに、滅多に見ることはないメニューを見ると、私がこれまで見たことのない種類のコーヒーがいくつか並んでいる。一般の等級ではなく、所謂《いわゆる》スペシャルティコーヒーばかりで、しかもレアなものが多い。「いつの間に?」と驚く私に、マスターは「もうかなり前から……メニュー見ないからですよ」と笑った。

さて、モンクで変化したのは珈琲の種類や味だけではない。店で使用するコーヒーカップは、元は厨房の奥に置かれていたが、客席近くに据えられた戸棚に陳列《ちんれつ》されるようになり、カップの多くがヨーロッパのアンティークものに替わった。気がつくと、椅子もいつの間にかアンティーク調のものに全て替わっている。照明も、天井から吊り下げられていたランプが取り除かれ、間接照明のような、各テーブルごとに置かれたランプの灯りとなった。店の外から見ると、以前よりも店内がかなり暗くなり、一見客《いちげんきゃく》は一層入り難い店構えとなった。

そして二〇〇九年一月から、モンクはそれまでの営業スタイルを一新する。

従来「一四~二時(月~土曜日)」、「一二~一八時(日)」だった営業時間は、「一六~一時(月~土)」、「一五~一八時(日)」へと変更された。一日当たり三時間も短くなったことになる。

メニューも大幅にリニューアルされた。コーヒーの種類ごとに濃度・抽出法を変えた六種類の珈琲メニューに加えて、それぞれにアレンジ珈琲が四種類、用意されている。メニューを見ると、一種類のコーヒーに対して一五通りの愉《たの》しみ方――「濃度」、「分量」、「砂糖入り」、「ミルク入り」などの組み合わせ――を選べるようになっている。これを初めて見た人は、何が何だか分からず、面食《めんく》らうこと必定である。加えて、価格体系は、メニュー全体に照らすと、かなり高めの設定となった。一杯一、〇〇〇円を超える珈琲も通常メニューに数多く並んでいる。この点に関して、当時、マスターには言わなかったけれども、私は少々心配した。というのは、所謂《いわゆる》「リーマン・ショック（二〇〇八年九月）」の後、世間一般では景気が後退し、消費の落ち込みが激しくなった最中に、攻めの営業スタイルをとって果たして大丈夫なのか、と危惧《きぐ》したのである。

こうまで言うと失礼かもしれないが、東京のような大都市圏ならいざ知らず、一地方都市・広島では、美味しい珈琲を飲ませる珈琲店は成り立っても、珈琲通《マニア》が落ち着いて珈琲を堪能《たんのう》できるようなマニアックな店は難しいだろう、と正直思っていたのである。地方都市だと、どうしても珈琲通の層は大都市と比較して薄くならざるを得ないし、経済的にも富裕層は限られてくる。

しかし、私の心配は、杞憂《きゆう》に過ぎなかった。

営業スタイルが変わって半年ほど経過した頃から、その効果がはっきりと現れた。明らかに店の雰囲気全体が変わったのである。その一番の要因は、やはり客層が変化したことにある。と言っても、従来からの常連客たちが別の人たちにかわったわけではない。常連客になれないような人たちが、めっきり減ったのだ。そうなることで、常連客たちがモンクを訪れる頻度《ひんど》も高くなった。そして、「一見客が入り難い店構え」というハードルを飛び越えて初めて訪問した客たちは、常連客となることが多くなったのである。実際、営業スタイルが変わる前と較べると、店で珈琲を飲んでいる別々の客同士が気軽に話を交わす光景を目にすることも多くなった。日本的な喫茶店《カフェ》から西洋的なカフェへと変貌《へんぼう》を遂げたと言ってもいいだろう。

一緒に店へ訪れた者同士がテーブルごとにプライベートな空間を消費する日本的な喫茶店と、店に入った人間は同じ空間を共有する客としてオープンな関係となるヨーロッパのカフェとは、空間のあり方が質的に異なる。換言すれば、日本の喫茶店が私的空間であるとすれば、ヨーロッパのカフェは公的空間に近いのである。[15] 歴史的にみても、ヨーロッパの名だたるカフェでは、「思想」や「文芸」など、店ごとに違った特色を出していて、集《つど》う客たちもその店のカラー

15——　ドイツの思想家・社会学者J・ハーバーマス（一九二九年〜）は、一七世紀後半〜一八世紀後半のイギリス、フランス、ドイツにおいて、カフェ・ハウスが市民的公共性を醸成する重要な場所であったことを、その著書『公共性の構造転換』（一九六一年）で論じている。

に染まっていたのである。

新しいスタイルとなったモンクには、琥珀色《こはくいろ》に染まった客たちが集うようになり、その珈琲は、作品としての輝きに一層磨《みが》きがかかったようである。美味しい珈琲を美味しく味わうためには、珈琲だけでなく、客も含めた店全体の雰囲気が重要だということに、私は改めて気づかされた。

第7章……

夢の途中で

甘美な衝撃——蠱惑《こわく》なコーヒーチェリー

二〇一一年一月一二日夜。飛行機が着陸態勢に入ると、機内にはモダンジャズが流れてきた。眼下に拡がるメダンの街を眺めると、道路上に無数のバイクのライトが点滅し、それらが断続的に物凄《ものすご》い雷光で照らし出された。幻想的な気分に浸ったまま、ボロニア空港から出ると、外

は物凄いスコールだった。

念願叶《かな》ってインドネシアのスマトラ島へやってきたのである。モンクの吉田氏も一緒である。

珈琲行脚を続けていくうちに、「生産地へ行ってみたい」という思いが日毎《ひごと》に強くなり、「行ってみたい」という思いは、いつの間にか「行かねばならない」という焦燥《しょうそう》へと醸成《じょうせい》されていった。では何処《どこ》へ行くか？ 生産地ならば、取りあえず何処でもいい。けれども、そう易々と海外へ出て行けるような境遇にないことを考えると、まずは、自分が一番気に入っているgreen beansの産地へ行ってみたい。とすれば、もう迷うことはない。インドネシア・スマトラ島のリントン地区に決まりである。


自分で焙煎を始めてから、もともと好みだったマンデリン（スマトラ島で収穫されるアラビカ種のブランド名）は、最も多くの種類を試してきたgreen beansである。そして、マンデリンの中でも、東南アジア最大のトバ湖（Danau Toba カルデラ湖）周辺で収穫された「リントン」▼[1]は、豊かな香りと独特な酸味を有しており、抽出すれば飲む前からはっきり「リントンだ」と分かるほど、香味《こうみ》が秀《ひい》でたgreen beansである。ただ香味が優れているだけでなく、焙煎の微妙な加減によって、大きく香味を変化させるリントンは、OWN ROASTER好みのgreen beansだ。焙煎が難しいgreen beansほど、趣味で焙煎する者にとっては愉《たの》しいのである。けれども、手前勝手に心を寄せてみても、産地で農園を見てみたいというのは、恋愛と同じく、相手のあることだから、簡単には儘《まま》ならない。あれこれ手を尽くして（というより人頼みで）、ようやく、これなら大丈夫というスマトラへのルートに辿り着いた。

石光商事の三木《みき》和彦《かずひこ》氏がスマトラ島での案内を引き受けてくれたのである。三木氏は、コーヒー部門でアジア地区を担当しているが、大のインドネシア通というよりも、インドネシアに心底惚《ほ》れ込んでいる商社マンである。三木氏に組んでもらったのは、四泊五日という限られたスケジュールで、生産地のコーヒー市場としての北スマトラ州の州都・メダン（Medan）、メダンの輸出業者と精製《せいせい》工場、トバ湖近郊のシディカラン（Sidikalang）にある農園・精製工場などを視察するというものである。

ビギナーズラックに恵まれたのかもしれない。初めてのスマトラ・メダンで、訪問することができた三つの輸出業者は、規模や運営形態が大きく異なり、それぞれ特長を有した素晴らしい業者だった。

まず、今回の視察に中心的に協力してくれたのは、メダンに本部を置くサリマクムール社

1――「リントン」は、トバ湖周辺部の北タパヌリ県リントン・ニ・フタという地名からとられたもので、マンデリンコーヒーの種類を指している。一六九九年にオランダによる植民地政策で、北スマトラにおいてアラビカ種の生産が開始されたことから、在来種をイメージして「オールド・リントン」という呼び名でgreen beansが販売されている。

(PT. Sarimakmur Tunggalmandiri)である。サリマクムール社は、インドネシアでも屈指《くっし》の巨大輸出業者であるが、インドネシアだけでなくシンガポールやマレーシアのホテル、カフェ、レストランなどへもコーヒー豆を提供する焙煎業＝オパール・コーヒー（Opal Coffee）を展開し、シディカランに広さ四六〇ヘクタールのワハナ農園などを営む、巨大なコーヒー業者である。

二〇〇六年創業のワハナ農園は、コーヒー栽培がまだ本格的に稼働《かどう》していないとはいえ、広大な敷地にシェードツリー［⇩236頁］でコーヒーの木が品種ごとに栽培されている。近い将来、この農園での栽培が本格化すれば、品種ごとにgreen beansを輸入業者のオーダーに応じて出荷することが可能になるに違いない。それだけではない。農園内には、巨大な精製工場もある。

深夜零時を過ぎてから、濃霧《のうむ》で数メートル先も見えない農園内を車で移動し、精製工場を見学させてもらった。この工場は、近隣の小農家から、集荷されたばかりのコーヒーの実が運びこまれると、すぐに稼働《かどう》する態勢になっている。

その近代化された精製工場には、インドアのテニスコートを巨大にしたような、ポリカーボネート屋根材で天井を覆《おお》った乾燥場［⇩287頁の図15］が併設されていて、雨でもコーヒーチェリーを乾燥できるようになっている。この乾燥場に加えて工場内には、天日乾燥と同じ環境で、天候に影響されることなく、一基で二五トンを乾燥できるドラム型の乾燥マシン（図20）も設置されている。こうした最新の設備を使うことで、スマトラ式だけでなく、水洗式［⇩283頁〜］、半水洗式［⇩285頁〜］、乾燥式［⇩285頁〜］と、自在にgreen beansの精製方法を変えることで、輸入業者の

図20　ドラム型の乾燥マシン（ワハナ農園）

オーダーごとに差別化したgreen beansを生産できる（285頁でふれた乾燥式のリントンは、この工場で生産されたものである）。サリマクムール社は、この新しい試みによって、スマトラのコーヒーだけでなく、インドネシア全体のコーヒーを変えていくほどの大きな潜在力を予感させる業者だった。

対照的に、パワニ社（PT. PAWANI）は、小規模ながら老舗《しにせ》名門の輸出業者である。スマトラコーヒーのブランド名となっている「マンデリン」は、このパワニ社によって、"ARABICA MANDHELING"という名称で、一九六九年に日本へ出荷されたのが始まりである。トバ湖周辺の山岳地帯に居住するバタック族の種族Mandailingからとられたマンデリンという名称は、スマトラコーヒーも、「ブルーマウンテン」や「トラジャ」のように親しみのある愛称で呼ばれたいという思いから、パワニ社が考案したものである。

サリマクムール社とパワニ社との中間的な規模に位置づくエカヌサジャヤ社（CV. EKA NUSA JAYA）では、精製工場での「手作業による丁寧なスクリーン選別作業」の様子を見学できた。スクリーンとは、green beansを大きさによって分類《サイジング》する際に使用する穴の空いた篩《ふるい》を意味するが、今ではスクリーンによるサイジングはたいていの場合、機械によって行われている。全くの偶然で驚きだが、二年ほど前からその独特な香味に魅せられて、継続的に購入してきたgreen beansが、ここで開発されたブランドコーヒーだったことである。リントンのgreen beansを数種類手に入れて、焙煎して飲み比べをしたところ、香味が最もシャープな輪郭を描いたのがエカヌサジャ社のgreen beansであった。私に「リントンの産地へ行ってみたい」と思わせるきっかけとなったコーヒーだったのである。

今回、スマトラを訪れるまで私は、green beansは農園で作られる作物以上のものではない、という全くの思い違いをしていた。私が焙煎して飲んでいる美味しいマンデリンは、集荷された農作物であることに間違いはないとしても、輸出業者による精製・選別というプロセスを経て作られた加工製品でもあったのである。選別によってブランドコーヒーから排除された豆も、一般等級の豆となったり、産地で消費されるコーヒーの原料となったりすることで、無駄に廃棄されることはほとんどないそうだ。

びっくりしたのは、労働者の安い賃金が一日当たり三ドルに満たないのに、メダンの高級ショッピングモール（次頁の図21）にあるカフェの珈琲一杯の価格が、三〇〇円近くすることだった。近年、ブラジルやインドネシアなどのコーヒーの生産地で、富裕層を中心に高級な珈琲が嗜好《しこう》されるようになり、green beansの価格が高騰《こうとう》していることは情報として知ってはいた。しかし、こうした現実を目《ま》の当たりにすると、日本のような消費国において、良いgreen beansを手に入れることは、次第に難しくなっていくだろうと考えざるをえない。生産地で需要が拡大していけば、安値でgreen beansを消費国へと輸出する必要はなくなるからである。green beans

をめぐる世界的な市場が変化していくスピードは、フェアトレードが浸透していくよりも、早いのかもしれない。ちなみに、私がスマトラから帰国して約二週間後の二〇一一年一月二六日付け『日本経済新聞』では、コーヒー豆の国際相場が急騰《きゅうとう》し、日本でも大手コーヒー企業が値上げを発表した、と報じられた。

さて、今回、スマトラへの珈琲行脚《あんぎゃ》で得られた最大の収穫は、ワハナ農園の屋根付き乾燥場に干されて洗浄されたばかりの、真っ赤に熟したコーヒーのチェリーを口に入れ、果実としてのコーヒーを初めて味わった衝撃だった。コーヒーチェリーの果肉《かにく》は、パルピング（果肉除去）された後、肥料として使用され、果物として食されることはない。確かに、果

図21　高級ショッピングモール（メダン）

サクランボに似てはいても、実の部分が少ない。しかし、初めて味わったコーヒーチェリーは、サクランボとは比較にならないほど芳香《ほうこう》豊かで甘美なフルーツであり、しかも、やはりどこか珈琲の味を想起させる不思議な果実だったのである。

芳香豊かで、甘美で、フルーティなコーヒーチェリーをイメージして、珈琲を焙煎し、抽出してみたい。蠱惑《こわく》なコーヒーチェリーにすっかり魅惑《みわく》されてしまったスマトラへの旅だった。

至高のマンデリン

スマトラ島で甘美なコーヒーチェリーに衝撃を受けてから、そのフルーティさを感じられるように、焙煎の仕方を何とか工夫できないものかと、試行錯誤を繰り返すようになった。そして、もう一度スマトラ島へ行ってみたい、という強い思いを抱くようになっていた。

強い思いが通じたのだろうか、モンクの吉田マスターから突然朗報《ろうほう》が飛び込んだ。パワニ社のイスラント（Isranto Toh）氏から「一〇月、一一月くらいからアチェでは収穫期に入るが、行きたければ案内する」と連絡があったのだ。

アチェ（Aceh）と言えば、リントン地区と並んで、良質なマンデリンが生産されている地域であり、野生のルアック〔⇩249頁〜〕が生息しているところでもある。もしかしたら、野生のルアックが残していった「幻のコピ・ルアック」に出会えるかもしれない。幻のコピ・ルアックとは、コーヒー農園で野生のルアックが残していった糞から収集・精製されたgreen beansで、農家の人たちが少量ずつ収集して精製した稀少《きしょう》なコーヒーのことである。パワニ社のイスラント氏の話では、「野生のルアックによるコピ・ルアックは（人工的に飼育されたルアックのものと）味が違う」らしい。再び、吉田氏とともに、スマトラ島へ行くことにした。

二〇一一年一一月二日、パワニ社のレオナルディ（Leonardi Toh）氏の案内で、メダンから航空機とクルマを乗り継ぎ、数時間かけてアチェ州のタケンゴン（Takengon）の町に到着した。タケンゴンの町は、ラウト・タワール湖（Danau Laut Tawar）〔⇩366頁の写真〕の畔《ほとり》にあり、日本の高原を思わせるような風光明媚《めいび》な土地である。私が持参した簡易の高度計は約一、二〇〇メートルを示していた。ラウト・タワール湖を取り囲むように、緑の山々が連なっているが、その緑のほとんどがコーヒーの木であることに気づいたのは、翌日だった。

タケンゴンでは、イスラント氏が「タケンゴン・アチェ・ブラザーズ（Takengon Aceh Brothers）」と呼ぶ集荷人・ダフィ（Dafi）氏とコーヒー農園を営むボーイ（Boy）氏が、正味二日弱という短期間で、我々にタケンゴンを堪能《たんのう》させてくれた。

タケンゴンには、いくつものコーヒー農園が密集していて、コーヒーの木は山の傾斜を利用して、シェードツリー［⇩236頁〜］とともに植えられている。遠目には雑然と植えられているように見えるが、実際に農園の中へ入ってみると、コーヒーの木々の間隔が開《あ》いていて、強い直射日光を避けるためにシェードツリーが植えられている。丁度、収穫が始まったばかりで、青々としたコーヒーの実と、真っ赤に熟したコーヒーの実とが、木の枝にびっしりと実っていた。また、各農家の軒先《のきさき》には、果肉を除去されたコーヒーがパーチメントの状態で天日干しにされていた。この後、これらのパーチメントコーヒーは、小地域ごとに決まった集荷場に集められ、脱穀《だっこく》されてアサラン（＝原料）となった後、さらに天日干し［⇩287頁の図14］されてから選別され、メダンの輸出業者へと出荷される。メダンでは、さらに天日干しされた後、選別を経て、ようやく商品としてのgreen beansが出来上がるのである。

さて、タケンゴンの農園は、思ったより傾斜がきついのにも驚いたが、もっとビックリしたのは、土が柔らかいということだった。この土の柔らかさは、良質のコーヒーを作り出す有機栽培のためだったのだ。

ボーイ氏の農園を案内してもらった後、ご自宅でお昼御飯を御馳走になり、小屋に備えられている果肉除去（パルピング）器を見せてもらった。パルピングされたコーヒーの果肉は、小屋の外側へ排出されるようになっていて、そこで一定期間寝かせることで、コーヒーの木の肥料となる。また、農家で飼育されている水牛の糞も、コーヒーにとって良い肥料になるのだそうだ。農園には、ニワトリ（と言っても日本のニワトリよりもかなり大型でおそらく軍鶏《シャモ》だろう）が放し飼いになっている。

ボーイ氏とダフィ氏の話では、「農薬や科学肥料は一切使わないし、使う必要もない」ということである。有機肥料だけでなく、タケンゴンの土壌を含めた自然環境が、良質なコーヒーチェリーを実らせるのである。

タケンゴンを訪れて、インドネシアの人たちが無類《むるい》の珈琲好きであることが分かった。同じアチェにあっても、海側の人たちと山側のタケンゴンの人たちとでは、珈琲の作り方が全く違い、それゆえ、カフェや料理店で出される珈琲もまるで違うのである。

海側の珈琲は、珈琲豆を大きなフライパンのような鍋で炭化するまで真っ黒に焙煎してから粗く砕き（店によっては砕かず豆のまま）、それを虫取り網のような薄い布のドリッパーに入れて鍋で煮込み、客に出す前に何度もネルで漉《こ》して作られる（図22）。一方、タケンゴンの珈琲は、焙煎も適度で、パウダー状になるほど細かく挽《ひ》いた粉をカップや器に入れ、砂糖と一緒に湯を注《そそ》いで掻《か》き混ぜて作られる。不思議なことに、農家でいただいたタケンゴン風の珈琲（図23）は、粉が口の中に残るものの、すこぶる美味しいのである。中でも飛び切り美味しかったのは、ダフィ氏の自宅で出してもらった「幻のコピ・ルアック」である。あまりに美味しいので、ダフィ氏に「ルアックのgreen beansを買えるところはないか」と訊《たず》ねると、「今はない」ということだった。そう簡単に手に入るものではないのだ。

図22　アチェ海側でのコーヒー抽出

図23　タケンゴン風の珈琲

タケンゴンでの愉《たの》しい日々はアッと言う間に過ぎてしまい、ラウト・タワール湖畔《こはん》のホテルでメダンへの帰り仕度をしていると、ダフィ氏がコピ・ルアックのgreen beansを持ってきてくれた。色々と手をつくして集めてくれたのだ。

名残《なご》り惜しいタケンゴンを後にし、一二時間かけてメダンに戻った。翌日、パワニ社を再び訪問するためだ。そして、前回、見ることができなかったパワニ社の作業場・倉庫を見せてもらえることになった。

丁度、作業場では、手作業による丁寧なハンドピック〔⇩93頁〕が行われていた(図24)。イスラント氏から手招きされて、倉庫に積み上げられていた麻袋《あさぶくろ》の山まで

図24　**手作業によるハンドピック**（パワニ社）

近づくと、袋の中からタバコの葉のような茶色の生豆を出してくれた――「エイジド・スマトラ」である。イスラント氏から「匂いを嗅いでみて」と言われ、鼻を近づけてみると、不思議なことか、タバコの葉の匂い、しかも良質な葉巻やパイプタバコの葉の上品な匂いがかすかに香ってくるのである。まさか、もう市場からほとんど消えてしまったと言われている「生産地でエイジングされたコーヒー」〔⇩173頁〜〕にお目にかかれるとは、露《つゆ》ほども思わなかった。そして、私の思い違いがまた一つはっきりと分かった。

イスラント氏によれば、

エイジド・スマトラは、green beansを一ヶ月に一回、天日干しにして、約五〜八年かけて作られる。輸入業者から注文があっても、出来上がるまでに最短でも五、六年かかる。今、そこに積み上げられているのは、たまたま出荷する直前で、一・五トンのエイジド・スマトラだ。

（二〇一一年一一月五日）

少なくとも、スマトラで作られるエイジングコーヒーは、定期的に天日干しを繰り返して作られるのである。とすると、日本で数少ない珈琲店で作られているオールド・コーヒーとは、違うものだということになる。日本のオールド・コーヒーは、定湿温倉庫で保存して作られ、定期的にハンドピックで傷んだ豆を取り除くことはあっても、天日で干すということはない。見かけも随分違う。私が実験的にエイジングしているコーヒーには、green beansの収穫から一〇年以上経過して茶色に変色しているものもあるけれども、同じ茶色でも、パワニ社のエイジド・スマトラの色とは明らかに異なっている。第一、私がエイジングしている豆の匂いを嗅いでも、良質なタバコのような香りは全くしない。生産地でなされるエイジングと、輸入国でなされるエイジングとは、同じエイジングでも、そのやり方が全く違うのである。エイジングの仕方が違えば、味も異なるはずである。パワニ社で飲ませてもらったエイジングスマトラは、それまでに飲んだことのないほど円《まろ》やかでいて、独特な甘味と酸味をも有したコーヒーだった。

イスラント氏に頼み込んで、パワニ社で精製したタケンゴン産のマンデリンを少量譲《ゆず》ってもらい、日本へ持ち帰って自分で焙煎して飲んでみてビックリ。「至高のマンデリン」とでも呼べばいいのだろうか？　これまで飲んだマンデリンの中だけでなく、これまで飲んだ珈琲の中で——オールド／エイジド・コーヒーとコピ・ルアックを除いて——最高に美味しい珈琲だったのである。この時、良質なgreen beansを求めて、世界中を旅して探し回る珈琲職人たちの気持ちが、初めて分かったような気がした。美味しい珈琲を探究することは、つまるところ、良質なgreen beansを求める途《みち》へと向かうのだ。そして、良質なgreen beansを探し求めるのは、ただ生豆だけを求めるのではなく、そのコーヒーが作られている産地で、コーヒーに対するイメージを膨らませ、そのイメージを焙煎や抽出に活《い》かすためである。

極上のgreen beansを求めて生産地へ赴《おもむ》くということからすると、私の珈琲行脚《あんぎゃ》は、まだ始まったばかりである。

タケンゴンで聞いた話では、「ルアックは気に入ったコーヒーチェリーの木を見つけると、生涯その木からしかコーヒーの実を食べない」という。私も、いつかルアックのように「生涯これだけでいい」と思えるような、夢のようなgreen beansに出逢ってみたい。と思う一方で、極上のgreen beansを求めて、世界中のコーヒー産地を行脚する浮気者のルアックがいてもいいじゃないか、とさっそく思い直してみる。

私の珈琲行脚は、まだまだ夢の途中だ。願わくば、夢から覚めることのないように、ずっと珈琲を愉《たの》しみたい。

跋《ばつ》

俄《にわか》に喫茶店が注目され出している。どうもアメリカで起こった「サードウェーブ」と呼ばれるコーヒーブームに影響を与えたのが、客の好みに合わせて多様な珈琲を提供してきた日本の喫茶店文化だ、ということらしい。

アメリカでコーヒーの大量生産が可能となった一九世紀後半に起こったブームがファーストウェーブ、一九七〇年代以降にシアトル系コーヒーチェーンが増殖したのがセカンドウェーブ、サードウェーブは一九九〇年代後半から起こった新しいコーヒースタイルを意味しているようである。二〇〇二年にサンフランシスコで創業された「ブルーボトルコーヒー」は、〝コーヒー界のアップル〟(Apple of coffee)と呼ばれ、サードウェーブの代表格とされており、日本における第一号店を二〇一四年一〇月にオープンする予定であることが報じられている。

サードウェーブの特徴は、ストレートコーヒーを「シングルオリジン」と呼び、客の好み——ペーパードリップ、プレス、水出し、エスプレッソなど——に合わせて、一杯ずつ抽出するスタイルにある。東京だけでなく、ソウルや台北でも、サードウェーブを意識していると思われるカフェが増えている。もともと、農園などをトレースできるという意味でスペシャルティコーヒーのgreen beansを浅《あさ》煎《い》りで焙煎し、コーヒー豆の種類ごとに異なる新しい香味《こうみ》を楽しむのが、サードウェーブ本来の特徴とされてきた。しかしながら、これまでサードウェーブを標榜《ひょうぼう》している数軒のカフェの珈琲を試してみたが、メニューに「コロンビアとグアテマラの厳選農園の豆をブレンドしました」と書かれていたり、浅煎りどころか焦《こ》げが入るほど強い焙煎《ロースト》（＝オーバーロースト）だったりで、サードウェーブ独特の香味を持った珈琲には、まだ巡り逢えないでいる。

信頼できる筋《すじ》からの情報では、日本にも「美味しい珈琲を出すサードウェーブのカフェが一軒ある」とのことで、その珈琲は、従来の珈琲とは焙煎も抽出も明確に異なる香味の方向性を有した「紅茶のような珈琲」だと言う。とすると、いまサードウェーブを標榜しているカフェのほとんどは、特徴的な珈琲を提供しているのではなく、スタイルだけを真似ているようである。つまり現時点では、二〇一三年に爆発的なヒットを記録した一杯一〇〇円程度のコンビニコーヒーによって、安売りカフェチェーンも次第に商売としての見通しが立たなくなったことから、高価格なスペシャルティーコーヒーを定着させるための新たな業態へとシフトしていく戦略として、「サードウェーブコーヒー」という広告塔を業界が打ち上げているのだ。

市場価格による珈琲の差別化という点では、真逆の方向性にあるコンビニコーヒーとサードウェーブコーヒーが、同時並行的にブームとなっていく様は、経済的・文化的格差を拡大していくグローバル化現象を象徴していると言えるだろう。

サードウェーブの影響を受けて新しいカフェが増加し、コーヒーに対する社会的関心が高まることで文化が活性化していくことは、私のような「珈琲飲み」にとって、喜ばしい出来事ではあるのだが、決して楽観はしていない。

さて「紅茶のような珈琲」ということでは、私がこれまで飲んだ中で紅茶に最も近いのは、現在のモンクの珈琲である。一年余り前から、「大きく変化した」と言うより、「革新的に変わった」と言ったほうがいいだろう。それぐらい、モンクの珈琲は新しくなった。モンクでは、サンプル・ロースター[1]のような超小型焙煎機を導入し、夥《おびただ》しい種類の珈琲をメニューに備える一方で、店で出す珈琲にミルクと砂糖を提供しなくなり、焙煎豆の販売もやめた。そして最も大きく変わったのは、紅茶のように薄くなった珈琲自体である。吉田店主《マスター》によれば、「コーヒーの花をイメージした」[2]香味を追求している途上にある、と言うことだ。

何もモンクの珈琲だけが変わったわけではない。本書で言及した珈琲店を含めて、コーヒー文化はこれからも変化し続けていくのである。だから、本書に書かれている情報は、あくまでも、その時点でのものであることに注意されたい。

――― 366頁の写真　ラウト・タワール湖

1――― サンプル・ロースターについては、310頁、311頁を参照。

2――― 詳細に関しては、吉田晃之『Johann Sebastian Bach und kaffee monk』(二〇一三年、自費出版)を参照されたい。

何とも長いコーヒーブレークになってしまった。

二〇〇五年頃だったと記憶している。社会学のテキストを企画した際、コーヒー文化に関する論考を章として加えようと提案した私に、「コーヒーだけでまとめて一冊出しましょう」と持ち掛けてくれたのが、編集者の竹中尚史さんだった。竹中さんの誘いに乗って、軽い気持ちで原稿に取り組み始めたのが、二〇〇七年春だから、七年余りコーヒーと格闘することになってしまった。当初は、「コーヒーに関してなら、すぐに書けるだろう」と高《たか》を括《くく》っていたのだが、いざ書き始めてみるとうまくまとまらず、思いの外《ほか》、梃摺《てこず》ってしまい、竹中さんと何度も打合せを重ねて、構想を練り直した。

原稿書きがようやく軌道に載ってきたのは、二〇一一年の後半だった。きっかけは、スマトラ島のタケンゴンを訪れて、小規模のコーヒー農園が密集している現地にすっかり魅了されてしまい、石に嚙《かじ》り付いてもここをフィールドとして研究をしていきたい、と思ったことだった。それは今から思えば、次に取り掛からねばならない課題を突き付けられたような気持ちになったからだろう。

小さなタケンゴンの街では、毎年訪れる度に新しいカフェ（そのほとんどが自家焙煎の珈琲専門店）が開業していて、エスプレッソ、サイフォン、フレンチプレス等々……珈琲抽出のスタイルも多様化していった。コーヒー農家やコーヒーに関わっている人たちの生活も、市場経済の急速な浸透によって、急速に変化しつつあり、それは自ずとgreen beansの生産に影響を及ぼしていくことになる。こんな劇的な変化に臨場《りんじょう》する機会を逃してはならないという想いが、執筆への原動力となり、何とか本書を完成させることができた。

スペシャルサンクス

二〇一一年一月のスマトラ島における調査に際しては、石光商事の小野智昭さんにお力添えをいただき、スマトラ島では三木和彦さんに大変お世話になりました。あわせましてサリマクムール社（PT. Sarimakmur Tunggalmandiri）、エカヌサジャヤ社（CV. EKA NUSA JAYA）、パワニ社（PT. PAWANI）の方々にも多大なご協力をいただきました。

二〇一一年一一月、二〇一二年二月、二〇一二年一一月、二〇一三年一〇月と、四度に渡るアチェ州タケンゴンの調査に際しては、パワニ社のイスラント（Isranto Toh）さんにご尽力いただき、タケンゴンとメダンにおける現地調査では同社のレオナルディ（Leonardi Toh）さんにご協力いただきました。そして、いつも通訳をお願いしているボビー（Bobby Ali）さん、イスラントさんが「タケンゴン・アチェ・ブラザーズ」と呼ぶタケンゴンの集荷人・ダフィ（Dafi）さんとコーヒー農園を営んでいたボーイ（Boy）さん、そして彼らの御家族と素敵な仲間たちに、感謝いたします。タケンゴンのコーヒー集荷場の集会所に集まり、男ばかりでバーベキューをしながら交わしたコーヒー談義は、私にとって、決して忘れることができない経験となりました。

いなほ書房の星田宏司さんには、スマトラ島、ソウル、台北での調査に際して、お力添えをいただきました。富士珈機の福島達男さんには、ソウルと台北での調査に際して、現地の代理店の方々をご紹介いただき、大変お世話になりました。

廣瀬幸雄さん（金沢大学名誉教授）には、金沢大学の「コーヒー学講座」で講義するという貴重な機会を与えていただくとともに、これまで二度に渡ってスマトラ島における調査にご一緒させていただきました。

浜田市世界子ども美術館の神英雄さんには、三浦義武に関する貴重な資料と情報を教えていただきました。神さんよりご紹介いただいた三浦晴江さんからは、義武のラールに関する興味深いお話を聞かせていただき、保有されていた貴重なお写真を提供していただきました。

五光窯の藤本岳英さんと藤本江里子さんには、四度に渡って興味深いお話を聞かせていただき、素晴らしい卵殻手の珈琲碗を創っていただきました。

カフェスタイルコジロウの小島浩一郎さん、ザ・ミュンヒの田中完枝さんをはじめ、珈琲店を営んでいる多くの方々からは、実に色々なことを学ばせていただきました。

たばこのなかみちの皆さんには、「煙草と珈琲を愉しむ」イベントを企画・開催していただきました。

コーヒー研究を支えてくれた広島修道大学社会学専攻の同僚、学生と卒業生、「グローバル化と文化変容」の共同研究者、珈琲倶楽部「KaffeeKranz “TASSE”」の会員たちに感謝!!

なによりも、モンクの吉田晃之さんとの出会いがなければ、私がコーヒーに憂き身をやつすことは無かっただろう。

最後の感謝は、蠱惑《こわく》なルアックの、危険な魅力に!!

二〇一四年八月八日

中根光敏

文献一覧

日本語による文献

旭屋出版［喫茶&スナック］編集部編、二〇〇〇年、『コーヒー&エスプレッソの技術教本――抽出・バリエーション・焙煎』、旭屋出版

東辰之介、二〇〇四年、「バルザック『近代興奮剤考』の社会学　アルコール、コーヒー、タバコ」、『仏語仏文学研究』30、東京大学仏語仏文学研究会

荒畑寒村、一九二八年、「小ブルジョアの逋所」、『經濟往來』第三巻七號

安藤厚生、一九三一年、『銀座細見』、春陽堂（→一九七七年、中公文庫より再刊）

池本幸生、二〇〇六年、「ベトナム・コーヒーの光と陰」、『クォータリー［あっと］』3

石川天涯、一九〇九年、『東京學』、育成會（→一九八六、新泉社より復刻）

石川　実、一九九三年、「大衆文化 mass culture」、『新社会学辞典』、有斐閣

井谷善惠、二〇〇九年、「近代陶磁器におけるコーヒーカップ&ソーサー」、『コーヒー文化研究』16

井出孫六、一九九六年、『ねじ釘の如く』、岩波書店

井上　俊、一九九三年、「ポピュラー文化 popular culture」、『新社会学辞典』、有斐閣

井上　誠、一九五〇年、『珈琲記』、ジープ社

――――、一九五五年、『珈琲』、近代社

――――、一九六一年、『珈琲物語』、井上書房（→一九七八年、『珈琲求真（味道探究名著選集〈第2集〉第八巻）』、ＫＫ東京書房社に所収）

岩切正介、二〇〇九年、『男たちの仕事場――近代ロンドンのコーヒーハウス』、法政大学出版局
臼井隆一郎、一九九二年、『コーヒーが廻り世界史が廻る――近代市民社会の黒い血液』、中公新書
――、二〇〇八年、「コーヒー」、高田公理／嗜好品文化研究会編『嗜好品文化を学ぶ人のために』、世界思想社
内田百閒、一九四二年、「可否茶館」、『スヰート』一九四二年七月号（↓一九七九年、内田百閒『御馳走帳』、中央公論社に所収）
奥原哲志、二〇〇二年、『琥珀色の記憶［時代を彩った喫茶店］』、河出書房新社
奥山儀八郎、一九七三年、『珈琲遍歷』、旭屋出版
奥山義人・伊藤博、一九九三年、『こうひい絵物語　版画珈琲小史』、旭屋出版
小澤卓也、二〇一一年、『コーヒーのグローバル・ヒストリー――赤いダイヤか、黒い悪魔か』、ミネルヴァ書房
小野賢一郎、一九二八年、「カフェー女給時代」、『經濟往來』第三巻七號
小野二郎、一九八一年、『紅茶を受皿で――イギリス民衆芸術覚書』、晶文社
加太こうじ、一九八三年、『サボテンの花』、晩聲社（↓一九九三年、廣済堂文庫より再刊）
加藤秀俊、一九六七年、「喫茶店」、『ＳＤ』一九六七年二月号（↓一九六九年、加藤秀俊『都市と娯楽』、鹿島研究所出版会に所収）
――、一九八二年、『明治・大正・昭和・食生活世相史』、柴田書店
柄谷行人、二〇〇一年、『トランスクリティーク』、批評空間社（↓二〇〇四年、『定本　柄谷行人集3 トランスクリティーク――カントとマルクス』、岩波書店）
川崎長太郎、一九三五年、「喫茶店」、『作品』、一九三五年七月号
川島良彰、二〇〇八年、『コーヒーハンター――幻のブルボン・ポワントゥ復活』、平凡社
菊盛英夫、一九八〇年、『文学カフェ』、中公新書
喜多壮一郎、一九二九年、『カフェー・コーヒー・タバコ』、春陽堂
鞍　信一、一九八八年↓二〇〇七年、『大作曲家と珈琲』、いなほ書房

小島政二郎、一九七二年、『食いしん坊1』、文化出版局（↓一九八七年、朝日文庫より再刊）
小関三平、一九九三年、「カフェ」、『新社会学辞典』、有斐閣
後藤雅洋、二〇〇八年、『ジャズ喫茶リアル・ヒストリー』、河出書房新社
小林章夫、二〇〇〇年、『コーヒー・ハウス』、講談社学術文庫
小林和夫、二〇〇六年、「ラオスコーヒー事始　小規模生産者と歩む」、『クォータリー［あっと］』3
珈琲会館文化部編、一九五九年、『日本珈琲史』、珈琲会館文化部
珈琲文化研究会編著、一九八二年、『黎明期における日本珈琲史』、いなほ書房
雑賀恵子、二〇一〇年、『快楽の活用——嗜好品をめぐるあれこれ』、ちくま新書
酒井真人、一九三〇年、『カフヱ通』、四六書院
佐世保史談会編、二〇〇二年、『平戸藩御用窯総合調査報告書』、佐世保史談会
獅子文六、一九六三年、『可否道』、新潮社
司馬遼太郎、二〇〇一年、『司馬遼太郎が考えたこと　エッセイ1964. 10~1968. 8. 3』、新潮社
嶋中　労、二〇〇五年、『コーヒーに憑かれた男たち』、中央公論新社（↓二〇〇八年、中公文庫）
———、二〇〇八年a、『コーヒーの鬼がゆく——吉祥寺「もか」遺聞』、中央公論新社
———、二〇〇八年b、『コーヒーの鬼がゆく——吉祥寺「もか」異聞』、中公文庫
嶋中労・標交紀・田口護・関口一郎、二〇〇五年、「日本の自家焙煎を切り開いた男たち」、『コーヒー文化研究』12
島村菜津、二〇〇七年、『バール、コーヒー、イタリア人　グローバル化もなんのその』、光文社
清水哲男編、一九九一年、『日本の名随筆　別巻3　珈琲』、作品社
種味の焙炒珈房、二〇一一年、「「ドウミ・タッス」観察記」、『珈琲と文化』81
新明正道、一九二八年、「カフェの社會的形相」、『經濟往來』第三巻七號
神　英雄、二〇一二年、「三浦義武——コーヒーに人生を捧げた石見人」、『コーヒー文化研究』19
菅原昭二、一九九三年、『ジャズ喫茶「ベイシー」の選択——ぼくとジムランの酒とバラの日々』、講談社

鈴木誉志男、二〇〇一年、「コーヒーカップの取っ手」、日本コーヒー文化学会編『コーヒーの辞典』、柴田書店
関口一郎、二〇〇一年、『銀座で珈琲50年』、いなほ書房（→二〇〇八年、『増補版　銀座で珈琲50年』）
――、二〇〇八年、『煙草と珈琲』、いなほ書房
――、二〇〇九年、『珈琲辛口談義』、いなほ書房
――、二〇一〇年、『珈琲こだわり座談集』、いなほ書房
――、二〇一四年、『珈琲の焙煎と抽出法』、いなほ書房
関本康弘編、二〇〇四年、『大正・昭和のマッチラベル Matchbox Label Cllection 1920s-40s』、ピエ・ブックス
全日本コーヒー協会編、二〇〇七〜二〇一三年、『コーヒー関係統計』、全日本コーヒー協会
全日本コーヒー商工組合連合会編、一九八〇年、『日本コーヒー史　上下巻』、全日本コーヒー商工組合連合会
高瀬　進、二〇〇六年、『ぼくの昭和ジャズ喫茶』、展望社
高田公理、二〇〇八年、「嗜好品文化研究への招待」、高田公理／嗜好品文化研究会編『嗜好品文化を学ぶ人のために』、世界思想社
高田　侑、二〇〇四年、『裂けた瞳』、幻冬舎
高村光太郎、一九六八年→一九八九年、『道程　詩集（改訂九版）』、角川文庫
田口　護、二〇〇三年、『田口護の珈琲大全』、日本放送出版協会
谷川盈編、一九六五年、『コーヒー　紅茶辞典』、帝国飲食料新聞社
玉村富男、一九九七年、『パリのカフェをつくった人々』、中公文庫
千葉亀夫、一九二八年、「カフェーの社會的意義」、『經濟往來』第三巻七號
辻村英之、二〇〇四年、『コーヒーと南北問題――「キリマンジャロ」のフードシステム』、日本経済評論社
――、二〇〇五年、「スペシャルティコーヒー、フェアトレードコーヒー…。良いコーヒーの評価が大きく変わる」、『コーヒーアンド ロースター』、旭屋出版
――、二〇〇六年a、「コーヒーの価格形成と協同組合・小農民――「キリマンジャロ」の生産から輸出まで」、

『クォータリー［あっと］』3
――、二〇〇六年b、「日本のコーヒー産業の特質とフェアトレード」『クォータリー［あっと］』3
――、二〇〇九年、『おいしいコーヒーの経済論――「キリマンジャロ」の苦い現実』、太田出版
帝国飲食料新聞社、二〇〇三年、『コーヒー大辞典　第三刷』、帝国飲食料新聞社
寺田寅彦、一九三三年a、「銀座アルプス」、『中央公論』四八－二（→一九六三年、小宮豊隆編『寺田寅彦随筆集　第四巻』、岩波書店に所収）
――、一九三三年b、「珈琲哲學序說」、『經濟往來』八－二（→一九六三年、小宮豊隆編『寺田寅彦随筆集　第四巻』、岩波書店に所収）
戸田貞三、一九二八年、「カフェーと株式會社」、『經濟往來』第三巻七號
中沢けい、一九七九年、『海を感じる時』、講談社
永嶋万州彦、二〇〇三年、「スターバックス現象をどう見る――現代カフェ事情を分析する」、『日本コーヒー文化学会ニュース』31
中根光敏、二〇〇五年、「珈琲文化論序説」、狩谷あゆみ編『文化とアイデンティティをめぐるポリティクス』、広島修道大学総合研究所
――、二〇〇八年、「珈琲文化の社会学的記述に向けて――味覚の社会的構成／味覚の基準」、河口和也編『「文化」と「権力」の社会学』、広島修道大学総合研究所
――、二〇〇九年、「ブランド化するコーヒー」、『広島修大論集』49－2
――、二〇一三年、「コーヒー文化の変容――生産地・スマトラ島と消費国・日本を事例として」、中根光敏・今田純雄編『グローバル化と文化変容』、いなほ書房
永見德太郎、一九二八年、「カフェーの存在」、『經濟往來』第三巻七號
半井裕子、二〇〇七年、「Edi Front いきなりジャーナル」、『Meets Regional』233
新居　格、一九二八年、「カフェーの内包的要素」、『經濟往來』第三巻七號

日本コーヒー文化学会編、二〇〇一年、『コーヒーの事典』、柴田書店
根岸耕一、一九二八年、「現代人とカフェー」、『經濟往來』第三巻七號
乗金健郎、二〇〇四年、『コーヒー・ソング20』、いなほ書房
長谷川泰三、二〇〇八年、『日本で最初の喫茶店「ブラジル移民の父」がはじめた――カフェーパウリスタ物語』、文園社
初田　亨、一九九三年、『カフェーと喫茶店／モダン都市のたまり場　INAX　ALBUM18』、INAX
馬場恒吾、一九二八年、「都會生活とカフェー」、『經濟往來』第三巻七號
浜田義一郎、一九七七年、『江戸たべもの歳時記』、中公文庫
浜田　空、二〇〇六年、「東ティモールコーヒーの挑戦　そこにあるものを、そこにしかないものへ」、『クォータリー［あっと］』3
林　哲夫、二〇〇二年、『喫茶店の時代』、編集工房ノア
パラグラフ／オルター・トレード・ジャパン編、二〇〇六年、「珈琲の世界システムと対抗運動　珈琲は古くて新しい「植民地作物」の代表例である」、『クォータリー［あっと］』3
平岡正明、二〇〇五年、『昭和ジャズ喫茶伝説』、平凡社
――、二〇〇六年、『日本ジャズ者伝説』、平凡社
平田達治、一九九六年、『ウィーンのカフェ』、大修館書店
廣瀬幸雄、二〇一二年、『我が輩は珈琲博士――笑いと科学のスペシャルブレンド』、時鐘舎
広瀬幸雄・星田宏司、二〇〇一年、『コーヒー学講義』、人間の科学社
藤岡亜美、二〇〇六年、「ナマケモノの森で育つコーヒー　南米エクアドルのインタグから」、『クォータリー［あっと］』3
伏木　亨、二〇〇五年、『人間は脳で食べている』、ちくま新書
藤沢桓夫、一九七四年、『大阪自叙伝』、朝日新聞社（→一九八一年、中公文庫より再刊）
星　智美、二〇〇六年、「日本におけるコーヒーの受容」、『クォータリー［あっと］』3
星田宏司、一九八八年、『日本最初の珈琲店――『可否茶館』の歴史』、いなほ書房

――、二〇〇三年、『黎明期における日本珈琲店史』、いなほ書房
――、二〇〇八年、『日本最初の喫茶店――『可否茶館』の歴史』、いなほ書房
星　隆三、一九三二年、『カフヱ經營學』、日本前線社（→二〇〇五年、和田博文編『コレクション・モダン都市文化　第12巻　カフェ』、ゆまに書房に再録）
堀田正彦、二〇〇六年、「岐路に立つフェアトレードの現状と課題」、『クォータリー［あっと］』3
堀口俊英、二〇〇一年、「エイジング（その1）」、日本コーヒー文化学会編『コーヒーの事典』、柴田書店
――、二〇〇五年、『スペシャルティコーヒーの本』、旭屋出版
増淵宗一、一九九九年、『東西喫茶文化論――形象美学の視点から』、淡文社
松崎天民、一九二七年、『銀座』、銀ぶらガイド社（→一九九二年、中公文庫より再刊）
――、一九二八年、「カフェー時代の一考察」、『經濟往來』第三巻七號
松下久子、一九九五年、「オランダ東インド会社とコーヒーカップ」、『陶説』510
三浦義武、一九三六年、「コーヒー發達史」、『改造』一九三六年三月号
三川内陶栄会編、一九七八年、『平戸藩窯　三川内のやきもの』、芸文堂
宮崎康平、一九七四年、「コーヒー飲みの大放浪」、『現代』一九七四年八月号（→一九九一年、清水哲男編『日本の名随筆別巻3　珈琲』、作品社に所収）
宮沢章夫、二〇〇六年、『東京大学［80年代地下文化論］講義』、白夜書房
本橋信宏、二〇〇三年、「1982夏、歌舞伎町ディスコ殺人事件」、本橋信宏ほか『新宿歌舞伎町未解決事件』、シリーズ情報出版
モラスキー、マイク、二〇〇五年、『戦後日本のジャズ文化――映画・文学・アングラ』、青土社
森　鷗外、一九一二年、「藤棚」、『太陽』第一八巻九號
森尻純夫、一九九〇年、『銀座カフェ・ド・ランブル物語――珈琲の文化史』、TBSブリタニカ
森光宗男、二〇〇二年、「ネル・ドリップ珈琲の魁　三浦義武を追って」、『コーヒー文化研究』9

――――、二〇〇八年、「珈琲の神々の降りたった「もか」標交紀師を偲ぶ」、『珈琲と文化』69
安井道雄、二〇〇一年、『パリのカフェで』、出窓社
山川菊榮、一九二八年、「家庭中心に對する破壞力の一つ」、『經濟往來』第三巻七號
山田登世子、一九九三年、「解説　近代の毒と富――バルザック『風俗研究』について」、『風俗研究』、藤原書店
吉田晃之、二〇一三年、『Johann Sebastian Bach und kaffee monk』、自費出版
吉田豊明、二〇〇四年、『伝説の地方紙「石見タイムズ」――山陰の小都市浜田のもうひとつの戦後史』、明石書店
吉田　衛、一九八五年、『横浜ジャズ物語――「ちぐさ」50年』、神奈川新聞社
和田博文、二〇〇五年、「エッセイ・解題・関連年表・参考文献」、和田博文編『コレクション・モダン都市文化第12巻：カフェ』、ゆまに書房
綿貫涼子、二〇〇六年a、「コーヒーの流通経路」、『クォータリー［あっと］』3
――――、二〇〇六年b、「コーヒーの生産国と輸入国（二〇〇四年、上位10ヵ国）」、『クォータリー［あっと］』3

日本語以外の文献

Abercrombie, Nicolas & Stephen Hill & Brian S. Turner, 1994, *The Dictionary of Sociology*, Penguin Books（＝一九九六年、丸山哲央監訳『新しい世紀の社会学中辞典』、ミネルヴァ書房）
Balzac, Honoré de, 1930, "Traité de la vie élégante", → 1981, *PATHOLOGIE DE LA VIE SOCIAL La Comédie humaine Tome* XII, *Édition* Gallimard（＝一九九二年、「優雅な生活論」、山田登世子監訳『風俗研究』、藤原書店）
――――, 1939, "Traité des excitants modernes", → 1981, *PATHOLOGIE DE LA VIE SOCIAL La Comédie humaine Tome* XII, *Édition* Gallimard（＝一九九二年、「近代興奮剤考」、山田登世子監訳『風俗研究』、藤原書店）
Bolz, Nobelt, 1997, *Die Sinngesellschaft*, Econ Verlag（＝一九九八年、村上淳一訳『意味に餓える社会』、東京大学出版会）

Bradshaw, Steve, 1978, *Café Society: Bohemian Life from Swift to Bob Dylan*, Weidenfeld & Nicolson（＝一九八四年、海野弘訳『カフェの文化史』、三省堂）

Chandler, Raymond, 1954, *The Long Goodbye*, Colledge Trustees LTD.（＝一九七六年、清水俊二訳『長いお別れ』、ハヤカワ文庫）、（＝二〇〇七年、村上春樹訳『ロング・グッドバイ』、早川書房）

Debord, Guy, 1967 → 1992, *La Société du Spectacle*, Éditions Gallimard,（＝二〇〇三年、木之下誠訳『スペクタクルの社会』、ちくま学芸文庫）

Dubrovic, Milan, 1985, *Veruntreute Geschichte: Die Wiener Salons und Literatencafes*, Paul Zsolnay Verlag（＝二〇〇三年、鈴木隆雄訳『歴史の横領――サロンと文学カフェから眺めた両大戦間期およびナチス体制下のウィーン』、水声社）

Fróis, Luís, 1585, *Kulturgegensätze Europa-Japan*（＝一九六五年、『日欧文化比較』、『大航海時代叢書XI』に所収、岩波書店）

Giovannucci, Daniele, 2001, *Sustainable Coffee Survey of the North American Specialty Coffee Industry*, SCAA

Habermas, Jürgen, 1962 → 1990, *Strukturwandel der Öffentlichkeit: Untersuchungen zu einer Kategorie der bügerlichen Gesellschaft*, Shurkamp Verlag（＝一九九四年、細谷貞雄・山田正行訳『公共性の構造転換――市民社会の一カテゴリーについての探究』、未來社）

Hattox, Ralph S., 1985, *Coffee and Coffeehouses: The Origins of a Social Beverage in the Medieval Near East*, University of Washington Press（＝一九九三年、斎藤富美子・田村愛理訳『コーヒーとコーヒーハウス――中世中東における社会飲料の起源』、同文館）

Junger, Wolfgang, 1955, *Herr Ober, ein' Kaffee! Illustrierte Kulturgeschichte des Kaffeehauses*, Wilhelm Goldmann Verlag（＝一九九三年、小川悟訳『カフェハウスの文化史』、関西大学出版部）

Kant, Immanuel, 1770, *Kritik der Urteilskraft*（＝一九六四年ａ、篠田英雄訳『判断力批判（上）』、＝一九六四年ｂ、『判断力批判（下）』、岩波文庫）

Luttinger, Nina & Gregory Dicum, 2006, *The Coffee Book*, The New Press（＝二〇〇八年、辻村英之監訳『コーヒー学のすすめ――豆の栽培からカップ一杯まで』、世界思想社）

Pendergrast, Mark, 1999, *Uncommon Grounds: The History of Coffee and How It Transformed Our World*, Basic Books（＝二〇〇二年、樋口幸子訳『コーヒーの歴史』、河出書房新社）
Schebera, Jürgen, 1988, *Damals im Romanischen Café ... Künstler und ihre Lokale Berlin der zwanzier Jahre*, Edition Leipzig（＝二〇〇〇年、和泉雅人・矢野久訳『ベルリンのカフェ――黄金の一九二〇年代』、大修館書店）
Schivelbusch, Wolfgang, 1980, *Das Paradies, Der Geschmack und die Vernunft: Eine Geschichte der Genußmittel*, Carl Hanser Verlag（＝一九九八年、福本義憲訳『楽園・味覚・理性――嗜好品の歴史』、法政大学出版局）
Siebold, Ph. Fr. Von. ,1897, “Reise nach dem Hofe des Sjogun im Jahre 1826”, *NIPPON. Archic zurBeschreibung von JAPAN*, Würzburg und Leipzig（＝一九六七年、斎藤信訳『江戸参府紀行』、平凡社）
Thiele-Dohrmann, Klaus, 1997, *Europäische Kaffeehauskultur*, Artemis & Winkler Verlag（＝二〇〇〇年、平田達治・友田和秀訳『ヨーロッパのカフェ文化』、大修館書店）
Ukers, William, H., 1935, *All About Coffee Second Edition*, Tea & Coffee Trade Journal（＝一九九五年、ＵＣＣ上島珈琲珈琲株式会社監訳『オール・アバウト・コーヒー　コーヒー文化の集大成』、ＴＢＳブリタニカ）
Valignano, Alessandro, 1583, *SUMARIO de la cosas de Japón*（＝一九七三年、佐久間正訳『日本諸事要録』、『日本巡察期』所収、平凡社）
Ward, Ned, 1709, *The London-Spy Compleat, In Eighteen Parts, The Fourth Edition*. J.How（＝二〇〇〇年、渡邊孔二監訳『ロンドンスパイ――都市住民の生活探訪』、法政大学出版局）
Wild, Antony, 2004, *Coffee: A Dark History*, W.W. Norton & Company（＝二〇〇七年、三角和代訳『コーヒーの真実』、白揚社）

中根光敏 Nakane Mitsutoshi

1961年生。関西大学大学院社会学研究科博士後期課程単位取得退学、関西大学経済・政治研究所委託研究員、日本学術振興会特別研究員を経て、現在、広島修道大学人文学部教員。専門は社会学。

単著として、『社会学者は2度ベルを鳴らす——閉塞する社会空間／熔解する自己』(1997年)、『浮気な心に終わらない旅を——社会学的思索への誘惑』(2007年、以上、松籟社)。

共著や編著として、『場所をあけろ！——寄せ場／ホームレスの社会学』(共著、1999年、松籟社)、『外国人労働者の人権と地域社会』(共著、2001年、明石書店)、『寄せ場文献精読306選——近代日本の下層社会』(共著、2004年、れんが書房新社)、『不埒な希望——寄せ場／ホームレスの社会学』(共著、2006年、松籟社)、『グローバル化と文化変容』(編著、2013年、いなほ書房)など。

珈琲《こーひー》飲《の》み——「コーヒー文化《ぶんか》」私論《しろん》

2014年9月20日 初版第1刷発行
2022年7月10日 初版第4刷発行

四六判・総頁数382頁(全体384頁)

著者 中根光敏

発行者 竹中尚史

本文組版・装幀 洛北出版編集

発行所 洛北出版
606-8267
京都市左京区北白川西町87-17
tel / fax 075-723-6305
info@rakuhoku-pub. jp
http://www. rakuhoku-pub. jp
郵便振替 00900-9-203939

印刷 シナノ書籍印刷

Printed in Japan

ISBN978-4-903127-21-7

定価はカバーに表示しています
落丁・乱丁本はお取り替えいたします

汝の敵を愛せ
アルフォンソ・リンギス 著　中村裕子 訳　田崎英明 解説

四六判・上製・320頁　定価（本体2,600円＋税）

イースター島、日本、ジャワ、ブラジル……旅をすみかとする哲学者リンギスが、異邦の土地で暮らすなかで出会った強烈な体験から、理性を出しぬき凌駕する、情動や熱情のありかを描きだす。自分を浪費することの（危険な）悦びへのガイド。

何も共有していない者たちの共同体
アルフォンソ・リンギス 著　野谷啓二 訳　田崎英明・堀田義太郎 解説

四六判・上製・284頁　定価（本体2,600円＋税）

私たちと何も共有するもののない——人種的つながりも、言語も、宗教も、経済的な利害関係もない——人びとの死が、私たちと関係しているのではないか？ すべての「クズ共」のために、人びとと出来事とに身をさらす悦びを謳いあげる代表作。

排除型社会　後期近代における犯罪・雇用・差異
ジョック・ヤング 著　青木秀男・岸 政彦・伊藤泰郎・村澤真保呂 訳

四六判・並製・542頁　定価（本体2,800円＋税）

「包摂型社会」から「排除型社会」への移行にともない、排除は3つの次元で進行した。⑴労働市場からの排除。⑵人々のあいだの社会的排除。⑶犯罪予防における排除的活動。——新たな形態のコミュニティや雇用、八百長のない報酬配分をどう実現するか。

主婦と労働のもつれ　その争点と運動
村上 潔 著　四六判・上製・334頁　定価（本体3,200円＋税）

「働かざるをえない主婦」、そして「勤めていない主婦」は、戦後の日本社会において、どのように位置づけられてきたのか／こなかったのか？　当事者たちは、どのように応答し、運動してきたのか？ 「主婦的状況」の過去と現在を問う。

親密性
レオ・ベルサーニ ＋ アダム・フィリップス 著　檜垣達哉 ＋ 宮澤由歌 訳

四六判・上製・252頁　定価（本体2,400円＋税）

暴力とは異なる仕方で、ナルシシズムを肥大させるのでもない仕方で、他者とむすびつくことは可能なのか？　クィア研究の理論家ベルサーニと、心理療法士フィリップスによる、「他者への／世界への暴力」の廃棄をめぐる、論争の書。